CB030511

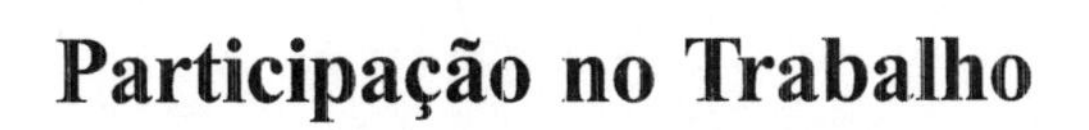

Participação no Trabalho

Coleção Trabalho Humano

dirigida por Roberto Moraes Cruz

Participação no Trabalho

Maria Chalfin Coutinho

1ª Edição
2006

Editores
Ingo Bernd Güntert e Christiane Gradvohl Colas

Assistente Editorial
Aparecida Ferraz da Silva

Produção Gráfica & Capa
Renata Vieira Nunes

Editoração Eletrônica
Renata Vieira Nunes

Revisão
Christiane Gradvohl Colas

Dados Internacionais de Catalogação na Publicação (CIP)
(Câmara Brasileira do Livro, SP, Brasil)

Coutinho, Maria Chalfin

Participação no trabalho / Maria Chalfin Coutinho; conselho editorial Roberto Moraes Cruz, Marcos Antonio Tadeschi, João Carlos Alchieri, Maria Helena Hoffmann. – São Paulo: Casa do Psicólogo®, 2006. – (Coleção trabalho humano / dirigida por Roberto Moraes Cruz).

Bibliografia.
ISBN 85-7396-466-9

1. Administração – Participação do empregado 2. Psicologia Social 3. Relações de trabalho 4. Trabalho – Aspectos psicológicos I. Cruz, Roberto Moraes. II. Tadeschi, Marcos Antonio III. Alchieri, João Carlos IV. Hoffmann, Maria Helena V. Título. VI. Série.

06-5220 CDD- 158.7

Índices para catálogo sistemático:
1. Participação no trabalho: Psicologia do trabalho 158.7

Impresso no Brasil
Printed in Brazil

Casa Psi Livraria, Editora e Gráfica Ltda.
Rua Santo Antonio, 1010 Jardim México 13253-400 Itatiba/SP Brasil
Tel.: (11) 45246997 Site: www.casadopsicologo.com.br

All Books Casa do Psicólogo®
Rua Mourato Coelho, 1059 Vila Madalena 05417-011 São Paulo/SP Brasil
Tel.: (11) 3034.3600 E-mail: casadopsicologo@casadopsicologo.com.br

Sumário

Dedico este livro aos meus dois amores:
meu filho Guilherme e meu marido Ricardo

Prefácio

Os estudos sobre a realidade organizacional e os aspectos relacionados às relações de trabalho no Brasil têm se constituído, hoje em dia, num amplo campo de investigação das ciências sociais. A tradução do mundo vivido nas organizações encontrou eco interdisciplinar, criando um campo crítico de discussão, avançando, ao mesmo tempo, na análise de estudos de casos e na investigação das implicações do sistema produtivo sobre as relações sociais.

O convívio diário com os avanços científicos-tecnológicos, o cruzamento efetivo entre a vida pública e privada, a diferenciação social dos indivíduos produzida a partir do trabalho, tudo isso, aponta para um aprofundamento da relação entre os processos materiais e subjetivos presentes nas relações de trabalho, configurada nos sistemas organizacionais. Vários indicadores teóricos e empíricos, tais como os apontados por Maria Chalfin Coutinho, nesta obra, demonstram que a relação objetiva entre a consciência de realizar trabalho e a obtenção de satisfação pessoal passou a ser cada vez mais filtrada pelas relações sociais produzidas pela situação de trabalho.

O maior ou o menor conhecimento dessa condição humana no espaço organizacional tem sido o diferencial encontrado nas formas de gerenciamento das organizações. E as tentativas cada vez mais freqüentes, e muitas vezes simplistas, de criar sistemas de gerenciamento das relações de trabalho não têm se mostrado eficientes, mesmo porque, partem de uma lógica de controle do comportamento das pessoas, artificializando procedimentos, ao invés de incentivar a busca por formas de participação criadas segundo as características da própria dinâmica do trabalho. Na verdade, com o desenvolvimento da crítica às formas tradicionais ou importadas de gestão da força de trabalho, a utilização de estratégias de gerenciamento da participação das pessoas nas organizações tem ganhado destaque na literatura e nas experiências práticas. Particularmente o avanço teórico proporcionado pela sociologia, pela ciência política e pela psicologia tem contribuído para a pesquisa dos componentes básicos que envolvem a noção de "participação" e seus desdobramentos políticos, ideológicos e comportamentais. Percebe-se, com isso, que discutir a noção de participação das pessoas no coletivo implica investigar a dinâmica das relações de trabalho não somente como uma característica da estrutura de funcionamento das organizações, senão no seu fundamento. Ainda mais quando se reconhece que os significados básicos associados a palavra participação remetem, necessariamente, a qualidade da relações desenvolvidas entre os agentes em interação.

A dinâmica das relações de trabalho expressariam, a partir dessas contribuições multidisciplinares, o conjunto das relações produzidas entre os agentes organizacionais, regidas pelas posições de poder e/ou de interesse entre os indivíduos ou grupos no interior da organização. Seu significado social pode ser apreendido através de uma lógica dupla, permanente e contraditória de afrontamento, negociação, resistência, convencimento e aceitação entre partidos diferentes. De outra forma, as relações de trabalho abarcam um campo conceitual e de intervenção, que inclui: a) a organização do processo de trabalho; b) as características do modelo de gestão; c) os diferentes graus de regulação de conflitos; d) as condições de trabalho.

A perspectiva de construir estratégias de gerenciamento da participação no âmbito das relações de trabalho implica investigar os indicadores básicos que definem o modo de ser das organizações, suas características políticas, psicológicas, formais ou informais em termos de concepção, planejamento ou execução do processo de trabalho. Entretanto, a investigação das diferentes formas de gerenciamento, controle e regulação da participação dos trabalhadores nas empresas exige que se considere, inicialmente, dois pressupostos básicos: a) primeiro, que dinâmica do processo de trabalho nas organizações contém visões e projetos sociais e individuais diferentes e conflitantes entre si, resultado de um quadro de antagonismos entre direção, gerências e trabalhadores, no qual os mecanismos de controle do poder se encontram institucionalizados e internalizados nos papéis do representante do capital, do controle e das reivindicações, respectivamente; b) segundo, que qualquer forma de gestão organizacional, além de revelar a correlação de forças entre capital e trabalho no interior da organização, expressa as relações de poder entre os agentes sociais em interação, podendo essas relações de poder estarem configuradas na forma de um grupo ou categoria organizacional, capaz de definir e realizar seus objetivos específicos mesmo contra a resistência de outros grupos.

De qualquer forma, o mapeamento das relações de poder presentes na organização se deduziria através da análise do processo de trabalho e de seus mecanismos disciplinares, constituindo, via de regra, ferramenta necessária para o entendimento dos processos organizacionais, quer sejam técnicos, políticos, psicológicos ou culturais. Dimensionar as relações de trabalho como relações de poder implica considerar cada trabalhador um elemento de uma rede sócio-político-psicológica capaz de se orientar e decidir conforme as intenções e conveniências dos diferentes grupos organizacionais. No sentido foucaultiano, significaria afirmar que as relações de trabalho produzem o *modo de ser* das pessoas e da própria organização, muitas vezes não explícitos, senão focalizado nas idéias, no corpo, nos gestos daquele que trabalha

A análise dos processos de trabalho pressupõe, sobretudo, tal como a teoria crítica das organizações advoga, um desvelamento da racionalidade inerente a estrutura das organizações. Racionalidade que serve para explicar, modificar e impessoalizar comportamentos, forma mais sofisticada de controle psicossocial do trabalho e das pessoas, que nele se encontram identificadas. Diante desse contexto, a investigação do universo das relações de trabalho nas organizações supõe tanto o conhecimento das características do processo de trabalho em si, quanto o modelo de gestão do trabalho e dos trabalhadores.

De qualquer forma, diante da tendência de discussão atual - a modernização das relações de trabalho -, impõe-se um olhar mais apurado em torno da dimensão muitas vezes conflitante entre a introdução das inovações tecnológicas no processo de gestão do trabalho e a capacidade de assimilação e reação por parte dos trabalhadores. Discussão que se torna ainda mais interessante quando confrontada com as experiências de sistemas de gestão participativa formais e informais desenvolvidos nas duas últimas décadas em empresas brasileiras, no bojo das transformações tecnológicas, no embate das negociações sindicais, na experimentação de novos modelos de gestão.

A implantação de um sistema de gestão participativa é fortemente influenciada pelos valores da cultura organizacional e pelos componentes políticos relacionados ao grau de autonomia dado aos grupos de trabalho. E essas mudanças organizacionais em favor de sistemas de gestão têm acontecido, não apenas por interesses econômicos da classe empresarial, mas também por pressões exercidas pelos ambientes sociopolíticos no qual as organizações estão inseridas. Particularmente no caso brasileiro, com processo de redemocratização do país ocorrido efetivamente a partir da década de 1980, a abertura política, o recrudescimento dos movimentos populares e sindicais, a modernização tecnológica, tudo isso constituem referenciais necessários para pensar a transformação das relações autoritárias/paternalistas em relações mais democráticas/participativas.

De qualquer forma, um diagnóstico das duas últimas décadas, no contexto onde emergem sistemas formais e informais de participação dos trabalhadores na gestão do trabalho, nos coloca diante do desafio de aprimorar a análise histórica e política da introdução de sistemas participativos, bem como de sua efetividade organizacional.

Participação no trabalho é uma obra que pretende contribuir com esse diagnóstico e com a atualização da discussão sobre o universo das relações de trabalho e dos sistemas de gestão brasileiros. Esperemos que a sua leitura possa incentivar os pesquisadores e profissionais a atualizarem e comunicarem suas reflexões e ações no mundo do trabalho.

Roberto Moraes Cruz, Dr.
Professor da Universidade Federal de Santa Catarina
Coordenador do Laboratório de Psicologia do Trabalho (UFSC)
Coordenador da Coleção Trabalho Humano
(Casa do Psicólogo/AllBooks)

Apresentação

O presente livro é uma versão modificada de minha tese de doutorado, defendida, em dezembro de 2000, junto ao Programa de Pós-Graduação em Ciências Sociais da UNICAMP. Neste trabalho tive como objetivo investigar as possibilidades de participação e os perfis profissionais de trabalhadores de um grupo industrial catarinense, com estratégias participativas de gestão.

Mantive, aqui, o escrito na tese com algumas modificações para tornar a obra mais acessível ao público em geral. A principal mudança foi a organização do trabalho em duas partes, relativamente independentes, de modo a facilitar a leitura. Cada parte trata de um tema, iniciando por uma revisão da literatura para depois apresentar e discutir os resultados da investigação realizada. O primeiro tema é relativo à participação no trabalho, já o segundo diz respeito aos processos de identificação nas organizações participativas e quais os perfis de trabalhadores inseridos neste tipo de organização. O livro todo foi escrito em torno de um eixo: a participação no trabalho no contexto produtivo contemporâneo.

No debate sobre as estratégias participativas de gestão cabe questionar se estas são apenas uma forma de manipulação dos trabalhadores ou se permitem maior distribuição de poder. As estratégias participativas são implementadas, por seus gestores, com vistas a maior eficiência e produtividade, no entanto, só se efetivam através de relações sociais concretas, envolvendo os diversos atores do campo organizacional.

A partir da investigação realizada foi possível constatar que a implementação da gestão participativa não se constituiu como um efetivo catalisador de mudanças, capaz de aumentar a distribuição do poder e, em decorrência, abrir espaço para um novo perfil de trabalhador mais capacitado para o exercício autônomo e criativo.

Mesmo assumindo total responsabilidade pelo escrito nesta obra, não posso deixar de ser grata aos que contribuíram com o trabalho. Sendo assim, agradeço a:

- direção, coordenação do programa participativo e, principalmente, aos trabalhadores do grupo empresarial pesquisado;
- Prof. Dr. Tom Dwyer, meu orientador, e a todos professores que colaboraram comigo em diferentes momentos deste trabalho, em especial gostaria de lembrar: Profª. Drª. Leny Sato, Profª. Drª. Maria da Graça Jacques, Profª. Drª. Nara Bernardes, Prof. Dr. Ricardo Antunes e Prof ª Dr ª Valmíria Piccinini;
- Prof. Dr. Roberto Cruz, colega e editor deste livro, pelo apoio e incentivo à publicação;
- meus familiares e amigos, que sempre apoiaram e incentivaram minha trajetória intelectual e acadêmica.

Maria Chalfin Coutinho
março de 2006

Introdução

O que significa participação no trabalho? A idéia de que os trabalhadores devem participar no trabalho não é nova; no entanto, esta proposta de gestão foi bastante enfatizada durante as últimas décadas do século XX. O fato de este tema estar tão presente nos discursos dos meios produtivo e acadêmico mostra sua relevância e a necessidade de entender não só o seu significado, como também quais as possibilidades concretas do exercício participativo no atual contexto de trabalho.

Ao se conceber a participação no trabalho como uma forma de distribuição do poder entre os diversos atores inseridos em uma determinada relação de trabalho, entende-se que, quanto mais igualitária for a distribuição do poder, mais participativa será uma organização produtiva.

As organizações produtivas vêm passando por grandes transformações, buscando fazer frente às pressões por competitividade do mercado mundial, através de diferentes estratégias de modernização. Isto acontece não somente através de estratégias parciais, com a introdução de tecnologias automatizadas, como também pela incorporação de novas técnicas de organização da produção, aliadas ou não a introdução de novos equipamentos, consistindo no que Fleury (1988) denomina de *estratégias sistêmicas de modernização.*

A modernização sistêmica tem sido introduzida nas empresas brasileiras através de diversos modelos. No entanto, no final do século XX percebeu-se a recorrência de formas de organização do processo produtivo e de relações de trabalho inspiradas no chamado modelo japonês. As estratégias gerenciais inspiradas nesse modelo pretendem estabelecer novos compromissos com os trabalhadores, substituindo o rígido controle do processo de trabalho por estratégias mais sutis de motivação.

Na década de 80, assistiu-se, predominantemente, à incorporação parcial de técnicas japonesas, tendo o Brasil se destacado pela ampla difusão dos Círculos de Controle de Qualidade (CCQ), que, aplicados de forma isolada, não alteravam as formas clássicas de organização do processo produtivo (taylorismo-fordismo). A partir das avaliações negativas dessas experiências, dentro da perspectiva do empresariado, passa a ser desenvolvida uma metodologia gerencial mais ampla, também de inspiração japonesa, centrada na qualidade, os programas de qualidade total (TQC). Esses programas foram difundidos em todo país, após a instituição, durante o governo Collor (no início dos anos 90), do Programa Brasileiro de Qualidade e Produtividade (PBQP)[1].

Seja por meio da incorporação de algumas ferramentas, como o CCQ, ou de programas mais amplos, como o TQC, as estratégias gerenciais inspiradas no modelo japonês pretendem estabelecer novos compromissos com os trabalhadores, nos quais o rígido controle do processo de trabalho passaria a ser substituído por estratégias mais sutis de motivação. O que as empresas buscam é o envolvimento dos seus trabalhadores através da participação no trabalho.

Temos, assim, o resgate do discurso participativo como forma de engajamento dos trabalhadores, presente nas organizações produ-

---

[1] Ver Aranha e Cunha (1996).

tivas, desde os clássicos experimentos de Elton Mayo, em Hawthorne[2]. Atualmente, existe a compreensão de que não basta motivar o trabalhador para que ele produza; a própria concepção de organização da produção requereria um trabalhador engajado, participativo.

A participação dos trabalhadores é um tema bastante amplo, que tem sido tratado de forma recorrente na literatura e cuja origem relaciona-se com as lutas dos cidadãos pela gestão democrática dos espaços sociais. Por meio da gestão participativa, as empresas, aparentemente, estariam buscando substituir a tradicional relação de confronto entre capital e trabalho (presente na sociedade industrial) por uma relação de parceria entre o trabalhador e a empresa (ou os empresários). O trabalhador não seria mais um empregado, mas, sim, um colaborador, alguém que se identificaria com os objetivos da organização.

Na definição de uso corrente, parceria é considerada: "reunião de pessoas para um fim de interesse comum: sociedade, companhia". (Ferreira, 1994, p. 482) Assim, poder-se-ia pensar em interesses comuns entre capital e trabalho, concepção que se faz presente nas empresas com gestão participativa. Entretanto, é importante fazer um primeiro questionamento:

– Pode o trabalhador ser um parceiro no processo produtivo?

A relação de parceria supõe igualdade, já que parceiro é aquele que é "igual, semelhante, parelho, par" (Ferreira, 1994, p. 482). Certamente, não se pode considerar que existe igualdade nas relações entre empregadores e trabalhadores dentro de empresas capitalistas, já que esses atores sociais estão inseridos nas relações desde perspectivas opostas (compra e venda da força de trabalho).

A participação de trabalhadores, inspirada na gestão japonesa, vem sendo introduzida nas empresas brasileiras por iniciativa da administração; portanto, trata-se de um instrumento a serviço de uma

---

[2] As pesquisa pioneiras coordenadas por Mayo nas primeiras décadas do século passado, que deram origem à chamada *escola de relações humanas no trabalho*, mostraram que trabalhadores satisfeitos, motivados, integrados em equipes e particpantes do trabalho são mais produtivos.

das partes – os empregadores, que não pretendem romper com as relações de poder –, ainda que possa haver modificações na estrutura hierárquica das empresas. A gestão participativa atende aos interesses da gerência, que, dessa forma, busca comprometer o empregado com o trabalho, cabendo, então, refletir em que medida os interesses dos trabalhadores poderiam ser também contemplados, ou se trata, apenas, de manipulação.

Apesar de a participação ser antes de tudo uma estratégia empresarial introduzida com o objetivo de aumentar a eficiência organizacional, é importante considerar, também, que a gestão de recursos humanos nas empresas brasileiras tem sido, tradicionalmente, considerada autoritária[3]. Desta forma, ainda que limitadas e definidas pela administração, as possibilidades de participação poderiam se constituir em espaços para os trabalhadores influenciarem no seu trabalho.

A gestão participativa consiste em uma proposta gerencial que, ao ser implementada, modifica as relações cotidianas de trabalho e o seu desenvolvimento concreto depende dos diversos atores sociais envolvidos no processo. Portanto, é a análise de experiências concretas que permite avaliar as possibilidades reais de participação dos trabalhadores, sendo esta a motivação para o desenvolvimento de estudos empíricos, dentro da realidade brasileira.

Quando a empresa solicita a seus integrantes que se engajem no seu projeto, ela também demanda por identificação com seus objetivos. Esta demanda por identificação, via participação e envolvimento, supõe um outro tipo de trabalhador, diferente daquele que se submetia aos pesados controles das estratégias coercitivos de gestão, características do modelo taylorista-fordista. Parece importante, então, levantar uma outra questão:

– Qual o perfil do trabalhador que participa do processo produtivo?

Diante das transformações em curso, cada vez mais vem sendo enfatizada a necessidade de um novo trabalhador: qualificado,

[3]Ver Fleury (1993) e Humphrey (1994).

autônomo, criativo, polivalente. A análise da realidade brasileira mostra que este perfil não é condizente com um grande conjunto de trabalhadores que convivem com condições precárias de trabalho, mas seria, quem sabe, compatível com trabalhadores inseridos em uma empresa moderna, participativa.

As reflexões sintetizadas até aqui, motivaram o desenvolvimento de um projeto de pesquisa que teve como objetivo investigar as possibilidades de participação e os perfis profissionais de trabalhadores de três categorias profissionais, inseridos em três unidades produtivas de um grupo industrial do setor de plásticos do Estado de Santa Catarina, cujas estratégias de gestão de recursos humanos privilegiam a participação destes trabalhadores.

Este livro é de uma versão modificada da tese de doutorado[4] da autora, resultado da pesquisa mencionada. O estudo foi desenvolvido com trabalhadores do Grupo Alfa (nome fictício), grupo empresarial catarinense do setor de plásticos, reconhecido nos meios acadêmicos e empresariais pelo emprego de um modelo participativo de gestão. Foram investigados trabalhadores de três categorias profissionais diretamente ligadas às atividades produtivas (operadores, monitores e chefes de fábrica), inseridos em três unidades produtivas do Grupo em Santa Catarina.

A coleta de dados foi realizada separadamente em cada uma das unidades industriais: Fitas, Conexões e Acessórios. Os principais instrumentos utilizados foram: observação direta (com registro em diário de campo) e entrevistas semi-estruturadas com um total de 43 trabalhadores[5]. Os dados foram complementados através de entrevistas com diretores, gerentes e outros profissionais da Alfa; observações de reuniões, consultas a documentos e informativos do grupo

---

[4] COUTINHO, Maria Chalfin. *Entre o velho e o novo: estratégias de participação no trabalho.* Tese (Ciências Sociais) – Universidade Estadual de Campinas, Campinas, 2000.

[5] Na fábrica de Fitas foram entrevistados 7 trabalhadores (1 chefe, 2 monitores e 4 operadores). Na Conexões foram realizadas 15 entrevistas (2 chefes, 5 monitores e 8 operadores). Na Acessórios entrevistaram-se 21 trabalhadores (2 chefes, 6 monitores e 13 operadores).

e o registro dos depoimentos de trabalhadores. Os dados principais (transcrição das entrevistas e registros do diário de campo) foram analisados por meio de um procedimento inspirado na análise de conteúdo proposta por Bardin (1994). Os resultados dessa análise foram contextualizados com os dados complementares.

A análise sobre as possibilidades de participação de cada categoria profissional considerou as seguintes dimensões: grau de controle, tipo de questões e nível organizacional. Também foram analisadas as concepções sobre participação dos trabalhadores. Os perfis profissionais das diferentes categorias profissionais foram analisados a partir de suas trajetórias profissionais, modelo ideal de trabalhador e representações sobre a empresa.

A análise das três dimensões de participação foi realizada tendo em vista um quadro teórico (ver capítulo 1) que contempla a possibilidade de formas limitadas, parciais ou amplas de participação; entretanto, outros estudos sobre experiências participativas, incluindo pesquisas sobre empresas brasileiras[6], indicavam que este nível mais alto dificilmente seria encontrado. Assim, esperavam-se identificar apenas formas parciais e/ou limitadas de participação, principalmente nas categorias profissionais situadas nos níveis mais baixos da hierarquia organizacional. Essa hipótese foi confirmada com os resultados da pesquisa.

Ao investigar o perfil de trabalhadores participativos é importante que se considerem os processos de identificação coletivos desenvolvidos por eles. O envolvimento e a identificação dos trabalhadores com a empresa na proposta original das empresas japonesas era favorecido por uma série de contrapartidas, como a garantia de emprego.

A realidade atual do mercado de trabalho brasileiro é bastante complexa. As empresas passam por momentos de transição, tornando difícil a apresentação de modelos consolidados de gestão, com os quais seus integrantes possam se identificar completamente. Na ausência

---

[6] Antunes (1995), Gonçalves (1998) Piccinini e Jotz (1998) e Tolfo *et al.* (1999).

desses modelos, não havia a expectativa de que fossem encontrados padrões já consolidados de identificação profissional que apontassem para um perfil homogêneo de completa identificação dos trabalhadores com os interesses da organização. Esse tipo de transição foi observado no grupo Alfa, que mesclava práticas tradicionais e inovadoras de gestão do processo produtivo e de seus recursos humanos, constituindo uma trajetória rumo à modernização. O convívio entre o velho e o novo foi observado também nos perfis dos trabalhadores da empresa.

O objetivo deste livro é apresentar uma discussão teórica e prática sobre a participação de trabalhadores em organizações que possa ser útil não só a estudiosos, como também a todos aqueles que vivenciam as relações de trabalho contemporâneas. A escolha por estudar o tema no contexto das organizações com propostas participativas de gestão propiciou uma análise crítica sobre os limites concretos dessas propostas, bem como suas repercussões sobre os perfis dos trabalhadores[7].

O livro foi organizado em duas partes complementares: participação no trabalho e perfis de trabalhadores participativos. Cada parte é iniciada com um capítulo teórico, depois são apresentados os resultados da pesquisa realizada.

No primeiro capítulo da parte I, são apresentadas concepções teóricas sobre participação, diferentes propostas teóricas para a análise da participação nas organizações e uma revisão sobre estratégias de gestão e práticas participativas que vêm sendo implementadas em diferentes contextos empresariais brasileiros. No capítulo 2, descreve-se a experiência participativa na Alfa, incluindo o programa proposto pelos gestores e a forma como esse programa se efetiva em cada uma das fábricas investigadas.

A parte II apresenta um estudo sobre perfis de trabalhadores inseridos em organizações participativas. O termo *perfil* diz respeito

---

[7] A escolha deste tipo de empresa, com propostas consideradas como inovadoras, e não daquelas com estratégias tradicionais de gestão, justifica-se pois não havia interesse em apontar os limites das formas autoritárias de gestão; mas contrapor concepções teóricas, discursos e práticas gerenciais.

às características de trabalhadores que são chamados a identificarem com as organizações participativas. No capítulo 3 é feita revisão teórica sobre os processos de identificação dos trabalhadores com as organizações, incluindo uma discussão sobre identidade e trabalho e outra sobre o poder das organizações que demandam por identificação com seus objetivos. O capítulo 4 expõe os perfis dos trabalhadores da Alfa, iniciando com a apresentação das políticas de pessoal da empresa, incluindo o perfil dos trabalhadores desde a perspectiva dos gestores, para relatar depois como são os trabalhadores de cada fábrica. Ao final do livro são tecidas considerações finais articulando os temas das duas partes.

Parte I:
Participação no trabalho

1.
PARTICIPAÇÃO NO TRABALHO

Conceitos sobre participação

A luta por maiores possibilidades de participação é uma das antigas reivindicações sociais dos cidadãos. Esta luta também fez parte dos ideais dos socialistas utópicos[8] do século passado, bem como das idéias de Marx. Já no século XX, esses ideais vão inspirar os movimentos operários e sindicais.

Na sociedade industrial, a questão da participação dos trabalhadores nas empresas tem sido colocada como uma forma de gerenciar os problemas decorrentes da gestão taylorista do processo de trabalho. Como vimos, Elton Mayo foi um pioneiro na introdução das idéias participacionistas nas empresas; assim, este não é um debate novo, embora, ainda hoje, seja uma questão atual e polêmica.

É a partir da década de 1960 que esse debate vai ser ampliado na literatura acadêmica, particularmente nos EUA. Storch (1985)

---

[8] Pensadores como Owen, Fourier, Proudhon (entre outros) apresentaram diferentes propostas de autogestão dos trabalhadores.

relaciona esse desenvolvimento teórico com diversos fatores ocorridos nos países ocidentais industrializados depois da 2ª Guerra Mundial, com implicações socioeconômicas. Entre esses fatores, podem-se destacar: a ascensão e o declínio da hegemonia econômica dos EUA; os obstáculos à produtividade decorrentes de relações industriais conflitantes; o crescente aumento de exigências para os trabalhadores; as mudanças tecnológicas requerendo maior capacidade de adaptação dos empregados; a busca pelas empresas de soluções para as manifestações de alienação dos trabalhadores.

A análise teórica sobre a participação dos trabalhadores é polêmica e os vários pesquisadores que se dedicam ao tema não chegam a um consenso. Em que medida essa forma de gestão pode ou não representar um avanço para os trabalhadores é o ponto central do debate. Pode-se analisar a questão através da comparação entre a gestão participativa e outros sistemas de gestão.

Hodson (1996) analisa centenas de estudos etnográficos sobre trabalho, buscando avaliar as experiências de "alienação e liberdade", em diferentes sistemas de produção. O autor estabelece, teoricamente, um modelo para a análise de estudos empíricos, apontando cinco tipos de organização do trabalho: artesanal, supervisão direta, linha de montagem, burocrático e participação do trabalhador. Esses tipos estariam em um contínuo, no sentido de formas mais atuais de organização.

O mesmo autor conclui que as organizações participativas recuperam, de alguma forma, a dignidade no trabalho, ausente em modelos anteriores. Contudo, essa recuperação não atinge os níveis alcançados pela organização artesanal do trabalho. É possível questionar a linearidade do modelo de análise do autor, apontando, apenas, uma forma mais atual (ou avançada) de gestão do trabalho, já que existem outras estratégias de democratização das relações de trabalho. Também é possível refletir (como se pretende aqui) em que medida a participação pode ou não significar um avanço para os próprios trabalhadores.

Os estudos sobre participação no trabalho apontam outros sistemas que aparecem freqüentemente associados, em especial, os conceitos de co-gestão e autogestão. Esses sistemas referem-se a diferentes formas e graus de envolvimento na gestão de determinado processo social. Alguns autores[9] acreditam que uma efetiva participação social só seria possível pela autogestão social, associando cada um dos conceitos a formas sociais, políticas e econômicas mais amplas. "Potencialmente a co-gestão parece ser o limite das formas participativas características do capitalismo avançado, da mesma forma que a autogestão parece ser o limite e a meta final do socialismo." (Motta, 1982, p. 18).

Mesmo enfatizando o caráter manipulatório das diversas formas de participação desenvolvidas pela burocracia capitalista, Motta (1982) entende que a participação também pode ser "uma conquista e uma arma dos trabalhadores." (p. 15). Considera, ainda, que a co-gestão tenta "conciliar o inconciliável" (harmonizar os interesses do capital e do trabalho); contudo, também se refere a esse sistema de gestão como um avanço do sistema capitalista.

Guillerm e Bourdet (1976) definem, comparativamente, colocando em um contínuo, os conceitos de: participação, co-gestão, controle operário, cooperativa e autogestão. A participação é considerada uma forma de heterogestão, já que os trabalhadores participam de atividades dentro de uma estrutura com finalidades previamente definidas por outros. A empresa "concede" a participação a seus trabalhadores, colocando-os em uma situação em que se sentem colaborando de forma original e espontânea, sem que percebam a instrumentalização das suas atividades. Esse tipo de concessão da empresa torna-se necessário na medida em que aparecem as "disfunções" das estratégias tayloristas de gestão. A participação nos lucros é apontada como uma forma mais elementar, que visa a integrar a classe operária ao sistema capitalista.

Quando os trabalhadores têm algum nível de intervenção na organização da empresa, estar-se-ia diante do que os autores citados chamam de co-gestão. Essa intervenção dos trabalhadores pode se

---

[9] Motta (1982, 1987) e Tratenberg (1987).

manifestar em dois níveis: da organização técnica do trabalho e da política geral da fábrica. A co-gestão consiste em uma forma mais ampla de participação, na qual os trabalhadores podem determinar os meios para atingir os objetivos, o que não coloca em questão a definição dos objetivos da empresa feita pela direção.

O controle operário emerge a partir das lutas operárias contra o poder patronal, em especial nos momentos de greve, e corresponde a uma intervenção dos trabalhadores "que arranca ao patronato concessões das quais resulta uma melhoria das condições de trabalho, ou se preferirem, uma ligeira atenuação das forças de exploração" (Guillerm e Bourdet, 1976, p. 25). Apesar de significar um avanço na direção da autogestão, o controle operário delineia-se sobre determinados pontos, sem questionar a gestão do trabalho pelo capital e nem pretender acabar com o antagonismo de classes.

A cooperativa se diferencia da autogestão por ser um sistema localizado de gestão dos trabalhadores, embora, em princípio, não haja diferença entre os dois sistemas. As cooperativas têm convivido com o sistema capitalista sem contestá-lo seriamente, uma vez que, não podem, por si mesmas, levar à autogestão social.

A efetiva autogestão social só aconteceria por meio de uma transformação radical, não somente econômica, como nas outras formas de participação (incluindo o controle operário e a cooperativa), mas, também, implica uma transformação política que levaria à abolição do Estado. Isso só seria possível por meio de outras formas de organização nacional, que permitissem a superação do capitalismo e do estatismo "em benefício de um conjunto autogestionado de cooperativas igualitariamente associadas segundo um plano elaborado pela soma das necessidades e desejos" (Guillerm e Bourdet, 1976, p. 30). No que se refere ao processo de trabalho, os mesmos autores consideram que, na autogestão, há uma "negação da alienação", pois as atividades são construídas livremente, revolucionando, assim, o trabalho, as ferramentas e os produtos.

Os conceitos apresentados apontam para um leque bastante grande de possibilidades, que vão desde a simples colaboração dos trabalhadores na empresa até uma transformação social mais ampla. Mesmo quando se utiliza o conceito de participação no campo mais restrito das organizações sociais de produção, não existe consenso a respeito do seu significado: o que, para alguns autores, pode ser considerado como uma forma de participação, para outros, significa, apenas, a manipulação dos trabalhadores.

Em uma revisão sobre as lutas dos trabalhadores por maior participação nos mecanismos de promoção de saúde e segurança no trabalho, Dwyer (1995) constata que esses movimentos nem sempre implicam maior democratização das relações de trabalho. O apoio governamental a movimentos participacionistas de trabalhadores, em determinados momentos históricos, pode significar uma forma de controlar o desenvolvimento do movimento sindical. Ao analisar experiências concretas, o autor sugere que uma das questões mais importantes sobre a natureza dos processos participativos seria: "sob que condições a participação é associada com democratização do local de trabalho ou com a manipulação dos trabalhadores?" (Dwyer, 1995, p. 3).

Storch (1985) entende que a empresa pode utilizar-se da participação somente como uma forma de cooptar os trabalhadores, em prejuízo dos seus interesses coletivos, visando, apenas, à maior eficiência empresarial e ao controle burocrático (o que representaria a manipulação dos trabalhadores). O autor considera que só é possível evitar essa situação quando existe um sindicato forte e representativo, capaz de compor os interesses de ambas as partes através da negociação, beneficiando a todos com o aumento do poder. Melo (1985) também considera a força do sistema sindical, ao lado de um contexto jurídico que valorize a expressão coletiva dos trabalhadores, como elementos que contribuem para que a participação não seja, essencialmente, uma forma de a empresa controlar e manter o poder.

Pateman (1992) alerta, ainda, para o fato de que os termos *participação* e *democracia* na indústria aparecerem, freqüentemente, na literatura como intercambiáveis; no entanto, ela afirma que esses conceitos não são sinônimos. Neste sentido, Bernstein (1983) indica os termos alternativos usados dentro dessa mesma área comum: "controle dos trabalhadores", "participação", "autogerenciamento" e "democracia industrial". O autor prefere usar o conceito *de democratização do local de trabalho*, correspondendo a processos que buscam aumentar a influência do empregado no sistema de gerenciamento, desde uma simples solicitação de opiniões até a completa autonomia dos trabalhadores.

O conceito de participação é criticado por Bernstein (1983), que o considera vago e sujeito a um grande número de interpretações; entretanto, no Brasil ainda é amplamente usado, tanto pelos membros das organizações produtivas, como pela literatura da área. Tendo em vista os diferentes sentidos que *participação* pode assumir no âmbito do trabalho, empregado para referir desde formas limitadas até formas amplas de influência dos trabalhadores, é importante que ao utilizar o conceito se considerem as relações de trabalho concretas em que estão inseridos os trabalhadores e em que medida eles podem influenciar essas relações.

Outro questionamento, apontado por Pateman (1992), refere-se à possibilidade de uma analogia entre o conceito de democracia na teoria social e o conceito de democracia industrial, já que, no último caso, não é possível o desenvolvimento de uma série de normas do jogo democrático, entre as quais, a eleição de um "governo". Com isso, cabe novamente lembrar os limites para a consolidação de um espaço verdadeiramente democrático em um lugar onde as relações sociais caracterizam-se por ser, essencialmente, desiguais.

Pateman (1992) é uma referência importante para estudos no campo da participação no trabalho. Em seu livro *Participação e teoria democrática*, a autora faz uma ampla revisão sobre o papel da participação nas diferentes concepções teóricas sobre democracia e critica a imprecisão com que se utiliza esse conceito, quando aplicado em situações concretas de trabalho.

> Não causa surpresa o fato de os autores de textos sobre administração não discriminarem, com mais cuidado, as diferentes

situações 'participativas', quando se considera o motivo pelo qual eles estão interessados em participação no local de trabalho. Para eles trata-se apenas de uma técnica a mais entre outras, que pode auxiliar no alcance do objetivo geral da empresa - a eficiência da organização... a participação pode contribuir para o aumento da eficiência, mas o que importa é que estes autores utilizam o termo 'participação' não apenas para se referir a um método de tomada de decisão, mas também para abranger técnicas utilizadas para persuadir os empregados a aceitarem decisões já tomadas pela administração (Pateman, 1992, p. 95).

Análise da participação nas organizações

A questão da participação nas organizações é um tema que tem sido bastante estudado por diferentes pesquisadores. Em um interessante artigo, Heller (1998)[10] faz uma revisão desses estudos, analisando um programa de pesquisas sobre o compartilhamento de influência no trabalho realizadas em vários países, ao longo de 25 anos. O autor define influência no trabalho como "um modo de descrever a distribuição de atividades relacionadas ao poder entre as pessoas" (Heller, 1998, p. 1426).

Para analisar os resultados das pesquisas empíricas sobre compartilhamento de influência, Heller (1998) utilizou uma escala criada por ele, denominada *Contínuo de poder e influência* (IPC). Essa escala considera seis níveis de tomada de decisão: 1) não ser envolvido (nenhuma informação ou o mínimo é partilhado); 2) ser informado anteriormente; 3) ser informado anteriormente e poder dar opinião; 4) ter a opinião levada em consideração; 5) tomar decisões em conjunto ou através do consenso; 6) decidir por si mesmo (com certo grau de autonomia).

---

[10] O autor coordena o Centro de Estudos de Tomada de Decisões, do Instituto Tavistock de Londres, conhecido por pesquisas no campo das relações de trabalho.

Após análise e comparação com a literatura, Heller (1998) concluiu que os integrantes dos níveis hierárquicos mais baixos das organizações, em média, quase não exercem qualquer influência sobre os processos de decisões. Mesmo a gerência intermediária mal conquistou a possibilidade de dar opinião. O autor aponta para uma série de vantagens geralmente associadas às práticas participativas, como: aumento da satisfação, da produtividade e da lealdade no trabalho, bem como a diminuição da resistência à mudança. Os resultados das pesquisas revisadas apenas confirmaram a primeira, ou seja, é possível associar a participação somente ao aumento da satisfação. Suas análises o levaram a estabelecer que "altos graus de compartilhamento de influência são associados com uma melhor qualidade e efetividade das decisões e uma redução significativa na baixa utilização da experiência e das habilidades das pessoas" (Heller, 1998, p. 1439).

Outra importante conclusão desses estudos é que existem determinadas condições antecedentes necessárias para o efetivo compartilhamento de influência, entre as quais destacam-se duas: confiança e competência (resultado da experiência e da habilidade). Heller (1998) observa que se constrói confiança com dificuldade, mas que se pode destruí-la facilmente (por exemplo, com demissões) e considera que uma das causas da "pseudoparticipação ou inautencidade" é a colocação de empregados em processos de consulta sobre questões em que eles não têm experiência. Apesar de manter uma perspectiva otimista sobre o futuro na direção de uma responsabilidade organizacional pluralista, o autor afirma que os resultados de pesquisa podem ser analisados desde uma perspectiva sombria, já que pouca influência passa dos níveis altos para os mais baixos nas organizações.

> Nossa rápida corrida através de vários milênios de história... não nos deu um quadro evolutivo muito positivo sobre um crescimento significativo no conjunto de influência dada à população nas suas atividades de trabalho. Além disso, os resultados do programa de trabalho descrito por mim não

> contribuem para uma mudança paradigmática no sentido da democracia organizacional. Exceto em experimentos relativamente isolados, muitos dos quais duraram pouco, empregados dos baixos níveis organizacionais, em média, não podem nem mesmo obter informações sobre decisões que podem afetá-los e, sem informação, nenhuma participação é praticável (Heller, 1998, p. 1443-4).

Esta ampla revisão de estudos aponta para os limites das práticas participativas que vêm sendo efetivadas nas organizações. Vários autores analisam experiências concretas de práticas participativas introduzidas em organizações produtivas e, a partir daí, propõem diferentes modelos para classificá-las.

Autores franceses, particularmente, estão interessados nesse tipo de pesquisa em decorrência do grande número de experiências desenvolvidas no seu país com a aprovação, em 1982, da Lei Auroux, que instituiu os "grupos de expressão" de assalariados. Essa lei foi promulgada no início do governo socialista de Mitterrand, com apoio das principais centrais sindicais francesas, trazendo a participação para os trabalhadores, sem ser resultado nem da reivindicação destes, nem tão pouco de propostas patronais.

Lojkine (1990) considera que os grupos de expressão trabalham sobre conteúdos definidos pela lógica patronal da produtividade e classifica a participação dos trabalhadores nesses grupos em quatro tipos, considerando tanto a forma como o conteúdo da intervenção direta. Na *"participação" neotaylorista clássica*, o grupo discute apenas condições de trabalho e existe uma chefia autoritária que monopoliza as reuniões. Na *autogestão "enquadrada"*, o grupo tem autonomia apenas para discutir temas relacionados diretamente com o trabalho, mas a hierarquia permanece, com questões estratégicas decididas pela direção. Existem, ainda, as *intervenções para uma gestão alternativa*, nas quais somente especialistas sindicais discutem temas mais amplos. Para que aconteça a *"auto-gestão"* é necessário que os trabalhadores tenham acesso a indicadores que lhes permitam calcular custos e verbas disponíveis; também deve ocorrer efetiva descentralização da empresa, evitando-se, assim, os "nichos" autogestionários.

Hirata (1990) compara os grupos de expressão franceses com outras formas participativas, particularmente, os Círculos de Controle de Qualidade (CCQ). Ambos não possibilitam o controle dos trabalhadores, tal como ocorre nas formas participativas de autogestão ou de controle operário. No CCQ, também não existe o mesmo grau de estímulo à participação que ocorre nos grupos semi-autônomos (GSA), embora ambos sejam iniciativas das empresas. Enquanto os grupos de expressão (GE) decorrem de uma iniciativa do Estado e são estabelecidos por acordo sindical, tornando-se formalmente obrigatórios, os CCQs seriam, em tese, voluntários. Em relação aos temas debatidos, os GEs não têm restrições; já nos CCQs, existem "temas tácita ou explicitamente proibidos, como reivindicações salariais ou propostas de modificações no processo de trabalho." (p. 137)

A comparação entre os CCQs e os GEs também foi feita por Gautrat (1990). Para o autor, a natureza desses dispositivos participativos não pode ser definida considerando-se, exclusivamente, sua denominação formal. Apesar da origem diferente dos dois tipos de grupo (patronal dos CCQs e inspiradas em um governo de esquerda, no caso dos GEs), ambos utilizam formas de funcionamento semelhantes, com equipes de trabalho que levantam problemas, elegem alguns e buscam solucioná-los, através de técnicas de resolução de problemas.

O mesmo autor apontou para alguns problemas decorrentes da investigação dos processos participativos. Um primeiro problema é relativo à satisfação dos atores, pois sistemas de caráter limitado podem ser avaliados de forma bastante positiva pelos trabalhadores, se comparados com práticas autoritárias anteriores. É importante a análise das práticas, já que os administradores são influenciados pela valorização da participação nas empresas, mas pode não haver uma correspondência efetiva entre o discurso da administração e as práticas desenvolvidas.

Outra constatação interessante de Gautrat (1990) é a redução da autonomia dos operadores, que dependeria de seu conhecimento, tendo como base os ofícios. Estes foram construídos durante longos períodos de relativa perenidade dos processos produtivos, mas tornam-se obsoletos com as rápidas mudanças que vêm ocorrendo nestes processos. As práticas participativas tentariam absorver a pequena autonomia de que os operadores ainda dispõem e, mesmo sendo bem-sucedidas quanto à melhoria das relações de trabalho, favorecendo a integração no trabalho e aumentando a qualidade do processo produtivo, seus "êxitos" podem não ser duradouros, pois:

> Quanto mais a gestão participativa é produtiva, menos tem aptidão para tornar-se durável. As micromelhorias encontram rapidamente seu limite na concepção geral do sistema, praticamente impossível de se alterar, uma vez concebido... Com efeito as primeiras reuniões a respeito de melhorias evidenciam os problemas mais simples, que podem ser resolvidos pelos operadores. Depois,... as contribuições em criatividade se reduzem ou devem lançar mão de tratamentos que superam as competências dos operadores. O arrefecimento constatado nos dispositivos participativos é oriundo do seu êxito original, mas levanta o problema da gestão participativa a qual, para ser perene, deve aumentar as possibilidades dos operadores se integrarem no sistema produtivo. No entanto, a evolução das técnicas de produção deixa cada vez menos lugar à autonomia e à intervenção dos operadores (Gautrat, 1990, p. 180).

Novamente, estamos diante dos limites relativos às práticas participativas, o que torna importante a busca de referências que permitam analisá-las. Pateman (1992) classifica o exercício participativo dos trabalhadores, inseridos em organizações produtivas, em três categorias: *pseudoparticipação*, *participação parcial* e *participação plena*.

As estratégias utilizadas apenas para persuadir os empregados a aceitarem as decisões já tomadas pelas chefias, visando somente ao aumento da eficiência da organização, são consideradas, por Pateman (1992), *pseudoparticipação*, pois, apesar de os trabalhadores sentirem-se tomando parte das decisões, isso não ocorre de fato. Esse "sentimento de participar" é eficiente para os objetivos da empresa, na medida em que promove a confiança e a satisfação no trabalho (observa-se, aqui, a manipulação dos trabalhadores). A participação efetiva dos empregados requer, em primeiro lugar, que eles tenham a posse das informações necessárias para sua tomada de decisão.

A *participação parcial* refere-se a um processo no qual o trabalhador pode influenciar na tomada de decisões, mas a decisão final não é dele. Fica evidente a desigualdade nas relações entre superiores e subordinados, já que a "prerrogativa" da decisão final permanece sempre com a administração. Esse tipo de participação pode ocorrer nos diferentes níveis hierárquicos das organizações. Também nesses diferentes níveis poderiam existir grupos de trabalhadores auto-regulados, desenvolvendo o que Pateman (1992) define como *participação plena*. Esses grupos seriam constituídos por "indivíduos iguais que têm de tomar suas próprias decisões a respeito da atribuição das tarefas e da execução do trabalho" (p. 98).

Chama a atenção o fato de a autora considerar, como participação plena, situações que podem ocorrer apenas em grupos isolados. Uma efetiva participação dos trabalhadores deveria afetar toda a organização; contudo, pode-se questionar a possibilidade dessas transformações nas organizações. Esse tipo de mudança, no sentido de uma participação plena de todos, requereria o estabelecimento de relações de trabalho entre iguais, igualdade que não pode concretizar-se, uma vez que o próprio contrato de trabalho, entre o empregado e o empregador, supõe diferenças entre eles.

Ao analisar abordagens participativas em diferentes estudos empíricos, Dwyer (1997) estabelece duas categorias de análise: *conteúdo* e *forma*, que podem variar em um contínuo, desde uma participação limitada até uma participação ampla. O autor propõe um cruzamento dessas categorias, apontando, assim, quatro tipos extremos. Uma participação limitada quanto ao conteúdo e quanto à forma seria "uma comissão ou representante nomeado para tratar de um tema específico". Já uma participação limitada quanto à forma e ampla quanto ao conteúdo seriam "comissões nomeadas tratando de todos os temas relativos ao mundo do trabalho, sem poderes de decisão". Um exemplo de limitação quanto ao conteúdo com uma ampla forma é uma "estrutura permanente com plenos poderes ... com respeito ao tema em pauta". Por fim, uma estrutura é ampla, tanto em relação ao conteúdo, quanto à forma quando "todos os temas relativos ao mundo do trabalho são sujeitos à auto-organização, ao autocomando e à auto-recompensa" (p. 6).

Bernstein (1983) apresenta um quadro teórico que permite a análise das situações concretas nas organizações de produção, identificando três dimensões da participação: *grau de controle dos empregados* sobre cada decisão, *tipo de questões* sobre as quais o controle é exercido e *nível organizacional* das decisões dos empregados. Estas dimensões também variam em uma escala crescente, de menor a maior participação.

O grau de controle é relativo ao poder que os trabalhadores têm de influenciar nas decisões das empresas e varia de formas bastante limitadas, como a colocação de sugestões em uma caixa, até a participação dos trabalhadores em conselhos ou assembléias. Os graus de controle apontados pelo autor são: consulta, cooperação ou co-influência, co-determinação ou gerenciamento conjunto e controle total dos trabalhadores ou "autogerenciamento" (autonomia dos trabalhadores).

A segunda dimensão da participação diz respeito ao tipo de questões sobre as quais os empregados exercem influência. Essas questões variam, desde as relativas diretamente à situação de trabalho do empregado, ou relativas aos recursos organizacionais (benefícios, salários, tipo de produto, promoção de executivos etc.), podendo chegar ao envolvimento com problemas mais amplos da empresa, como atividades relacionadas com o estabelecimento dos objetivos (investimentos, divisão dos lucros, crescimento do capital etc.).

O nível organizacional refere-se às instâncias da organização nas quais os empregados participam. O trabalhador pode participar, apenas, de suas atividades ou de sua equipe de trabalho, no seu departamento, na sua divisão e, até mesmo, como representante na direção. O autor alerta para o fato de que colocar representantes dos trabalhadores em altos níveis organizacionais, por exemplo, no quadro de diretores, não significa, necessariamente, que houve democratização, já que os trabalhadores podem não exercer um poder real nesse nível. Ao apresentar essa dimensão, Bernstein (1983) completa sua visão indicando que, além da empresa, existem duas instâncias relacionadas aos níveis de tomada de decisão do trabalhador: o Estado e o sindicato; nessas duas instâncias ele pode participar representando outros trabalhadores.

Bernstein (1983) estabelece uma série de relações entre as três dimensões, cujas combinações considera complexas e, nem sempre, previsíveis. Como exemplo dessas relações, cita a "negociação coletiva" entre sindicalistas e gerentes da empresa, na qual o trabalhador pode exercer alto grau de influência, mas, geralmente, sobre número limitado de questões. Esse exemplo mostra que o maior desenvolvimento em uma dimensão não corresponde, necessariamente, à ampliação da participação nas outras dimensões.

A questão da participação dos trabalhadores é, conforme discutido, tema antigo e polêmico, cabendo questionar em que medida ela significaria um avanço rumo a uma efetiva democratização das relações de trabalho, ou apenas uma estratégia de manipulação dos trabalhadores. Poder-se-ia pensar em avanço, se os sistemas participativos efetivamente fossem capazes de ampliar as possibilidades de influência dos trabalhadores, permitindo-lhes mais controle, sobre questões mais amplas (relativas a toda a organização) e abrindo-lhes espaço junto a níveis hierárquicos mais altos.

Entretanto, se tomarmos como referência o amplo estudo desenvolvido por Heller (1998), é possível ver que, mesmo em países de capitalismo avançado, como a Inglaterra, os trabalhadores, particularmente os de níveis mais baixos, exercem pouca influência no trabalho, já que, dificilmente, têm acesso a informações, sem as quais não é viável uma participação efetiva. Por outro lado, é possível pensar, como faz Melo (1985), que, apesar das limitações, sempre existem efeitos não previsíveis e, portanto, mesmo as estratégias de manipulação podem não se efetivar totalmente, dependo das relações sociais concretas existentes nos locais em que as propostas de participação dos trabalhadores são desenvolvidas.

Ao investigar relações sociais estabelecidas em organizações participativas é importante considerar que quanto mais uma organização permite que todos, inclusive membros de níveis mais baixos, tenham acesso ao poder, mais participativa ela será.

A participação possui várias dimensões e níveis que se efetivam através das relações sociais cotidianas de trabalho. Tais relações são desenvolvidas (ou modificadas) a partir da implantação de um programa participativo. Tomando como referência as categorias de análise estabelecidas por diferentes autores[11], propõe-se um quadro teórico sobre participação, que possibilita a análise das práticas desenvolvidas em organizações participativas.

Quadro 1: Dimensões da participação

<table>
<tr><th></th><th colspan="3">DIMENSÕES</th></tr>
<tr><th>FORMAS</th><th>Grau de controle (influência)</th><th>Tipo de questões (conteúdo)</th><th>Nível organizacional (forma)</th></tr>
<tr><td>Ampla (plena)</td><td>Autogerenciamento pelos trabalhadores</td><td>Objetivos da empresa</td><td>Associação industrial, proprietário, quadro de diretores, comitê executivo.</td></tr>
<tr><td rowspan="2">Parcial</td><td>Gerenciamento conjunto</td><td rowspan="2">Recursos organizacionais</td><td rowspan="2">Divisão, fábrica ou escritório, departamento ou chão de fábrica, grupo de trabalho.</td></tr>
<tr><td>Cooperação</td></tr>
<tr><td rowspan="2">Limitada (pseudoparticipação)</td><td>Consulta</td><td rowspan="2">Próprio trabalho dos trabalhadores</td><td rowspan="2">Indivíduo (trabalhador)</td></tr>
<tr><td>Caixinha de sugestões</td></tr>
</table>

[11] Heller (1998), Pateman (1992), Bernstein (1983) e Dwyer (1997).

Esse quadro norteou a análise dos dados coletados na pesquisa de campo que será apresentada, permitindo que se considerassem diferentes dimensões da participação no trabalho, avaliando, em relação a cada dimensão, a presença de formas mais limitadas ou mais amplas de participação. O quadro, definido teoricamente, contempla a possibilidade de formas amplas de participação; entretanto, os estudos sobre experiências participativas, incluindo pesquisas sobre empresas brasileiras (que serão apresentadas a seguir), indicam que esse nível mais alto dificilmente é encontrado. Portanto, esperava-se que apenas formas parciais e/ou limitadas fossem encontradas, particularmente, nas categorias profissionais situadas nos níveis mais baixos da hierarquia organizacional.

Gestão e práticas participativas no Brasil

As possibilidades de participação dos trabalhadores decorrem de estratégias gerenciais implementadas através da chamada gestão participativa. Esse tipo de gestão vem sendo amplamente introduzido nas empresas brasileiras, principalmente, a partir da década de 1990. São iniciativas patronais que fazem parte de um quadro amplo de modernização empresarial, fortemente inspirado no chamado "modelo japonês", apresentado na Introdução.

Embora não seja objeto deste livro a análise do modelo japonês, é importante situar em que contexto ele foi introduzido nos países ocidentais, particularmente no Brasil. A partir dos anos 70, os países capitalistas começaram a apresentar sinais do que vem sendo considerado uma "crise estrutural". Para Ricardo Antunes (2000), os traços mais evidentes dessa crise são: queda da taxa de lucro, esgotamento do padrão taylorista/fordista de acumulação, hipertrofia da esfera financeira em relação aos capitais produtivos, maior concentração de capitais, crise do "Estado de bem-estar social" e "incremento acentuado das privatizações, tendência generalizada às desregulamentações e flexibilização do processo produtivo, dos mercados e da força de trabalho" (p. 30).

Essa crise trouxe consigo uma série de mudanças que tinham o objetivo de retomar níveis anteriores de expansão do capital. Uma das formas de alcançar esse objetivo foi por meio de "um intenso processo de reestruturação da produção e do trabalho", buscando, assim, alternativas para o padrão taylorista/fordista. Segundo Antunes (2000), o capital deflagrou uma série de transformações, entre as quais se destaca o "toyotismo" ou modelo japonês.

Qual o sentido destas transformações? Em que medida o modelo japonês consiste em ruptura ou apenas em aprofundamento de formas anteriores de organização produtiva? São questões polêmicas, cujas respostas variam de acordo com a própria concepção que cada autor apresenta sobre o modelo. A perspectiva de ruptura com o padrão anterior apresenta uma visão positiva que aponta para a emergência de um novo trabalhador "mais qualificado, participativo, multifuncional, polivalente, dotado de 'maior realização no espaço de trabalho'" (Antunes, 2000, p. 48).

Antunes (2000) defende o ponto de vista oposto, já que entende o toyotismo como uma forma de intensificação do trabalho e considera as mudanças em curso, incluindo, aí, não só o modelo japonês, mas outros padrões de acumulação flexível, como "expressão da reorganização do capital com vistas à retomada do seu padrão de acumulação e ao seu projeto global de dominação" (p. 50).

O mesmo autor considera que os diferentes modelos de acumulação flexível apresentam tanto elementos de continuidade, como de descontinuidade, que se constituem em um padrão produtivo, relativamente novo em relação ao taylorismo/fordismo. A mudança diz respeito a estrutura produtiva mais flexível, técnicas de trabalho em grupo, recurso ao "envolvimento participativo" dos trabalhadores, considerado por ele uma "participação manipuladora", "trabalho polivalente" e estrutura horizontal que integra diversas empresas.

Hirata (1993) aponta outros pontos críticos em relação especificamente ao modelo japonês, analisando como foi desenvolvido, originalmente, no Japão. Tratava-se de um sistema de emprego excludente, na medida em que oferecia uma série de contrapartidas ("emprego vitalício", oportunidades de promoção etc.) apenas para assalariados, regularmente contratados, do sexo masculino. Constituiu-se em um modelo dualista e hierárquico de relação entre grandes e pequenas empresas, fornecedoras ou subcontratadas. Apesar das críticas, a autora aponta para uma nova divisão social do trabalho na empresa, que permitiria uma divisão menos nítida do trabalho e menor separação entre concepção e execução das tarefas.

A implantação no Brasil de propostas participativas inspiradas no modelo japonês tem sido também objeto de estudos e polêmicas, como foi apontado. Inicialmente, as empresas recorreram a estratégias parciais, particularmente com a implantação dos CCQs. A partir dos anos 90, tem sido cada vez mais freqüente a presença dos Programas de Qualidade Total nas empresas que buscam a modernização.

Uma tendência importante dos novos processos produtivos implantados nas empresas, em âmbito mundial, é o crescente envolvimento dos trabalhadores com o que produzem. Esse fato os torna responsáveis e participantes, e contrapõe formas tradicionais de gestão autoritária do trabalho. Entretanto, a cultura organizacional brasileira, marcada pelo autoritarismo, nem sempre tem acompanhado essa tendência. Vários autores[12] apontam o caráter autoritário como tradicionalmente presente nos sistemas de gestão da mão-de-obra no Brasil. Humphrey (1994) observou a postura autoritária característica da classe empresarial do país, o alto grau de conflito nas relações entre sindicatos e empresas, que tendem "a considerar a mão-de-obra como algo dispensável, sendo que a principal função da administração continuava sendo o controle" (p. 157).

Ao analisarmos a cultura organizacional brasileira é importante considerar que o processo de industrialização no país começou com a incorporação de um modelo de relações de trabalho com forte presença de um tipo tradicional de autoridade. No final dos anos 60, Lopes (1967) investigou, justamente, a passagem da autoridade tradicional para a racional-legal. A primeira era caracterizada pelo

---

[12] Fleury (1993), Lobo (1993), Ruas et al. (1993) e Silva (1993).

patrimonialismo, no qual a relação com a autoridade é pessoal, paternalista e o poder é exercido de forma arbitrária. A autoridade legal se exerce de forma impessoal e tem, como referência, um sistema de normas gerais válidas para todos. Este tipo de autoridade é aplicado na organização burocrática, que implementa o sistema legal de dominação.

Lopes (1967) analisou a dinâmica das transformações ocorridas nas relações industriais desenvolvidas em duas comunidades do interior de Minas Gerais, que enfrentavam pressões por modernização, colocando em cheque a cultura tradicional. Apesar das diferenças entre as comunidades, existem semelhanças, particularmente, no que diz respeito às relações de trabalho na indústria que reproduzem as relações de autoridade e subordinação existentes na comunidade. O autor observou dois tipos de mudanças nas relações de trabalho fortemente articuladas: enfraquecimento da vinculação tradicional dos trabalhadores com as empresas e fortalecimento da organização coletiva desses trabalhadores, via participação sindical. O que vem acontecendo mais recentemente é justamente uma inversão dessas mudanças. Ao mesmo tempo em que as empresas buscam fortalecer a identificação dos trabalhadores com seus interesses, ocorre um enfraquecimento da organização sindical.

A partir de dados originados em um estudo empírico realizado com empresas que implantaram programas de qualidade e produtividade, Humphrey (1994) constata que uma das principais razões para as empresas brasileiras adotarem as inovações envolvendo participação de trabalhadores tem sido neutralizar o descontentamento, impedindo sua mobilização pelo sindicato. Essas mudanças vêm sendo introduzidas com pouca ou nenhuma negociação. Com isso, os sindicatos têm-se oposto à implantação das diversas estratégias de reorganização produtiva, por as considerarem formas de "solapar" o seu poder.

Lobo (1993) apresenta um ponto de vista semelhante, sugerindo que a participação tem sido introduzida nas empresas brasileiras "para superar as conquistas do movimento operário em termos de mobilização e de organização nos locais de trabalho, ou para responder e oferecer oposição aos efeitos destas conquistas" (p. 275). Corrêa e Pimenta (1999) reiteram esta posição ao afirmarem que a exclusão dos sindicatos pelas empresas amplia as possibilidades de controle dos trabalhadores, na medida em que neutraliza suas capacidades de contestação e organização, bem como de formação de uma "identidade autônoma, dados característicos da ação coletiva dos trabalhadores industriais brasileiros da década de 80" (p. 1373).

Fleury (1993) observa que as políticas de recursos humanos reagem mais lentamente a mudanças que outras áreas da organização (como marketing, finanças, tecnologia). Isso se deve a um traço marcante das organizações brasileiras de considerarem os recursos humanos "abundantes, facilmente encontráveis e substituíveis". O mesmo artigo indica duas características básicas dos modelos de gestão de recursos humanos desenvolvidos pelas empresas no Brasil: "o disciplinamento da força de trabalho" e a interpretação das mudanças como resultado de "dádivas" do Estado protetor ou de um "patrão paternal", e não como resultado de lutas dos trabalhadores.

Analisando um estudo comparativo, realizado no final dos anos 80 pela International Motor Vehicle Program, em montadoras de países "em desenvolvimento", Castro (1993) conclui que o Brasil apresentou:

> i) os mais baixos escores no que diz respeito ao envolvimento da mão-de-obra nas decisões do processo produtivo; ii) as mais elevadas diferenças de *status* entre partícipes da produção, expressas pelos maiores diferenciais entre salários do mundo industrializado; iii) uma elevada centralização do controle de qualidade em mãos de gerentes, com pouca responsabilização do pessoal de operação; iv) a ausência de políticas de remuneração ligadas ao desempenho; v) um escasso nível de treinamento dos trabalhadores (Castro, 1993, p. 165-166).

Os resultados da pesquisa dizem respeito ao setor automobilístico, considerado de ponta. Castro (1994) avalia que um acordo do setor automobilístico de 1992 seria o primeiro passo no sentido de um envolvimento negociado. Apesar desse "contra-exemplo", a autora considera que no país "as políticas de envolvimento recusam sistematicamente o reconhecimento de qualquer força institucional previamente produzida pelos coletivos fabris na busca de sua cidadania" (p. 131).

O envolvimento dos trabalhadores nos novos processos produtivos varia muito em cada setor e também dentro de um mesmo setor produtivo, dependendo de relações de poder, previamente estabelecidas, como foi apontado por Leite (1994). As pesquisas citadas revelam uma contradição presente na gestão das empresas brasileiras. Por um lado, há busca de envolvimento dos trabalhadores, através da participação; por outro, o autoritarismo ainda é um traço marcante da cultura organizacional do país.

A questão do engajamento dos trabalhadores é analisada por Coriat (1994), em sua obra sobre o modelo japonês. Nesse modelo, o engajamento é obtido através do que o autor chama de uma "estrutura estimulante", que consiste no oferecimento de contrapartidas aos trabalhadores – no caso das empresas japonesas, seriam: emprego vitalício, salário por antigüidade e a prática de mercado interno. Coriat (1994) refere, também, ao "engajamento negociado", presente em empresas de outros países, que implica trocas e garantias feitas, explicitamente, com os trabalhadores, através de acordos coletivos, resultando em ganhos recíprocos.

Fleury e Humphrey (1993) retomam as formas de envolvimento dos trabalhadores propostas por Coriat ao analisarem empresas brasileiras que introduziram programas de qualidade. Os autores consideram que, no Brasil, o comprometimento dos trabalhadores tem sido obtido pelo envolvimento estimulado, sendo a estabilidade no emprego a principal garantia. Dessa forma, as demissões ocorridas nos períodos de crise tendem a interferir nesse comprometimento.

Lima (1994) analisa as práticas gerenciais baseadas no modelo japonês, desde uma perspectiva crítica, apontando que por trás delas existem políticas de gestão que revelam "invariavelmente, a importância crucial dos resultados econômicos, apesar da tentativa freqüente de se dissimular ou minimizar este dado". A autora afirma que o discurso das empresas que defendem a participação e a democracia esconde uma proposta "participacionista" (que busca esmagar as contradições) e uma concepção de "democracia" que, de fato, consiste na "busca incansável do consenso e da 'harmonia de interesses individuais e organizacionais'" (p. 118).

Ao analisar a difusão de sistemas participativos, através de publicações empresariais (revista *Exame*) e sindicais (boletins do DIEESE) nos anos 80, Donadone (1996) mostra que, no discurso empresarial, inicialmente, participação referia-se a um canal de comunicação com os trabalhadores; depois passa a ser um instrumento para aumento da produtividade e integração do trabalhador, sendo os Círculos de Controle de Qualidade (CCQ) o principal instrumento difundido. Já os sindicatos, no início da década, associavam participação à negociação direta com os patrões, via comissões de fábrica; depois, esse significado vai sendo substituído por uma associação com as estratégias gerenciais de participação, sendo os CCQs alvo de fortes críticas.

A questão das diferentes perspectivas da gestão participativa (GP), desde o ponto de vista patronal e dos trabalhadores também é abordada por Cattani (1997). Inicialmente, o autor apresenta um conceito bastante amplo de GP, envolvendo todas as situações nas quais os trabalhadores "estejam investidos de capacidade de decisão na organização do trabalho, eventualmente, nos procedimentos administrativos e comerciais e, mais raramente, na condução geral da empresa" (p. 107), por iniciativa dos próprios produtores e de seus representantes ou como resultado de estratégias patronais. Entretanto, ele observa que, a partir dos anos 80, predomina a instrumentalização da GP pelos interesses patronais.

A polêmica sobre possibilidades e limites da gestão participativa diz respeito às vantagens dessas propostas. Desde a perspectiva patronal, as vantagens têm-se mostrado evidentes, mas a questão que se coloca refere-se às vantagens dos trabalhadores. Em tese, a gestão participativa pode significar uma diminuição da clássica separação entre concepção e execução, típicas da organização taylorista-fordista do processo de trabalho, o que constituiria um avanço em relação ao tradicional despotismo fabril.

Entretanto, é possível fazer uma série de críticas à gestão participativa, revelando as desvantagens para os trabalhadores, tal como foi apontado por Cattani (1997). Ela é uma iniciativa patronal (episódica e reversível) para legitimar decisões já tomadas; ocorre, paralelamente, a precarização das relações de trabalho, via terceirização, mantendo-se apenas um núcleo de trabalhadores participativos; permite a apropriação, pela gerência, dos saberes operários clandestinos; possibilita a intensificação do trabalho, via autocontrole dos trabalhadores, que não percebem a pressão das gerências; tende a isolar o trabalhador das questões mais amplas, voltando-o, apenas, para os problemas de produção e faz parte de um conjunto de estratégias anti-sindicais, que dificultam a organização coletiva dos trabalhadores.

> Essas diferentes posições revelam o caráter paradoxal da GP. Ao possibilitar a participação criativa dos assalariados, ela corresponde a um modelo de gestão menos hierarquizado, menos desumano e menos autoritário que o taylorismo. Isso é, particularmente, importante no Brasil, habituado à utilização predatória da força de trabalho. Por outro lado, o sucesso da GP traz a possibilidade de intensificação do trabalho e assimilação, em termos individuais, de normas disciplinares que reforçam a hegemonia do capital (Cattani, 1997, p. 113).

Melo (1985) analisa as estratégias de gestão chamadas de participativas e conclui que se constituem essencialmente em técnicas para melhorar a produtividade e mecanismos informais de regulação de conflito. As políticas de recursos humanos desenvolvidas pelas empresas revelam, de acordo com autora, um sistema montado para ocultar as contradições das relações de trabalho. Alguns dos objetivos dessas políticas são:

- possibilitar e fundamentar a reprodução de valores para permitir a interiorização de certas condutas e ao mesmo tempo os princípios que as legitimam;
- incorporar concretamente os valores de consideração à pessoa e de eficácia que legitimam suas práticas e ocultam os objetivos reais da organização;
- subordinar o indivíduo à organização através das vantagens que lhe são concedidas em contrapartida de seu trabalho;
- transformar o máximo de energia individual em força de trabalho;
- colocar em prática uma política de gestão de afetos que favoreça o investimento inconsciente e maciço na organização e sua influência sobre o aparelho psíquico dos indivíduos;
- individualizar as relações do indivíduo à organização. O sucesso individual é valorizado em detrimento da solidariedade, e busca-se, com isto, evitar e desmantelar as reivindicações coletivas (p. 166-167).

Apesar do exposto, que evidencia o caráter instrumental dos sistemas participativos, Melo (1985) questiona se, na prática, esses sistemas conseguem alcançar totalmente os objetivos propostos pelas empresas e levanta a possibilidade da emergência de outros efeitos não planejados como resultado da participação dos trabalhadores.

Ainda que se analise a gestão participativa, somente a partir da perspectiva gerencial, como faz Elaine Antunes (1995) em um estudo empírico sobre as atitudes gerenciais quanto à participação dos trabalhadores, é possível verificar que este tipo de gestão tem sido implantada de cima para baixo (*top-down*). Constitui-se em "uma ferramenta para obtenção de eficiência e de controle empresarial" e "a participação dos trabalhadores ocorre em circunstâncias delimitadas pela gerência". Os gerentes entrevistados, nas duas empresas da pesquisa, mostram atitudes favoráveis à gestão participativa, o que a autora considera como indícios de mudanças na direção de uma maior valorização dos trabalhadores.

É interessante notar que, mesmo reconhecendo os limites das práticas participativas de empresas consideradas de "vanguarda" e que essa forma de gestão é, antes de tudo, um instrumento de competitividade empresarial, Antunes (1995) defende a difusão desse tipo de estratégia não apenas para outras empresas, como para toda a sociedade:

> À medida em que os trabalhadores passam a reconhecer a importância do seu trabalho, de seu papel enquanto sujeito ativo único, singular... e como participante de um processo totalizante, ou seja, compreendem o funcionamento do todo produtivo, em particular, onde atuam, formam-se algumas bases potenciais da transformação social, não importando qual a variável primeira desse processo, se é para aumentar a competitividade da empresa ou não (p. 32).

Nesse ponto, evidencia-se, novamente, a questão das vantagens, para o trabalhador, de uma estratégia implantada para atender às demandas patronais para fazer frente à competitividade em escala mundial. Outros estudos empíricos também sugerem os limites bastante precisos da gestão participativa, tal como vem sendo implantada nas empresas brasileiras, quando são analisadas, também, as perspectivas dos trabalhadores.

Em um estudo comparativo com três empresas do setor metal-mecânico do Rio Grande do Sul, Tolfo *et al.* (1999) constataram diferenças entre as organizações. Apesar das diferenças, observou-se, nas três organizações, que as práticas participacionistas visam, antes de tudo, à eficiência empresarial (maior lucratividade e melhoria da qualidade). As autoras apontam os limites da gestão participativa e, tomando como referência a classificação de participação proposta por Pateman (1992), concluem "que as organizações proporcionam mais uma 'pseudoparticipação' (...) do que a ampla participação dos trabalhadores nas diversas instâncias de decisão" (Tolfo *et al.*, 1999, p. 10).

Outro estudo empírico avaliou a satisfação dos trabalhadores de duas empresas do setor químico, em relação aos programas participativos desenvolvidos. Piccinini e Jotz (1998) analisaram a gestão participativa nas duas empresas a partir dos quatro níveis de participação direta, classificados por Lojkine (1990): participação neotaylorista clássica, autogestão enquadrada, intervenção para uma gestão alternativa e autogestão. Uma das empresas foi classificada no primeiro nível, enquanto a outra foi situada entre o primeiro e o segundo. Dessa forma, é possível perceber que, apesar de diferenças significativas nas práticas participativas, ambas apresentam níveis limitados de participação dos trabalhadores. As duas empresas melhoraram a integração e as condições de trabalho; entretanto havia queixas quanto à intensificação do trabalho.

A questão de uma mudança cultural voltada à participação dos trabalhadores é analisada por Gonçalves (1998), que investigou uma empresa de base tecnológica (EBT) com o objetivo de apreender a cultura organizacional engendrada por essa empresa, que adota práticas participativas. Os resultados encontrados sugerem que mesmo em uma empresa de alta tecnologia, que procura passar uma imagem de moderna e avançada, integrada por trabalhadores com elevado nível educacional e "coesos", o principal espaço para a participação (as reuniões de integração) constitui-se, de fato, em lugar de construção de consenso, no qual são tomadas apenas decisões sobre temas propostos pela diretoria. A participação dos trabalhadores nas decisões que, teoricamente é aberta a qualquer tema, na prática, efetiva-se apenas nas questões relativas à "otimização do processo produtivo".

O estudo referido aponta, também, para as limitações das práticas participativas desenvolvidas nas empresas, principalmente, no que diz respeito aos canais formais, já que Gonçalves (1998) constata a existência de esferas participativas que se efetivam, essencialmente, no âmbito da oralidade e da informalidade e de uma "estrutura de poder flexível" que facilita a interação e o fluxo da comunicação. A autora considera que essa estrutura flexível não decorre de um interesse efetivo em democratizar as relações de trabalho, mas, sim, otimizar a produção.

Os estudos sobre processos participativos, tal como os apresentados anteriormente, em geral investigam empresas que implantaram esses processos, tendo, como referência, o modelo japonês. Martins (1999) analisa como trabalhadores de uma empresa (montadora de automóveis), que desenvolve trabalho em grupos semi-autônomos[13], vivenciam a experiência de participação. Os trabalhadores entrevistados percebem a transformação do trabalho, pois a introdução do trabalho em grupo (TG) não só aumenta seu acesso à informação, à autonomia e à responsabilidade, como lhes confere um sentido mais coletivo (solidariedade e cooperação). O autor considera que "o TG, em particular, e os processos participativos, em geral, amenizam uma dor que estava ficando insuportável, porém não a elimina... é a dor provocada pela ausência do sentido e do significado do trabalho" (p. 360).

A valorização das idéias dos trabalhadores impulsiona seu envolvimento e participação, levando-os a se preocuparem com o próprio negócio da empresa, buscando contribuir para sua competitividade. Isso ocorre porque "existe uma crença de que a garantia de emprego está, intimamente, ligada ao estágio de competitividade da empresa no mercado" (Martins, 1999, p. 370). Essa orientação, segundo uma lógica de lucratividade do mercado, poderia, de acordo com Martins (1999), levar o trabalhador a assumir princípios estranhos à sua condição de vida, dentro do quadro de interesses de acumulação do capital. Isso aconteceria sem que as contrapartidas dos trabalhadores, em termos de recompensas financeiras, atingissem a mesma proporção do aumento da acumulação.

Nas organizações brasileiras investigadas por alguns dos estudos citados, foi possível observar a presença de programas de parti-

---

[13] As experiências com grupos semi-autônomos tem inspiração no chamado "modelo sueco" que busca romper com a organização taylorista-fordista do processo produtivo e propõe que a realização do trabalho seja feita em equipes com relativa autonomia. Cabe observar que esse tipo de proposta tem sido raramente empregada nas empresas brasileiras.

cipação nos lucros ou resultados (PLR). Esses programas contribuem para o comprometimento do trabalhador com a empresa, pois, como analisa Gonçalves (1998), essa estratégia favorece a noção de parceria e a eficiência empresarial, já que o trabalhador percebe-se como sócio e, conforme um diretor da empresa investigada pela autora, "sócios rendem muito mais que funcionários" e "na medida em que ele (empregado) participa dos resultados, ele consegue uma identificação muito maior" (p. 69).

As empresas brasileiras vêm, principalmente a partir dos anos 90, introduzindo os PLR. Embora desde 1946 as constituições brasileiras já estabelecessem esses direitos aos trabalhadores, os PLR só foram regulamentados a partir da decretação de Medida Provisória (MP nº 794), em dezembro de 1994, convertida em lei em 2000 (Lei 10101/2000). A legislação não obriga as empresas a implantarem essa remuneração, mas oferece o benefício de não incidir sobre ela qualquer encargo (trabalhista ou previdenciário), estimulando, dessa forma, sua adoção.

Os programas de participação nos lucros baseiam-se nos ganhos obtidos pela empresa em determinado período, sendo distribuído um montante, previamente definido, dos lucros; contudo, os ganhos de cada trabalhador não são individualizados. Na participação nos resultados são estabelecidas, a partir de acordo entre a direção e os trabalhadores, metas mensuráveis a serem atingidas. Assim, os trabalhadores são remunerados, individualmente, na medida em que atingem essas metas, havendo um incentivo ao seu desempenho individual. Existem, ainda, programas mistos, incluindo tanto indicadores de resultados, como de lucros.

Tendo em vista as dificuldades para a implantação dos PLR, Marianakis (1997) faz algumas sugestões visando a melhorias. Os pagamentos não devem representar uma proporção muito significativa na renda dos trabalhadores. Deve haver transparência e os dados contábeis precisam ser disponibilizados para os trabalhadores, o que é difícil, no Brasil, pela desconfiança existente em relação a esses dados. A implantação deve ser resultado de negociação entre as partes (empresa e trabalhadores) e é necessário utilizar fórmulas simples, que todos entendam. Apesar das dificuldades, o autor apresenta uma avaliação positiva dos programas de participação financeira, pois os considera como "um valioso instrumento de gestão", que poderia beneficiar tanto os trabalhadores como a administração.

As vantagens dos PLR para as empresas também são apontadas por Álvares (1999) que, ao resgatar historicamente a introdução desse tipo de programa em diferentes países, avalia que a maior parte das empresas que os empregam, não só são consideradas como "bons locais de trabalho", como também tendem a apresentar melhor desempenho que as concorrentes. O autor, entretanto, apresenta as distorções na forma como os PLR vêm sendo introduzidos nas empresas brasileiras. O principal problema foi o estabelecimento de numerosos acordos nos quais esses programas são utilizados "como forma de conceder abonos salariais, economizando o custo dos encargos sociais, com exclusivo objetivo de eliminar tensões trabalhistas" (p. 74). Segundo o autor, esse problema decorre de dois equívocos estabelecidos nos acordos: pagamento fixo por funcionário e pagamento desvinculado de lucros ou resultados.

Álvares (1999) também faz algumas propostas para tornar os PLR "um bom instrumento de integração capital e trabalho". A participação nos lucros deveria ser definida pelos resultados e o sistema deveria prever critérios claros, que permitissem o estabelecimento de uma relação de causa e efeito entre metas e distribuição. Outra questão diz respeito à justa divisão das recompensas entre os empregados. O autor considera essa uma tarefa difícil e propõe a distribuição proporcional ao salário, constituindo-se, assim, em "uma verdadeira remuneração variável". A avaliação bastante otimista de Álvares (1999) fica clara quando ele finaliza o artigo, afirmando: "Entre os entusiastas da PLR, existe a convicção de que o partilhamento do sucesso aumenta o comprometimento, a produtividade e os lucros" (p. 77).

Os dois autores referidos analisam a implantação dos PLR, principalmente, considerando a perspectiva empresarial. Cabe questionar sobre as vantagens para os trabalhadores, em particular, se pensarmos que a remuneração recebida é um claro elemento de articulação desses trabalhadores com a lógica do mercado, como apontou José Martins (1999). Outros autores analisam a perspectiva dos trabalhadores e sindicatos a respeito do tema.

Sérgio Martins (1998) investigou os acordos de participação nos lucros ou resultados disponibilizados em um sindicato de trabalhadores metalúrgicos, em Minas Gerais, durante os anos de 1996 e 1997, bem como a percepção das lideranças sindicais sobre o tema. Inicialmente, ele analisa o contexto das relações de trabalho no país, destacando o enfraquecimento do poder sindical. "É no bojo deste contexto que se insere a PLR como estratégia voltada, acima de tudo, para a modernização das relações de trabalho" (p. 3).

A grande maioria dos acordos analisados por Martins (1998) vincula o pagamento a metas. Entretanto, tanto as metas como os critérios de pagamento variam muito. As metas predominantes estão relacionadas, principalmente, a absenteísmo/assiduidade, índice de qualidade, produção, produtividade e segurança no trabalho. Os sindicalistas avaliam que os PLR favorecem muito mais aos interesses das empresas do que aos dos trabalhadores e tendem a ver esses programas como uma estratégia patronal de cooptação, que provocaria "uma concorrência destrutiva da classe", já que levaria à aceitação de metas estabelecidas, a partir de critérios considerados duvidosos. Dessa forma, os dirigentes sindicais avaliam que o ideal para os trabalhadores seria o estabelecimento de acordos não vinculados a resultados.

Os sindicalistas também consideram que, apesar das vantagens, muitas empresas resistem à implantação desses programas e, quando os implantam em contexto de estabilização econômica, fazem-no para substituir aumentos salariais fixos por abonos vinculados a metas sobre as quais não incidem encargos. Martins (1998) conclui dizendo que, apesar das oportunidades que esse tipo de negociação entre empresas e sindicatos poderia oferecer, estes últimos vêm tendo dificuldade em enfrentar essa estratégia de cooptação. "A grande preocupação dos trabalhadores e dirigentes sindicais ainda gira em torno apenas da questão financeira envolvida na PLR, ou seja, ela veio substituir as campanhas salariais por aumento" (p. 12).

Martins e Barbosa (1999) analisam os PLR introduzidos em 11 empresas mineiras. Entre elas, 5 tinham programas mistos de lucros e resultados; as outras 6 implantaram programas somente de resultados. Portanto, todos os programas previam metas, o que levou os autores a considerarem-nos ferramentas gerenciais para alavancar a produção. Nas 11 empresas, os PLR atingiram a todos os empregados, mostrando, assim, a expansão dessas iniciativas, já que, antes da MP nº 794, muitas empresas adotavam esses programas apenas para os níveis gerenciais.

No estudo citado, também foi observada grande diversidade de metas, geralmente, sem relação direta com os resultados econômicos, sendo freqüente a utilização de metas "disciplinadoras" (assiduidade, pontualidade, atestados etc.). Para Martins e Barbosa (1999), a utilização desse tipo de metas não pode ser considerada ferramenta de gestão moderna para aumentar a produtividade, caracterizando-se antes como uma forma sutil de controle do processo produtivo. Predomina, nas empresas pesquisadas, a distribuição proporcional aos salários; assim, "qualquer distorção no plano de cargos e salários se reflete no valor do pagamento da PLR" (p. 1330). Os autores resumem sua perspectiva sobre o tema desta forma:

> A participação nos lucros e/ou resultados (PLR) tem sido apresentada como estratégia de comprometimento dos empregados ou alternativa aos aumentos salariais. No Brasil, a regulamentação... de programas desta natureza veio no bojo de um processo mais amplo de flexibilização das relações de trabalho onde as tradicionais campanhas salariais perderam densidade, seja pelo enfraquecimento da instância sindical, seja pela relativa estabilidade econômica. Entretanto, tais programas podem ser, também, uma forma de transformar antigos *bônus* ou *prêmios* anuais em PLR, já que sobre estes não há incidência de encargos sociais. Também, podem trazer

> embutida uma lógica que privilegia fundamentalmente o *controle sem supervisão* sobre o processo de produção (Martins e Barbosa, 1999, p. 1321).

Os estudos sobre os programas participativos, tanto os referentes a estratégias mais amplas de integração dos trabalhadores, como os que analisam os programas de participação financeira, enfatizam as vantagens para as empresas, que visam a alcançar maior eficiência produtiva e, conseqüentemente, aumentar suas condições de competitividade, constituindo-se em estratégias de comprometimento do trabalhador. Essa possível articulação entre interesses patronais e dos trabalhadores é, certamente, uma questão polêmica, e os estudos mais críticos mostram o quanto tem sido difícil preservar os interesses dos trabalhadores.

Outro aspecto refere-se ao grau de compromisso alcançado pelas estratégias gerenciais. Os estudos sobre gestão participativa, na maioria das vezes, não se propõem a avaliar se, de fato, o comprometimento dos trabalhadores está sendo alcançado, embora esse seja um tema que vem sendo alvo de investigações no campo das organizações. Esses estudos, originários de pesquisas norte-americanas, têm sido adaptados e desenvolvidos para as empresas brasileiras; tomando como referência a idéia de que o atual contexto de competitividade, no qual se inserem, estaria a demandar um novo perfil de trabalhador, comprometido com a organização a que pertence.

Segundo Bastos (1996), as pesquisas sobre comprometimento no trabalho fazem parte de uma tradição que investiga "o vínculo do trabalhador com aspectos do seu contexto no trabalho" (p. 106). Esse tema pode ser analisado sob diversos focos, como carreira ou profissão, sindicato e organização. Apesar de assinalar a importância de se desenvolverem estudos sobre múltiplos comprometimentos, evitando a análise de um único foco, o mesmo autor aponta a tendência da maior parte dos estudos em centrar-se, apenas, no comprometimento com a organização empregadora.

Muitos conceitos são utilizados para definir comprometimento organizacional, que, segundo Steil e Sanches (1998), tem sido compreendido "como uma espécie de laço psicológico entre o indivíduo e a organização a que pertence" (p. 3). Já Antunes e Pinheiro (1999) resumem os principais conceitos sobre o tema em três pontos: "1) estar identificado com objetivos, metas e valores organizacionais, 2) ser prestativo, engajado e disposto a exercer esforços a favor da empresa e 3) possuir desejo de permanecer (indícios de lealdade, orgulho por pertencer) como membro da organização" (p. 1).

Ao analisar pesquisas sobre comprometimento organizacional, Bastos (1996) identifica cinco principais abordagens utilizadas para explicar este fenômeno:

> a) *afetiva/atitudinal*, que enfatiza a natureza afetiva do processo de identificação do indivíduo com objetivos e valores da organização; b) *instrumental/side-bets*, que vê o comprometimento como produto das recompensas e custos associados à permanência na organização; c) *normativa*, na qual o comprometimento é visto como o conjunto de pressões normativas internalizadas para que o indivíduo se comporte congruentemente com os objetivos e metas da organização; d) *comportamental*, na qual o comprometimento existe em relação a comportamentos ou atos com cognições que fortalecem tais vínculos, tais como sentimentos de auto-responsabilidade; e e) *sociológica*, para qual o vínculo é conceituado em termos das relações de autoridade que governam o controle do empregador e a subordinação do empregado (p. 108/109).

O mesmo autor afirma que a maior parte das pesquisas desenvolvidas no Brasil se insere na abordagem afetiva/atitudinal, ou seja, entendem o comprometimento como uma forma de identificação do indivíduo com a organização. Segundo Antunes e Pinheiros (1999), a importância dessa vinculação entre indivíduo e organização decorre da constatação de que a elevação dos índices de comprometimento dos trabalhadores com as organizações proporciona a estas melhores resultados e maior eficiência. Assim, ficam claras, aqui, as vantagens para a empresa em comprometer seus integrantes.

Para Steil e Sanches (1998), as pesquisas sobre comprometimento investigam suas causas e conseqüências, bem como seus "níveis ótimos", como uma forma não só de compreender o comportamento humano, mas também ser capaz de "prevê-lo e influenciá-lo", tal como outros estudos no campo da Administração. Nesse contexto, as autoras abordam um aspecto que consideram negligenciado pelos teóricos organizacionais: "comprometimento como uma estratégia encoberta (e tirana) de controle organizacional" (p. 2).

As organizações são analisadas por Steil e Sanches (1998) como "instrumentos de utilização de controle" para efetivar a capacidade potencial de trabalho de seus integrantes. De acordo com essa perspectiva, o comprometimento é entendido como um mecanismo utilizado por aqueles que gerenciam as organizações, para maximizar o desempenho dos trabalhadores. As autoras fazem, então, uma análise crítica da abordagem afetiva/atitudinal de comprometimento, que destaca a aceitação dos valores e objetivos organizacionais, ou seja, esta abordagem propõe a internalização da própria cultura organizacional e, assim, o controle burocrático é substituído pelo cultural.

> A efetivação do comprometimento pode resultar em uma ironia. Desenvolvido para estimular a permanência no emprego, diminuir o absenteísmo e aumentar o desempenho em prol dos objetivos da organização, através da introjeção dos valores organizacionais, o comprometimento gera uma forma de controle menos aparente, mais poderosa e manipulatória do que o controle explícito das regras racionais legais da burocracia. Isto ocorre pela internalização dos valores organizacionais e das regras subliminares/subjacentes a estes, resultando em uma gaiola de ferro cujas barras são praticamente invisíveis para os trabalhadores que esta encerra.

> Predictabilidade de comportamento e calculabilidade de resultados são potencializados com a estimulação do comprometimento organizacional (p. 11).

Antunes e Pinheiro (1999) apresentam ponto de vista oposto, afirmando que "comprometer os empregados não significa, necessariamente, manipulá-los" (p. 13). Entre as práticas que poderiam reverter a tendência à manipulação dos trabalhadores, estabelecendo comportamentos, efetivamente, compromissados, os autores sugerem: o estabelecimento de recompensas monetárias e benefícios sociais (como os programas de participação nos lucros e/ou resultados); o incentivo à educação e ao treinamento (para todos); e a adoção de programas participativos.

Apesar da perspectiva otimista sobre a questão, Antunes e Pinheiro (1999) assinalam que as possibilidades de manipulação são fortes, chegando a afirmar que, nas práticas de recursos humanos que vêm sendo utilizadas nas empresas brasileiras, o envolvimento dos trabalhadores "aparentemente tem sido estimulado de forma majoritária e principal, pelo interesse em obter formas mais substanciais de lucro" (p. 14).

Estratégias como participação ou comprometimento dos trabalhadores não podem ser avaliadas de forma abstrata, ou a partir de suas potencialidades teóricas; é preciso que se considere o uso que tem sido feito delas. Os estudos sobre o tema são recorrentes em apontar as vantagens da utilização destas estratégias para a empresa. O problema é que os interesses dos trabalhadores não têm sido garantidos da mesma forma.

Os dados colocados pelos diversos autores[14] que pesquisaram a realidade empresarial brasileira reforçam a idéia de que as estratégias de gestão participativa têm sido empregadas muito mais como forma de manipulação dos trabalhadores do que com o objetivo de,

---

[14] Lima (1994), Antunes (1995), Tolfo et al. (1999), Piccinini e Jotz (1998), Gonçalves (1998), Martins (1999) e Martins e Barbosa (1999).

efetivamente, aumentar a distribuição do poder. Essa situação, em princípio, não impediria que os trabalhadores também pudessem se utilizar dessas estratégias como uma "arma", procurando explicitar as contradições na busca de relações de trabalho mais democráticas. Conforme assinala Melo (1985), existe a possibilidade de efeitos não planejados. Esses efeitos decorrem do processo contraditório que se articula entre as lógicas da organização e as lógicas dos atores, visto que o interior das organizações não é homogêneo ou imutável.

Os sistemas participativos podem ser considerados um tipo de mudança introduzida nas organizações, da mesma forma como ocorrem as transformações tecnológicas. Zuboff (1988) aponta para a complexidade da realidade que dificulta a total instrumentalização da mudança pela gerência, já que, nem sempre, as transformações acontecem na direção planejada. O entendimento das conseqüências da introdução de inovações (tecnológicas, segundo a autora, e de gestão no caso da introdução de práticas participativas) implica a análise conjunta às dimensões intrínsecas e contingentes à mudança.

A reestruturação produtiva, em curso no Brasil nas últimas décadas do século XX, configurou-se como um quadro de contingências que estimulou a emergência e o desenvolvimento de estratégias participativas pelas organizações produtivas. A forma como essas estratégias são efetivadas no interior de cada organização é também determinada por suas características intrínsecas. Ao apresentar, tal como será feito a seguir, um estudo realizado com um grupo empresarial, pretende-se mostrar um exemplo concreto de proposta participativa de gestão, bem como a forma como a proposta dos gestores se efetiva em três unidades produtivas diferentes.

2.
Estudo de caso: participação na Alfa

Grupo Alfa

Neste capítulo serão apresentados os resultados de um estudo desenvolvido em três unidades de um grupo empresarial do setor de produtos plásticos de Santa Catarina (SC). O grupo Alfa, como será identificado neste texto, constitui um dos mais importantes grupos industriais do setor de plásticos do Estado, com capital nacional[15], tendo suas plantas principais localizadas no norte catarinense.

No período da coleta de dados, a Alfa contava com um total aproximado de 1000 funcionários, distribuídos em três divisões: administrativo/financeira, industrial e comercial. A divisão industrial abarcava 80% dos funcionários, distribuídos nas seguintes fábricas: Acessórios, Conexões, Fitas e Compostos. A organização passava por uma forte expansão de suas atividades produtivas, incluindo a abertura de novas fábricas. Apesar disso, a meta da administração era manter o quadro está-

[15] Posteriormente a essa pesquisa, realizada em 1996, o grupo foi incorporado por uma multinacional.

vel, ou seja, produzir mais com o mesmo número de funcionários, o que seria alcançado com a automatização das atividades mais simples.

A Alfa foi fundada na segunda metade da década de 1970, com o objetivo de fabricar produtos plásticos, por seus sócios-proprietários, que atuavam, na ocasião, como gerentes de uma empresa do mesmo ramo produtivo. Nos primeiros anos a Alfa cresceu rapidamente, até o início dos anos 80.

> "até 80 mais ou menos nós crescíamos como todo mundo crescia, porque o Brasil estava numa fase de alto consumo, era período do milagre econômico, essas coisas todas, foi a década de 70 que o Brasil mais cresceu, o ano de 80 foi ano recorde, hoje em dia ainda tem alguns índices que foram alcançados em 80 que não foram quebrados até hoje, então nós íamos as mil maravilhas,... a partir de 80 o país entrou em crise, 81, 82 tava realmente no auge da crise, foi quando eu ouvi... assisti uma palestra sobre CCQ" (diretor-presidente)

Desta forma, a partir de uma iniciativa da administração, a gestão participativa foi implantada na Alfa, com a introdução dos Círculos de Controle de Qualidade (CCQs), confirmando a observação de Elaine Antunes (1995) de que esse tipo de gestão tem sido implantado de cima para baixo nas empresas brasileiras. Os funcionários foram incentivados de diversas formas a participarem dos CCQs. O principal incentivo era um aumento salarial para todos que fizessem um curso sobre o funcionamento dessa ferramenta. O presidente destaca, também, o papel motivador dos CCQs:

> "com isso nós fomos criando o clima, a motivação, trabalhando as pessoas no sentido que elas enxergassem a oportunidade que elas tinham de contribuir para o desenvolvimento da empresa, porque em só em se desenvolvendo a empresa nós teríamos condições de ser competitivos, em sendo competitivos garantir o emprego deles" (diretor-presidente)

Após visitas dos diretores da empresa a fábricas no exterior, na primeira metade dos anos 80, são introduzidas, também, outras técnicas de gestão japonesas, paralelamente ao CCQs, entre as quais: *just-in-time*, *kanban*, mini-fábricas. A articulação destas ferramentas levou à criação do Sistema Alfa de Produção (SAP), que, segundo o histórico da empresa, tem três objetivos principais: "oferecer ao consumidor produtos de alta qualidade; proporcionar ao revendedor serviços e atendimento do mais alto nível; estimular o máximo de satisfação ao seu quadro de funcionários, sem o que nenhum dos outros objetivos poderia ser alcançado." (p. 15)

Durante o seu funcionamento os CCQs[16] produziram mais de 6000 idéias, sugestões e recomendações, o que teria contribuído para que a empresa apresentasse níveis reais de crescimento anual de 25% ou mais. Apesar de uma avaliação, aparentemente, positiva, uma série de razões levou ao esgotamento dessa estratégia de participação.

As principais críticas apontadas pelos trabalhadores, em relação aos CCQs, são que: apesar de formalmente voluntária, na prática, a participação nesses grupos havia se tornado obrigatória, com quase todos os funcionários inseridos, formalmente, em algum grupo; as reuniões realizavam-se fora do horário do expediente e, muitas vezes, não eram produtivas, as sugestões não eram remuneradas e não havia o reconhecimento de quem emitiu a idéia. Além dessas críticas, os administradores entendem que havia uma grande quantidade de idéias, mas muitas vezes sem qualidade, seja porque eram propostas que não traziam resultados para a empresa ou porque tinham apenas um caráter reivindicatório.

> "a primeira coisa que nós fizemos tá, foi uma pesquisa em cima do histórico do CCQ, no último ano, isso foi em 93, o que que a gente percebeu? ...nós constatamos que quase 80% eram reivindicatória, ela não provocava... não gerava ganho

[16] Os CCQs funcionaram na Alfa por, aproximadamente, 13 anos, sendo substituídos a partir da introdução do novo programa participativo.

> e nem eliminação do desperdício, então nós olhando assim pra trás nós vimos que o número era... chegamos com o CCQ a quase 7.000 sugestões só que em termos de qualidade... era muito pouco, era muita quantidade, aí isso começou atrapalhar, aí nós começamos a questionar todo o modelo" (gerente de RH)

O gerente de RH questiona, particularmente, as reivindicações que envolvem ganhos financeiros, já que considera válido solicitar melhorias no ambiente de trabalho, citando o caso de uma sugestão, aprovada por ele, de melhorias no banheiro feminino. Essas críticas aos CCQs sugerem que as modificações implantadas na administração participativa da Alfa incluem um maior direcionamento no tipo de sugestões a serem feitas, passando a ser valorizadas aquelas que trazem resultados práticos e não digam respeito a reivindicações financeiras.

Em meados da década de 1990, implantou-se o novo programa participativo, o Programa Alfa de Administração Participativa (PAAP), visto pela administração da empresa como mais amplo e dinâmico do que o anterior. Inclui desde um sistema de sugestões, agora remuneradas, até um programa de participação financeira. As transformações no programa participativo foram articuladas com uma série de mudanças nas políticas de pessoal da Alfa, em busca de modernização e profissionalização.

O PAAP é um programa bem mais complexo do que o anterior – CCQ. Ele é constituído por uma série de ferramentas integradas, com o objetivo principal de "estimular a criatividade dos colaboradores na busca contínua de soluções para os problemas que estejam prejudicando os ganhos globais da empresa e causando desperdício". (*Informativo*, mar./95, p. 4) Esse objetivo evidencia que as mudanças estão voltadas para a lucratividade da empresa, pois apesar de enfatizar o papel dos colaboradores, o PAAP está centrado nos ganhos e na eliminação do desperdício.

Basicamente, está estruturado em torno de dois eixos interligados: um programa de sugestões e um sistema de participação financeira. A interligação acontece porque a implementação das sugestões deve gerar resultados práticos, impulsionando os ganhos da empresa; por outro lado, o sistema de participação financeira inclui metas atreladas ao programa de sugestões. Dessa forma, o PAAP constitui-se num todo, no qual os aspectos motivacionais continuam sendo importantes. Todos lutariam juntos para fazer a empresa crescer e, com isso, aumentar o resultado a ser partilhado.

> "podem até fazer frente à gente, os concorrentes nacionais ou internacionais, mas pra conseguir derrotar a gente, ...vão ter que trabalhar muito, ...porque enquanto no mundo se opera com oito cavidades[17], na Alfa faz muito tempo que nós abandonamos o dezesseis, já tamos em trinta e duas. De onde surgiu isso? Da minha cabeça? Nenhuma vírgula, saiu do piso da fábrica, é todo esse ambiente de motivação que as pessoas realmente têm no processo, ...palavra-chave de tudo... se chama motivação, quando você tem motivação pra o que você faz a coisa realmente caminha" (diretor-presidente)

O Programa Alfa de Sugestões (PAS) tem como base as idéias que todos os funcionários podem dar por escrito em formulário próprio. Esses formulários, conhecidos na empresa pela mesma sigla – PAS, encontram-se disponíveis em todas as unidades produtivas e administrativas, em locais de fácil circulação. Um funcionário, encarregado do PAAP, recolhe e registra todas as sugestões, inserindo-as em um programa computacional de controle e encaminhando-as para a chefia imediata do funcionário que sugeriu. Essa chefia pode aprovar a sugestão para implantação imediata, rejeitar as consideradas inviáveis (justificando) ou encaminhar para que um grupo faça estudos sobre a viabilidade da proposta. As chefias devem fazer os encaminhamentos e acompanhar o andamento de todas as sugestões sob sua responsabilidade.

---

[17] Ele se refere às cavidades dos moldes das injetoras, quanto maior o número de cavidades mais peças são produzidas.

Os grupos que analisam e desenvolvem as sugestões são chamados Grupos Alfa de Reuniões para Qualidade (GARQ). Os GARQs consistem em grupos voluntários de trabalhadores que se reúnem para estudar as sugestões, verificando sua viabilidade, propondo mudanças na proposta inicial etc. Esses estudos podem, eventualmente, envolver a realização de testes ou protótipos. Existe um roteiro para análise de sugestões, elaborado por um grupo de chefias da empresa, que serve para orientar o trabalho dos GARQs. Os grupos só se reúnem quando existem sugestões a serem examinadas. As reuniões são feitas dentro do horário do expediente, com autorização da chefia que, em alguns casos, é convidada a participar[18].

> "nós temos os PAS que são gerados, uma faixa aí de praticamente 200 por semestre, ...são PAS que passam pela chefia, as chefias avaliam a substância vamos assim dizer, dentro das sugestões e os próprios PAS são então destinados, ou os grupos de reuniões da qualidade, ou a especialista vamos assim dizer, nossa percepção hoje é que esse sistema ficou mais autêntico..., quer dizer, não existe mais aquela cobrança de que a Alfa tem que ter... sei lá, 100% das pessoas envolvidas" (diretor adjunto administrativo-financeiro)

Existiam na empresa, na época da pesquisa, em torno de 50 GARQs registrados, envolvendo, aproximadamente, 240 participantes, o que correspondia a pouco menos de um quarto dos funcionários da empresa. Cada grupo tem um líder e um secretário. Os grupos são registrados com um nome e um número e podem estar em atividade ou não, dependendo do encaminhamento ou não de sugestões para eles. Um aspecto bastante enfatizado por todos é que a participação nos GARQ é voluntária, já que, anteriormente, nos CCQs, era uma

---

[18] Como vimos, as reuniões de CCQ realizavam-se fora do horário do expediente, o que é criticado tanto por chefias como por funcionários. Várias pessoas comentaram que, muitos funcionários, depois de saírem da empresa, entraram na justiça e receberam horas extras pela participação nas reuniões.

prática obrigatória. Durante a pesquisa de campo, praticamente, não aconteceram reuniões desses grupos nas três unidades observadas; foram apresentadas várias justificativas, mas, basicamente, isso se deve ao fato de estar sendo enviadas poucas sugestões e, quando ocorriam, eram, em geral, simples e não requeriam a análise de grupo para serem implementadas.

Também funcionam, na empresa, alguns Grupos Alfa para Solução de Problemas – GASP, formados por especialistas, apenas para a solução de problemas específicos. As sugestões que precisam ser avaliadas através de estudos realizados por profissionais mais qualificados são encaminhadas para estes grupos. Os especialistas não recebem prêmios por suas contribuições, mesmo que gerem economia, pois isto já faria parte de suas funções.

Formalmente, existe uma orientação da coordenação do PAAP no sentido de examinar e dar andamento a todo tipo de sugestão; no entanto, percebe-se a valorização das sugestões voltadas para eliminação de desperdício. Isso aparece, claramente, no próprio objetivo do programa, o que se reflete no formulário do PAS[19] e também no fato de as sugestões, que implicam economia, renderem uma gratificação para quem sugeriu (5% da economia gerada no primeiro mês) e para os participantes do GARQ que desenvolveram a idéia (10% da economia no primeiro mês). Existem, de parte dos funcionários, críticas em relação ao baixo valor que recebem pela sugestão dada. Alguns criticaram o fato de que os funcionários recebem uma porcentagem da economia gerada apenas em relação a um mês, enquanto que a empresa passa a economizar este valor para sempre.

Um quadro demonstrativo dos valores recebidos, durante o 1º semestre de 1996, revela que 70 funcionários que haviam apresentado sugestões receberam prêmios em dinheiro; desses, 30 haviam recebido um prêmio extra de R$ 50,00 sorteados entre todos que tiveram suas sugestões aprovadas para estudo. Os valores recebidos

[19] O formulário inclui diversos itens a serem preenchidos, entre os quais a natureza da sugestão (matéria prima, máquina, meios de medição, meio ambiente, métodos e molde) e tipo de desperdício eliminado com a sugestão feita.

pelos 70 funcionários variam entre R$ 1,50 e R$ 1.200,00, contudo, em torno de 80% destes valores correspondem a R$ 50,00 ou menos. Com isso, é possível constatar que a tendência é a distribuição de valores baixos.

O encarregado do programa aponta que a maior parte das sugestões diz respeito a idéias que podem gerar prêmios, ou seja, capazes de gerar economia para a empresa. Segundo ele, as mais freqüentes seriam as que implicam redução de mão-de-obra, modificação no produto visando à maior qualidade e ao menor custo e melhorias em ferramentas e máquinas. No entanto, são feitas sugestões de vários tipos, como as que pretendem melhoria ou maior segurança no ambiente, creche para filhos de funcionárias e até mesmo uma para que se veiculassem retratos de crianças desaparecidas no informativo da empresa.

O gerente de recursos humanos apresentou alguns dados cumulativos sobre o programa de sugestões no conselho de líderes de GARQ, realizado em dezembro de 1996. Desde a implantação do programa, em março de 1995 até novembro de 1996, foram registradas 853 sugestões, das quais se aprovaram para estudo (ou seja, não foram descartadas) 642. Destas, 262 foram aprovadas para implantação, sendo que 200 já foram implantadas. Com estas informações, montou-se o seguinte quadro comparativo:

Quadro 2: Sugestões apresentadas no PAS[20]

<table>
<tr><td colspan="4">Total de sugestões
853 - 100%</td></tr>
<tr><td rowspan="3">Rejeitadas
211 - 25%</td><td colspan="3">Aprovadas para estudo
642 – 75%</td></tr>
<tr><td rowspan="2">Em estudo
380 – 44%</td><td colspan="2">Aprovadas
262 - 31%</td></tr>
<tr><td>Para implantação
62 – 8%</td><td>Implantadas
200 - 23%</td></tr>
</table>

[20] Todas as porcentagens foram calculadas em relação ao total de sugestões.

Os dados revelam que 25% das sugestões (211) não são consideradas viáveis e são descartadas, sem serem analisadas em profundidade. Quase a metade das sugestões (44%) está sendo avaliada. Considerando que o programa já tinha 1 ano e 8 meses de funcionamento, os números de idéias aprovadas (31%) e já implantadas (23%) são baixos em relação ao total. Nesse período de 20 meses, foi feita uma média aproximada de 42 sugestões por mês. O total de sugestões, apenas nos 5 primeiros meses de 1996, é de 196, o que consiste em uma média aproximada de 39 sugestões por mês, isto é, um volume de propostas um pouco menor do que média das apresentadas em todo o período de vigência do PAAP.

O funcionamento do programa requer o constante monitoramento de sua coordenação. As informações são inseridas em um programa computacional criado especialmente para isso. Toda vez que uma sugestão é encaminhada para estudo é prevista uma data para seu término; essa data é também registrada e o programa avisa a todos os PAS pendentes. Com essas informações, o encarregado do PAAP verifica, com as chefias, o que está ocorrendo, estabelecendo novas datas (o que acontece na maioria dos casos) ou redirecionando o PAS. A lentidão no andamento dos PAS, tanto no que se refere ao tempo para estudo, como para implantação, é uma reclamação constante de todos.

Fazem parte, também, do funcionamento do PAAP as reuniões mensais e os conselhos bimensais de líderes. As reuniões são realizadas pelo encarregado do programa com grupos de líderes de cada turno de trabalho. Os conselhos de líderes constituem uma atividade bastante importante na empresa, contando com a presença de funcionários (líderes e outros membros dos GARQ), chefias, gerências e diretores da empresa.

Durante a coleta de dados foi possível acompanhar a realização de quatro conselhos de líderes, que contavam com um número de pessoas entre 100 e 160, realizados na sede da sociedade recreativa da Alfa. Todos tinham uma programação semelhante; eram apresentados sempre seis painéis com trabalhos aprovados em GARQs durante o bimestre anterior, exceto no conselho de outubro, quando foi apresentado apenas um trabalho que havia recebido um prêmio de qualidade.

A maior parte dos painéis apresentados trazia projetos que geraram economia para a empresa. Nesses casos, apareciam, também, os valores da economia gerada no primeiro mês e dos prêmios recebidos por quem sugeriu e pelo GARQ que desenvolveu. O diretor adjunto administrativo-financeiro, geralmente, fazia uma avaliação sobre o desempenho da Alfa no período anterior, mostrando que as metas de programa de participação financeira vinham sendo alcançadas. Em seguida, o gerente de RH ou alguém da coordenação do PAAP apresentava os números relativos às sugestões apresentadas no período e os dados acumulados desde a criação do programa.

Nos conselhos de líderes, são distribuídos diplomas aos funcionários que tiveram sugestões aprovadas no bimestre anterior, que recebem cumprimentos e aplausos de todos. São também feitas palestras por convidados ou pelos próprios diretores. Ao final, há sempre um momento denominado de "palavra livre", aberto a questões; contudo são poucos os que falam, em geral, chefias ou gerentes. Os conselhos são sempre encerrados com um coquetel, momento no qual, além da confraternização, os autores das sugestões apresentadas em painéis ficam disponíveis para explicá-las.

Conforme foi explicado, o outro eixo do PAAP consiste em um programa de participação financeira concedido a todos os empregados da empresa a partir de 1995, denominado de Sistema Alfa de Remuneração Variável – SARV. Todos os funcionários, completado o período de experiência, participam do sistema. A distribuição do SARV é feita duas vezes por ano (30 de julho e 30 de janeiro). O sistema prevê que, no final de cada semestre, ocorra uma distribuição de até 10% do lucro gerencial, que corresponde ao lucro líquido deduzidos o imposto de renda e os prejuízos do período anterior.

No início de cada período, são fixadas metas a serem atingidas, envolvendo alguns critérios para a distribuição[21]. O SARV pode ser considerado um programa misto, visto que inclui indicadores relativos tanto aos lucros, como aos resultados, contudo é, geralmente, referido na Alfa como participação nos lucros. O estabelecimento de metas indica que a Alfa vinha acompanhando as tendências dos programas de participação financeira.

A distribuição dos lucros é feita através da fixação de uma porcentagem igual a do salário de cada um. Existia uma previsão, no final do 1º semestre de 1996, de que cada funcionário receberia, aproximadamente, 30% do seu salário mensal a título de participação nos lucros, tendo sido, efetivamente, distribuído 48,9%. No segundo semestre foi, também, prevista uma distribuição de 30%, sendo superada com a distribuição de 40,6% do salário de cada um. Com isso, cada funcionário recebeu, durante o ano, em torno de 90% do salário de distribuição do SARV, superando, consideravelmente, os valores do ano anterior.

Em 1995, primeiro ano do programa de participação financeira da Alfa, foi distribuído apenas 16% do salário de cada um (4% no primeiro semestre e 12% no segundo). Os próprios diretores e gerente de RH reconhecem que isto desmotivou bastante os funcionários, pois foram estabelecidas metas ambiciosas e esperavam poder pagar um salário ou mais para cada um. No ano de 1996, as metas foram flexibilizadas e os funcionários passaram a ter direito de receber quando fosse atingido 75% do lucro previsto, e não apenas atingindo o total, de qualquer forma as metas foram superadas.

Como veremos adiante, apesar da satisfação em receber o SARV, essa é uma questão polêmica, sobre a qual os trabalhadores

---

[21] No 2º semestre de 1996, o montante de 10% a ser distribuído era composto de três parcelas, que correspondiam às metas a serem atingidas. 1ª parcela: 3% se houver lucro; 2ª parcela 3%, sendo 2% se a meta de produção for atingida ou superada, 0,5% se pelo menos 150 PAS forem aprovados para estudo e 0,5% com a aprovação 35 trabalhos de GARQ; 3ª parcela: 4% dependendo da produtividade, desde que seja atingido 75% ou mais da meta estabelecida de lucro líquido. A Alfa considera que há produtividade quando o ganho, menos as despesas operacionais, for igual ou maior que 1,10, em relação ao período anterior.

gostariam de poder exercer maior influência. O aspecto mais questionado é o fato da distribuição proporcional ao salário[22], o que faz com que receba mais (em valores absolutos) quem tem salário maior. Houve uma proposta dos funcionários para que 25% do montante a ser distribuído fosse igual para todos e o restante proporcional ao salário. A proposta foi apresentada pelos representantes dos trabalhadores, mas não teve a aprovação da diretoria.

As dificuldades no entendimento do SARV tornaram necessária a criação de um canal de informação entre a administração da Alfa e os funcionários.

> "nós percebemos o seguinte, que um processo de participação nos lucros ele tem que ser simples, simples, pra o empregado mais simples entender, e nós quando desenhamos o nosso modelo nós nos preocupamos com isso, só que ele é complicado, pra facilitar esse entendimento nós criamos, tá, o grupo de acompanhamento do SARV, que são os representantes dos empregados eleitos por eles" (gerente de RH)

O grupo de acompanhamento do SARV, do qual participam funcionários representantes de todas as unidades da empresa, tem o objetivo de "conhecer, discutir e acompanhar os resultados da empresa, mês a mês, e repassá-los aos demais colaboradores, visando a esclarecer dúvidas e tornar a gestão participativa mais eficaz". (*Informativo Alfa*, abr./96, p. 4) Embora seja referida a eleição desses representantes, os operadores e monitores entrevistados, que participam do grupo, revelam que se trata de uma indicação das chefias, ou do representante anterior que, em alguns casos, é referendada por uma eleição. O grupo do SARV é composto por 16 representantes (com seus respectivos suplentes) das diversas unidades e setores da Alfa que se reúnem com os diretores adjun-

[22] Martins e Barbosa (1999) também observaram o predomínio de programas de participação com distribuição proporcional ao salário e consideram que isto pode potencializar as distorções que existam nos planos de cargos e salários.

tos industrial e administrativo-financeiro, com o gerente de RH e com o coordenador do PAAP.

> "a cada mês um gerente apresenta para o grupo de chefias ...olha 15 páginas vamos dizer assim, ...então nós temos lá gráficos de evolução de preços, custos, uma série de informações que são passadas ao pessoal, essa informação que as chefias vêem é a mesma que nós apresentamos depois pro grupo de SARV, ...entendemos que não deve ser diferente porque senão o funcionário vai falar com o chefe e o chefe não tá sabendo como é que estão os resultados da empresa ou coisa do tipo né" (diretor adjunto administrativo-financeiro)

Durante a coleta de dados, foi possível assistir a uma reunião do grupo de acompanhamento do SARV. De maneira geral, o que se pode observar é que os representantes recebem informações e têm suas dúvidas esclarecidas, mas pouco interferem na condução da reunião. Apenas um deles fez mais perguntas e ficou debatendo com o diretor industrial, que discordou dele. Durante a reunião, não foram tomadas quaisquer decisões sobre os temas em questão.

A Alfa mostra uma clara preocupação em informar seus trabalhadores, de diferentes níveis, sobre tudo o que está relacionado, direta ou indiretamente, com o programa participativo (tanto o PAS, como o SARV). Através de diversos canais (reuniões, murais, painéis eletrônicos etc.) as informações sobre o funcionamento do programa, particularmente as relativas às metas para a distribuição semestral do SARV, chegam até os operadores.

> "Porque uma única razão pra passar informação é pra gerar a motivação, como é que o indivíduo vai se motivar... pra trabalhar, pra se esforçar, pra servir ao mercado se ele não sabe o resultado, isso é como remar no escuro, você tá remando, remando, remando e não sabe pra onde vai né, se você tá vendo o teu horizonte ou o teu norte, tá vendo o

desempenho da concorrência, tá vendo o desempenho da empresa, melhorou o desempenho, nesse mês nós batemos recorde..." (diretor- presidente)

Segundo Heller (1998), sem informação, nenhuma participação pode ser colocada em prática; assim, estar informado seria uma condição necessária, embora não suficiente, para que alguém possa influenciar um determinado processo, no caso as decisões tomadas na empresa.

Neste capítulo, apresentou-se o grupo Alfa, suas características principais e, particularmente, o funcionamento de seu programa participativo, dando destaque para perspectiva dos gestores a este respeito. O PAAP se desenvolve, concretamente, de diferentes formas em cada unidade produtiva e em cada categoria profissional. Desta forma, foi possível observar diferenças nas possibilidades de participação dos trabalhadores das três fábricas pesquisadas (Fitas, Conexões e Acessórios), tal como será apresentado nos capítulos seguintes.

Participação na "fábrica esquecida"

Fábrica de Fitas

A fábrica de Fitas localiza-se em um galpão alugado, em um bairro da cidade, diferente das outras plantas próprias da Alfa. Suas instalações dividem- se, basicamente, em duas partes: área de produção de fitas (maior) e área de processamento de matéria prima; além de uma sala pequena da chefia.

A Fitas possuía, no período da pesquisa de campo, 35 funcionários efetivos e mais 6 bolsistas, estudantes contratados através de convênio com a Prefeitura e que cumprem uma jornada diária de apenas 4 horas. No turno da noite, trabalhavam apenas dois operadores de processo, pela manhã eram 20 funcionários e à tarde 13; o chefe de fábrica trabalhava manhã e tarde. Nessa época, estavam sendo selecionados novos funcionários, ampliando o quadro, já que, segundo o chefe, o pessoal estava fazendo muitas horas-extras, para dar conta da produção; entretanto foram demitidos dois operadores por problemas disciplinares.

Nesta unidade, existem apenas dois monitores (um pela manhã e outro à tarde), que coordenam todo o trabalho. Há, também, um chefe de fábrica, com menos de um ano na Alfa, que, apesar disto, demonstra bastante integração com o seu grupo de trabalho; monitores e operadores afirmam ter bom relacionamento com ele.

O processo produtivo é bastante simples. São produzidas apenas fitas veda-rosca de Teflon. Existe um setor de processamento da matéria prima e outro de montagem e embalagem destas fitas e de fitas isolantes[23]. Esses setores, devido a sua localização, são chamados pelos trabalhadores de "*lá dentro*" (processamento) e "*lá fora*" (produção de fitas).

O processamento caracteriza-se por ser um trabalho mais insalubre, devido ao ruído das máquinas (bem mais intenso do que no restante da fábrica) e poluição do ambiente (o material utilizado tem cheiro forte e deixa partículas no ar); contudo, requer um trabalho mais qualificado, executado por dois ou três funcionários por turno (todos homens).

A área de montagem e embalagem das fitas funciona, apenas, nos turnos da manhã e tarde, englobando a maior parte dos funcionários da fábrica (na maioria mulheres), que, geralmente, trabalham em grupos de três, nas mesas de preparação e embalagem das fitas veda-rosca, embalagem da fitas isolantes ou montagem de caixas, todos trabalhos manuais, pouco qualificados. Eles operam equipamentos pequenos e simples que produzem as fitas veda-rosca.

No discurso dos operadores aparece a idéia de que essa unidade seria uma "fábrica esquecida", pois, devido ao isolamento, o contato com a matriz é mais difícil e demorado. O próprio chefe refere-se a sua unidade como sendo "*pequeninha*", com processos e equipamentos simples. Existia um planejamento de transferi-la para a planta

[23] As fitas isolantes são compradas prontas pela Alfa. Os trabalhadores mais antigos lembram o tempo em que produziam estas fitas na própria fábrica.

onde está a matriz (fábrica de Acessórios); com isso ela passaria a ser apenas um setor dessa fábrica e não mais uma unidade isolada. Apesar do distanciamento, do risco de deixar de ser uma unidade e do sentimento de serem esquecidos, percebe-se um movimento dos trabalhadores da Fitas no sentido de integração com o todo da Alfa, particularmente, através do seu engajamento no programa participativo.

Foram entrevistados sete trabalhadores: quatro operadores, dois monitores e um chefe. A seguir será apresentado um quadro que sintetiza a participação dos entrevistados, no que se refere à inserção de cada um no programa participativo da empresa e ao grau de informação sobre este.

Quadro 3: Participação dos entrevistados – Fábrica de Fitas

Entrevistados[24]	Função	Inserção[25]			Informação[26]		
		+	+/–	–	+	+/–	–
Lauro (F.M.OP)	Operador processo	■			■		
Olavo (F.T.OP)	Operador processo	■			■		
Luís (F.M.OP)	Operador prod. de fitas		■			■	
Neusa (F.T.OP)	Operador prod. de fitas		■				■
Pedro (F.T.MO)	Monitor	■			■		
André (F.M.MO)	Monitor	■			■		
Júlio (F.D.CF)	Chefe de fábrica	■			■		

[24] Cabe observar que os nomes são fictícios e as letras após os nomes correspondem: fábricas F, C, A, turnos de trabalho M, T, N, D e funções OP, MO, CF.

[25] + Participa muito: é membro de um GARQ, costuma dar sugestões via PAS, pode ou não participar de outras atividades ligadas ao programa. + / – Participa em parte: já participou do CCQ, é membro de um GARQ, mas estes não tem se reunido, nunca ou apenas uma vez fez sugestões via PAS. – Não participa: não é membro de GARQ (pode ter sido de CCQ), nunca fez sugestões por escrito, dando idéias informalmente, no seu grupo de trabalho.

Participação dos Operadores

Os operadores dessa fábrica executam tarefas diferentes, no processamento da matéria prima ou na produção de fitas, apresentando, também, outras características que os diferenciam. Sendo assim, far-se-á menção sempre que houver uma distinção relevante entre os dois grupos.

Grau de controle

O programa participativo da Alfa (PAAP), descrito no capítulo anterior, estrutura-se através de dois eixos básicos: o sistema de participação nos lucros (SARV) e o programa de sugestões (PAS). Ao analisar a influência dos operadores sobre esses dois eixos, separadamente, foi possível observar que o PAAP constitui-se em uma estratégia da empresa para motivar os trabalhadores.

Existe, em toda Alfa, uma preocupação com a divulgação de informações relativas ao SARV. Dados sobre os critérios de distribuição estabelecidos e o quanto estão sendo atingidos em cada mês são divulgados de diversas formas. Ainda que a Fitas seja vista como "*esquecida*", essas informações estão presentes nos murais e são também passadas, pelo chefe da fábrica, em reuniões com os trabalhadores, mas, ainda assim, existem operadores desinformados sobre o programa. Apesar das diferenças individuais, há a tendência de os operadores de processo serem mais bem informados, destacando-se, entre os entrevistados, Olavo (F.M.OP), que é membro do grupo de acompanhamento do SARV e mostra bastante segurança ao falar sobre o sistema. Apenas uma operadora entrevistada afirma desconhecer o funcionamento do SARV.

> "eu não sei, veio deles da fábrica 1 [Acessórios], até hoje eu não tenho muito conhecimento assim direitinho né, o Olavo... ele sabe bem certinho" (Neusa, F.T.OP)

---

[26] + Muito informado: sabe explicar em detalhes o funcionamento do programa, tanto o SARV como o programa de sugestões. + / – Parcialmente informado: conhece o programa, mas têm dúvidas sobre o seu funcionamento. – Não está informado: tem muitas dúvidas sobre o funcionamento do programa.

Outro aspecto que pode ser mencionado, além do conhecimento maior ou menor sobre o funcionamento do SARV, é o quanto os operadores estão ou não satisfeitos com a forma como a Alfa faz a distribuição dos lucros. No início do ano, havia sido distribuído um valor bastante baixo, o que gerou insatisfação. Com o aumento do valor na distribuição feita no início do segundo semestre, a insatisfação diminuiu.

> "eu, o pessoal aqui dentro trabalham, dão a produção...e ficamos empolgados pra quando vem a participação nos lucros, mas a partir do momento que chegou ...a gente começou a pensar: poxa a gente trabalhou tanto... pra ganhar isso? Aí chega uma pessoa pra mim e diz: ah, eu trabalho lá na X [outra empresa] e ganho R$ 600 de participação nos lucros... Aqui no primeiro mês veio R$ 10, esse mês veio mais... acho que foi R$ 160, dessa vez me ajudou bastante" (Luís, F.M.OP)

Este comentário sobre os R$ 10 foi feito de forma irônica por outros operadores: "*sabe aquela notinha?*". Outros operadores revelam insatisfação e desconfiança ao fazerem questionamentos sobre: os gastos com a nova fábrica, o aumento das metas de produtividade, o desconto dos gastos com novas máquinas sobre o montante a ser distribuído etc.

> "Olha, o meu setor hoje está um pouco a desejar... porque a gente não vê muita motivação em relação... à gestão participativa... até porque alguns não estão contentes com os lucros né, que eles têm... Agora a idéia é boa, desde que eu trabalhei... naquela empresa, a X [nome de outra empresa] não existia isso, entende" (Lauro, F.M.OP)

A satisfação com o sistema está associada à confiança na distribuição feita pela Alfa e o dinheiro recebido é valorizado como um ganho extra.

> "pra nós é bom né, porque, oh é bom, imagina um dinheirinho assim extra, né, é legal" (Neusa, F.T.OP)

O operador que integra o grupo de acompanhamento do SARV não só conhece e está satisfeito com o sistema, como também justifica a baixa distribuição, utilizando argumentos representativos da perspectiva da empresa.

> "A gente lá [reunião do SARV] entende que a Alfa é uma empresa que vende plásticos, é uma coisa que vende bastante, mas é um preço barato, né... A X [outra empresa] que vende geladeiras, compressores... é uma coisa que vende bastante e é caro, é uma coisa que dá bastante dinheiro... é grande a participação nos lucros lá né, a gente não pode se basear nisto" (Olavo, F.M.OP)

Em relação à distribuição do SARV, não foi possível observar que os operadores tivessem qualquer influência sobre como ela é feita, embora seja uma questão sobre a qual eles gostariam de interferir, como veremos.

O programa de sugestões (PAS) possibilita a participação formal dos trabalhadores na empresa, através de sugestões por escrito e/ou sendo membro de um GARQ. Na Fitas, os operadores, geralmente, fazem parte dos GARQs, contudo, nem todos costumam dar sugestões. Entre os entrevistados, os operadores da produção de fitas nunca haviam dado sugestões, enquanto os operadores do processo costumam sugerir, sendo que Lauro (F.M.OP) é apontado como o trabalhador que mais dá sugestões na fábrica.

> "inclusive... eu saí do grupo dele [monitor], pra criar outro grupo, porque tinha mais duas pessoas interessadas e... ele não queria que eu saísse porque tenho idéias né, inclusive tenho idéias circulando por aí, para melhorar o serviço, que não foram implantadas." (Lauro, F.M.OP)

A participação nos grupos e a possibilidade de dar sugestões, que sempre são analisadas, mesmo que, eventualmente, rejeitadas, faz com que os entrevistados, geralmente, sintam-se valorizados pela Alfa ao mesmo tempo em que a valorizam. O fato de as sugestões precisarem ser aprovadas, não sendo os próprios trabalhadores que decidem, não foi questionado. Nem todos têm claro quem as avalia.

> "Dei bastante sugestões, a única que não foi para o grupo foi aquela do ventilador, o resto está tudo instalado assim. Algumas não foram aprovadas... [por quê?] as vezes eles dizem que não vale a pena aprovar, porque eles tem outro plano... aí eles acham que não vale a pena implantar porque ao invés de ajudar, a gente vai atrapalhar... eles acham, não acham viável de ser implantado, eles dão como não aprovada a sugestão" (Olavo, F.M.OP)

Outro aspecto que contribui para a valorização, de acordo com Neusa (F.T.OP), seria o rápido atendimento das sugestões. No entanto, outros consideram que o andamento é lento, percebendo, nisto, uma desvalorização por parte da empresa. Também contribui para essa percepção a avaliação, por alguns, de que o prêmio recebido pelas sugestões é muito baixo e, portanto, não vale a pena dar idéias.

> "A nossa equipe [GARQ]... sobre uma outra idéia que nós tinha dado, foi feito até desenho, com o chefe aqui na mesa e ele disse que dentro de um mês nós já tinha a resposta, mas o mês foi demorando pra passar e já deu quatro... então a gente perde a vontade... porque quando a gente dá a idéia não vem resposta, demoram muito" (Luís, F.M.OP)

Entre os entrevistados, Luís é quem mais questiona a valorização das sugestões, especialmente, na Fitas, já que considera que nas outras unidades existe mais possibilidade de dar idéias e ser remunerado por isso. Algumas solicitações simples, como questões envolvendo segurança e refeitório, são feitas fora do programa, mas não têm sido atendidas, segundo duas operadoras.

Ao compararem o programa atual com o anterior (CCQ), os operadores avaliam o PAS como melhor, já que é considerado mais eficaz (funciona), de fato é voluntário e remunera as sugestões. Esses fatores contribuem para que quem participe do programa sinta-se valorizado.

> "[na época do CCQ] muita gente vinha aqui porque eles davam lanche...nós fazíamos uma roda junto com o chefe da seção, daí ele ia passando... daí chamava um... outro... pegava e anotava... nem era levado a sério aquilo ali... tu te sentia até obrigado a falar tudo... Hoje se você tem vontade de mudar alguma coisa, vai lá faz um PAS [formulário], beleza, é bem melhor" (Olavo, F.M.OP)

Apesar da satisfação em receber incentivos econômicos, seja através da remuneração das sugestões ou da participação nos lucros, os operadores não têm poder de decisão nem sobre as próprias sugestões, indicando um grau de controle bastante limitado. Assim, o programa participativo constitui-se, principalmente, em estratégia de motivação para o trabalho, funcionando como uma forma não coercitiva de controle da empresa sobre os trabalhadores.

> "acho legal essas regras que tem para serem cumpridas... tem empresa que participa, mas não tem uma regra assim... tem que alcançar aquilo... Acho que é uma coisa da pessoa se empenhar... os vendedores, eles se incentivam a vender bastante pra fechar o mês, porque quanto mais eles vendem, mais eles ganham... Aqui... no final do mês é uma loucura, mandando tudo que tem lá pra expedição, pra fechar pelo menos... 100% da tonelada [metas de produção previstas]" (Olavo, F.M.OP)

Tipo de questões

O canal formal para os operadores buscarem exercer influência sobre o que acontece na empresa são as sugestões. Pode-se notar que a maior parte das sugestões está diretamente relacionada ao próprio trabalho dos operadores, envolvendo melhorias que visam a facilitar o seu desempenho, ou de colegas, ou ainda, relativas ao ambiente de trabalho. Algumas propostas envolvem melhorias bastante simples.

> "Uma vez eu dei sugestões pra pintar as janelas... essas máquinas eram tudo do outro lado né, daí o sol vinha e batia direto nos olhos das pessoas das pessoas... aí foi mandado pintar, resolveu o problema" (Olavo, F.M.OP)

As sugestões que visam apenas a melhorias, como a colocada por Olavo, trazem satisfação para quem sugeriu; já as idéias que eliminam desperdício trazem não só satisfação, como também permitem "*lucrar*". Contudo, os valores recebidos são considerados baixos, em especial na Fitas, mesmo para um "*campeão*" de idéias como Lauro.

> "eu faço minhas idéias não com o objetivo de lucro entende, mas sim pra melhorar minha empresa; mas tem muitas, não deste setor, mas da outra fábrica, chegaram a receber R$ 600, R$ 700. No meu setor teve um monitor que recebeu R$ 370 por uma idéia que ele deu, mas quando se relaciona à injetora, dá para tirar dinheiro em cima...[você já foi remunerado por uma idéia?] Não, até teve lucro, mas foi bem pouco" (Lauro, F.M.OP)

Alguns operadores, entre esses dois entrevistados, avaliam que as sugestões trazem mais benefícios para a Alfa do que para eles próprios, já que a economia gerada é bem maior do que o prêmio oferecido aos trabalhadores[27]. Esse tipo de avaliação pode contribuir para que o operador perca o interesse em dar idéias, como no caso de Luís. Entretanto, nem sempre isso acontece, pois Lauro, mesmo percebendo as vantagens para a empresa, continua sugerindo, talvez porque considere a possibilidade do exercício criativo e de melhorar as condições do seu próprio trabalho como contrapartidas pelas sugestões dadas.

> "a empresa se favorece bastante com a idéia, porque quem tá ali trabalhando com a máquina... é o empregado e quando o empregado dá uma idéia, ele pensa primeiramente nele né, pra ele não ter tanto serviço ou... pra melhorar... e, em segundo lugar a fábrica e o bolso dele também, por isso ele pensa bastante... mas sempre quem se favorece mais é a fábrica né... por que é aprovada? Porque a fábrica já concorda... se não favorecesse ela, só o empregado, não iria ser implantada" (Luís, F.M.OP)

O desenvolvimento de sugestões que reduzem a necessidade de mão-de-obra foi um tema que surgiu a partir de comentários feitos pelos operadores, por ocasião da classificação de uma sugestão da Alfa, em um concurso empresarial sobre qualidade. Um operador lembra que, na Fitas, já ocorreram outras idéias que reduziram pessoal, como a de comprar fitas isolantes prontas, que antes eram feitas operadores da própria fábrica. Essa sugestão teria sido feita em um grupo de CCQ. O mesmo operador considera que esse tipo de idéia não deveria ser dado, mostrando que ele tem claro que isso não é do interesse dos trabalhadores.

As atividades realizadas na Fitas são simples, com problemas de fácil solução, em especial na produção de fitas, tornando difícil

---

[27] Conforme já foi dito, quando uma idéia que reduz custos é implantada, calcula-se quanto é economizado no primeiro mês, sendo que 5% deste valor vai para quem sugeriu e 10% distribuído entre os membros do GARQ que desenvolveu a idéia.

surgirem novas idéias. É como se o programa de sugestões não estivesse efetivamente funcionando[28].

> "nós mesmos, agora... tamos meio parados... foi dado bastante sugestões, mas sugestões imediatas, que não precisa grupo trabalhar... aqui fora faltam pequenas mudanças, que na hora são solucionadas" (Olavo, F.M.OP)

Os operadores também gostariam de exercer alguma influência sobre a distribuição do SARV, em especial, no que diz respeito ao fato de o valor ser proporcional ao salário, pois, com isso, seriam favorecidos os que recebem maiores salários em detrimento deles próprios, que são quem "*puxa tudo*". Alguns operadores gostariam que o valor distribuído fosse igual para todos. O representante no SARV interessa-se bastante pelo tema e lembra uma proposta conciliatória que foi feita, mas não aprovada pela administração.

> "já foi dada outra sugestão também de dividir do 10% do lucro gerencial, daqueles 10% se torna 100% pra nós, ...pegar 25% e dividir em partes iguais pra todo mundo e os outros 75% divididos dependendo do salário, mas eu acho que isso aí eles até ficaram de pensar, pensaram, mas não aprovaram, não sei porque... também não é uma coisa que ia fazer um grande efeito pra nós... foi dada a sugestão... e na outra vez que teve [reunião do grupo do SARV] eles falaram que não foi aprovado... Pô! mas eles começaram a enrolar, enrolar e não disseram a realidade porque não foi aprovado." (Olavo, F.M.OP)

Nível organizacional

A participação dos trabalhadores pode ser feita através da inserção em diferentes instâncias do PAAP. A maior parte dos opera-

[28] Não foi possível observar o funcionamento do programa de sugestões durante a coleta de dados na Fitas, pois não foram dadas sugestões, nem feitas reuniões dos GARQs.

dores da Fitas faz parte de um GARQ[29], incluindo todos os entrevistados, considerado um importante canal de inserção no programa participativo da empresa. Dessa forma, sentem-se integrados no programa, embora, como apontado, existam dificuldades de funcionamento e os grupos não vêm se reunindo. Geralmente, eles comentam que sua participação nos grupos foi voluntária e atendeu a um convite feito. Lauro (F.M.OP) lembra de ter participado de um CCQ, antes de serem criados os GARQs na Alfa.

Os líderes dos GARQs participam de reuniões e conselhos bimensais de líderes, sendo que o convite para participar do conselho vem sendo estendido a outros integrantes destes. A participação nestas reuniões e conselhos é avaliada positivamente.

> "uma vez eu fui convidada pra ir lá na reunião lá né ...desse PAAP [no conselho de líderes?] É, eu fui convidada lá e daí estavam todos os diretores lá e eu gostei né, estava bem legal... o meu marido não gosta que eu fique saindo... não me deixa muito participar dessas coisas, mas eu acho bem legal... importante dentro da empresa" (Neusa, F.T.OP)

Olavo (F.M.OP) é líder de um GARQ e também participa do grupo de acompanhamento do SARV, que se reúne, mensalmente, com diretores e gerentes. Além de participar das reuniões, o representante atua como um canal de informações entre a fábrica e a direção nas questões relativas ao sistema participativo. Ser representante contribui para que ele seja um dos operadores mais informados e atuantes da fábrica no programa da Alfa. Por isso mesmo, Olavo aprova a idéia da direção de fazer um rodízio de representantes, para que todos possam participar das reuniões e se informar mais. O processo de escolha dos representantes da fábrica deu-se, segundo Olavo, por indicação do gerente.

---

[29] Está fábrica é a unidade que tem o maior índice de trabalhadores inscritos em GARQ da Alfa.

> "Bom, antes era o André [monitor], ele foi escolhido pelo... gerente de produção... ele uma vez fez uma reunião aqui ele falou: oh, cada área vai ter um representante pro SARV, nós vamos mostrar tudo... o que nós pagamos... vendemos... lucramos... e nós escolhemos o André; até teve alguns que foram contra, falaram... devia ter uma votação, mas ele escolheu... Ele [André] representou um ano... um dia ele falou... preciso de um cara pra me substituir,... eu acho que eles falaram pra ir trocando,... daí eu fui... o André já escolheu um suplente pra mim, que foi o Pedro [monitor]" (Olavo, F.M.OP)

Os operadores entrevistados não participam de nenhuma instância fora do programa participativo, com exceção de Olavo (F.M.OP), que é membro da CIPA, tendo sido escolhido para o cargo de secretário, como representante da empresa. Ele também considera que executar o seu próprio trabalho é uma forma de participação.

> "Acho que a única contribuição além do PAS é trabalhar, ...tem uma produtividade pra fazer por dia... acho que... a gente colaborando no serviço né, se dando bem com o serviço, trabalhando bastante, fazendo a produção certa, isso é uma maneira de contribuir também" (Olavo, F.M.OP)

A participação sindical é bastante baixa na Fitas. Entre os operadores entrevistados, apenas Neusa (F.T.OP) é sindicalizada, mas não participa do sindicato. Uma operadora e um monitor[30] dizem que a maior parte dos trabalhadores dali não é inscrita no sindicato.

> "sou [inscrita no sindicato], mas eu não participo assim... eu não gosto muito de ir lá, até me arrependi de ser... é de ter me inscrito" (Neusa, F.T.OP)

---

[30] Segundo Pedro (F.T.MO), na Fitas em torno de cinco trabalhadores, apenas, seriam sindicalizados.

Os operadores, geralmente, apresentam uma concepção assistencial de sindicato, criticando a entidade por não cumprir, adequadamente, com o que consideram suas funções: fornecimento de material escolar, atendimento jurídico, médico e odontológico. Uma operadora chegou a cancelar sua inscrição no sindicato por este não ter lhe fornecido transporte para um atendimento médico em outra cidade, afirmando que "*este pessoal da CUT só quer agitar*".

> "acho que a única coisa boa que o sindicato faz pela gente, é bom que tem dentista... mas dentista a gente vai aí fora e, as vezes, saí mais rápido do que esperar pelo sindicato... Não acho muita vantagem o cara ser sindicalizado" (Olavo, F.M.OP)

Existe uma visão bastante negativa sobre o sindicato, pois os operadores consideram que a entidade, além de não cumprir com as funções esperadas, não ajudaria, pelo contrário, prejudicaria os trabalhadores. O prejuízo seria decorrente do desconto mensal ou de outras razões, como no exemplo dado por uma operadora, de trabalhadores de outra empresa que foram demitidos por fazerem greve junto com o sindicato.

> "não pago o sindicato,...primeiro porque não merece. O sindicato, ele faz muito pouca coisa... ele até reclama porque o funcionário não reivindica, coisa e tal;... desde que eu estou na Alfa, o sindicato não fez nada por mim, até hoje, por questão salarial... o que a gente teve hoje foi conforme a inflação...e fora isso o sindicato não fez nada. Aliás o sindicato em... [nome da cidade] é muito fraco." (Lauro, F.M.OP)

Nessa fala, percebe-se uma concepção diferente de sindicato, ou seja, que ele deve ser um mecanismo de luta por melhores salários, mas é criticado por não fazer isto. No entanto, transparece, também, uma visão segundo a qual o trabalhador tem um papel mais passivo, aguardando que sindicato faça algo por ele. Dois outros operadores, que comentavam um longo processo de negociação salarial ocorrido na ocasião, demonstram estar informados, mas não participaram desta negociação, embora sejam sindicalizados. Nessa fábrica, não foi possível encontrar nenhum operador que tivesse participação sindical.

Concepções sobre participação

Os operadores da Fitas apresentam concepções de participação relacionadas ao programa participativo da Alfa. Dessa forma, participar pode significar se inserir nas diferentes atividades do PAAP, como os grupos, ou poder se expressar através de sugestões, buscando melhorias que permitam progredir junto com a empresa. Um dos operadores entende que participar é a empresa partilhar os ganhos com os trabalhadores, através da participação nos lucros.

> "participar é em tudo que eles tem lá né, pra oferecer pra gente... participar é ir em todas as reuniões, participar de tudo... ficar por dentro das coisas que acontecem na empresa, que nem eu assim, já não participo e já tô boiando" (Neusa, F.T.OP)
>
> "participar não é nada mais, ...do que desenvolver aquilo que a gente faz... eu acredito que a Alfa... criou esse sistema dentro da empresa... se eu trabalho na empresa e não tenho uma visão ampla do que eu faço, eu nunca vou sair daquilo ali... ser capaz de enxergar o que vai acontecer daqui a um ano, um ano e meio, até dois, em relação ao que eu estou fazendo" (Lauro, F.M.OP)

Ao serem solicitados para que auto-avaliassem sua participação no trabalho, a maioria dos operadores entrevistados (os três homens) avalia que participa, apresentando diferentes justificativas: dar muitas sugestões, relacionar-se com pessoas no trabalho, falar o que pensa sem medo. Olavo (F.M.OP), um operador bastante ativo dentro do sistema participativo, inicialmente, disse que algumas vezes participava e outras não, mas depois reconsiderou sua colocação e afirmou que participa na empresa, já que dá sugestões e busca aprender, tendo substituído o monitor durante as férias, com um bom desempenho.

Os mesmos entrevistados também consideram que participam fora da situação de trabalho, argumentando que buscam conhecimentos ou são atuantes na escola, mostrando, assim, que sua participação fora da Alfa é limitada a questões pessoais.

> "na vida também, eu sempre procuro crescer, ter conhecimento... acho que cultura nunca é demais. Quanto mais a gente aprende, melhor pra gente, não é só na Alfa que a gente faz isso" (Lauro, F.M.OP)

Apenas Neusa (F.T.OP) avaliou que não participa, pois o fato de ser mulher dificultaria a sua participação, tanto na empresa (marido não gosta), como fora dela (as tarefas domésticas impedem sua participação em outros lugares), embora refira, em vários momentos, o desejo de envolver-se mais com a empresa. Enquanto alguns homens consideram as tarefas domésticas como uma maneira de participar, essa operadora avalia que participar seria integrar-se em outras atividades, como por exemplo atuar na igreja, revelando, assim, uma concepção mais ampla (além da esfera doméstica) do que as apresentadas por seus colegas.

> "Olha, pra falar bem a verdade, eu quase não participo... porque quase sempre tem que ir lá pra fábrica 1 [Acessórios]... eu não sou muito de participar né, o meu marido também não gosta que eu vá lá pra cima [Acessórios]" (Neusa, F.T.OP)

Participação dos monitores

Grau de controle

Os dois monitores estão informados e satisfeitos com o sistema de distribuição dos lucros da empresa; um deles comenta as dúvidas e a insatisfação dos operadores em relação ao baixo valor distribuído, mas argumenta a favor da perspectiva da empresa.

> "Foi nesta época que teve... bastante férias coletivas... e no final do 1º semestre, nós recebemos 4,38% do salário, pro pessoal da produção daria isso em torno de R$ 10, menos de R$ 10, daí o pessoal reclamou tanto... eles só viram pela visão deles... só que não viram que teve pessoal pegando férias... nós tava com a fábrica cheia de estoque, a fábrica matriz a mesma coisa... o pessoal não gostou... só colocava o sistema lá embaixo" (André, F.M.MO)

Os monitores consideram que parte de sua função é incentivar a participação de seus subordinados. Eles também costumam dar suas próprias sugestões e se sentem valorizados por isso, já que as idéias são todas analisadas e quem as deu, recebendo ou não remuneração, é reconhecido.

> "Antigamente não tinha valorização das idéias... demorava quase um ano para ser implantada,... aí tu ia dava idéia, daí... a chefia levava todo o valor da idéias. Agora não, ...o pessoal da produção dá a idéia lá de melhoria em uma caixa, aí escreve no papel e tudo, a chefia dá o parecer... se é aprovado ou não é e se... não foi... é explicado" (André, F.M.MO)

O simples reconhecimento de uma idéia, através de um certificado, é considerado importante, mas o prêmio recebido também é valorizado. Um dos monitores teve a oportunidade de receber um prêmio com um valor bem acima dos valores recebidos em toda a empresa, o que o deixou bastante satisfeito.

> "eu fui um daqui do nosso setor que tive chance de ganhar um dinheirinho extra, pois dei uma sugestão[31] e... a empresa teve uma certa economia e 5% dessa economia repassaram

---

[31] Esse monitor sugeriu a instalação de comandos CLP (Controle Lógico Programável) nas máquinas de produção de fitas veda-rosca.

> pra mim e deu até R$ 327 para nós... foi assim uma idéia, que ninguém achava que dava tanto prejuízo pra Alfa... e isto deu um retorno bem bom pra gente." (Pedro, F.T.MO)

Os monitores também avaliam o programa atual como melhor que o anterior. O PAS é constituído por grupos voluntários, que se reúnem dentro do horário de trabalho. Em geral, as idéias são remuneradas e, mesmo quando não são, contribuem para que as metas do SARV sejam atingidas. As reuniões dos CCQs eram consideradas uma "*matação de tempo*", pois, muitas vezes, não era dada continuidade ao que havia sido discutido.

Os monitores avaliam positivamente o programa participativo da Alfa, na medida que o seu bom funcionamento e as recompensas econômicas incentivam, não só a participação no programa, como a produtividade. No entanto, André (F.M.MO), como foi apontado, percebe que existe quem questione o programa, o que pode diminuir sua eficácia como estratégia de motivação.

> "todo mês tem uma meta pra alcançar, se você alcançou essa meta ou ultrapassou essa meta, melhor ainda, porque no final do semestre vai ter uma porcentagem boa, neste último teve 49%, a gente teve do salário de cada um" (Pedro, F.T.MO)

Tipo de questões

Os monitores também costumam dar idéias relacionadas ao trabalho executado por eles próprios ou por operadores, como a sugestão de Pedro (F.T.MO) de um comando CLP para as máquinas da produção de fitas. Ele também expõe uma sugestão sua sobre o armazenamento do lixo e que gerou melhoria no ambiente, mas não a redução de custos.

Como decorrência da função, cabe aos monitores auxiliar e incentivar os operadores no desenvolvimento de idéias. Eles procuram justificar o fato de os operadores estarem emitindo poucas sugestões.

> "a gente gosta quando o pessoal tem uma idéia pra dar... este último mês a gente recebeu pouca sugestão... tem alguma pra resolver ainda, mas já está em andamento... mas eu creio que é só uma questão de tempo, o pessoal já volta a dar idéia... [Por que não estão dando?] ...saiu um comentário que a gente sairia desse galpão aqui... é só esclarecer... que vamos ficar aqui, aí volta a dar sugestão." (Pedro, F.T.MO)

Em relação aos critérios de distribuição do SARV, os monitores mostram-se satisfeitos e não revelam interesse em fazer modificações. Entretanto, André (F.M.MO) lembra que, com a participação de representantes no grupo de acompanhamento do SARV, estão sendo feitas melhorias no sistema de distribuição.

> "Quando nós entramos aquele sistema foi implantado era pra nós seguir a risca, aí depois foi dado idéias aí o pessoal da diretoria foi se conscientizando, não isto não está certo, vamos melhorar, então vamos baixar um pouco a produtividade, ...daí até hoje está sendo mudado, aos poucos tá sendo mudado." (André, F.M.MO)

Nível organizacional

Os dois monitores estão inseridos nas instâncias e informados sobre o PAAP; ambos são membros de GARQ, e um deles é líder do grupo. Eles também participam ou participaram do grupo de acompanhamento do SARV, o qual valorizam bastante, tanto pela possibilidade de acesso a informações, como pelo contato com diretores e gerentes.

> "Acho bem legal, porque ali a gente vê coisas que aparecem bem claras...os investimentos que a empresa tá fazendo, com que se gasta, o dinheiro, o lucro e o que tá sobrando pra ser distribuído pra nós" (Pedro, F.T.MO)

Ao relatarem como ocorre o processo de escolha dos representantes, os dois dão explicações diferentes: eleição e escolha pelas chefias.

> "Foi através dos funcionários, os funcionários elegeram alguém para representar o sistema, do nosso setor lá" (Pedro, F.T.MO)
>
> "foi escolhido a dedo, a chefia ia lá, escolhia uma pessoa... o pessoal não gostou tanto, até concordo um pouco com eles" (André, F.M.MO)

Os monitores também relatam a participação na CIPA. Um deles (André) foi membro por uma gestão, como representante da empresa e o outro (Pedro) por três gestões, sendo eleito na primeira e indicado pela empresa nas outras, exercendo, inclusive, o cargo de presidente. André também se refere ao fato de ter freqüentado cursos oferecidos pela empresa, considerando isto uma forma de participação.

Os dois monitores não têm qualquer participação sindical. André (F.M.MO) não é sindicalizado e fala muito pouco sobre o tema. Pedro (F.T.MO) é sócio, mas não participa de nenhuma atividade, pois acredita que é um fator prejudicial em relação aos trabalhadores e, por isso, a maioria deles não gosta da entidade.

> "meu ponto de vista do sindicato é... eles conseguem um aumento pra gente, em seguida já descontam um percentual lá, que é pra ajudar a eles... a gente fez uma votação aqui no setor... pra não trabalhar aos sábados, na verdade o chefe nem deixou ir pra frente, porque falou o sindicato não vai aceitar" (Pedro, F.T.MO)

Concepções sobre participação

As representações dos monitores sobre participação estão, diretamente, associadas ao programa participativo da Alfa, particularmente, ao SARV. Eles acreditam que o esforço em trabalhar corretamente, atingindo as metas estabelecidas, é recompensado com a participação nos lucros.

> "é uma forma do pessoal... se autovalorizar, porque o que eu tô produzindo, mais tarde eu vou ganhar... a produção tá baixa, então vamos aumentar a produção, porque, pô, vai vir um dinheirinho a mais pra mim... A participação aqui da empresa, eu vou dar de melhor de mim, pra colher mais tarde um fruto daquilo que eu tô dando... vai vir um fruto, bom ou ruim... se eu fiz errado, vem um fruto ruim, porque daí a participação vai ser menor." (André, F.M.MO)

Pedro (F.T.MO) também entende que existe a oportunidade de participar na Alfa através de opiniões que ajudam a melhorar o ambiente de trabalho. Para André (F.M.MO), quem não busca melhorar, superando os erros no trabalho, não está participando.

Os dois monitores avaliam que são pessoas participativas tanto na empresa como fora dela. Na empresa, sua participação relaciona-se com o esforço para o bom funcionamento da fábrica e com a integração nas atividades relativas ao programa participativo, até mesmo porque a função exigiria isso deles. Fora da empresa, ambos se referem ao envolvimento com questões domésticas e familiares como sua forma de participação, revelando, assim, uma concepção limitada à esfera individual.

> "é, eu me considero... na minha posição que eu estou, tenho que ser participativo... mesmo se eu não gostasse... o próprio pessoal obrigaria né, porque chama ali pra opinião, chama lá pra outra opinião" (Pedro, F.T.MO)

Participação do chefe de fábrica

Grau de controle

Os chefes de fábrica são encarregados de informar seus funcionários sobre o andamento do SARV, através de reuniões mensais, passando informações recebidas da gerência. Ao tentar explicar os critérios de distribuição, Júlio (F.D.CF), inicialmente, confunde as porcentagens, mostrando-se ainda inseguro. Depois retoma o tema, procurando deixar mais claro e destacando a importância de passar para os funcionários uma "*política de participação nos lucros*". Ele tem uma avaliação positiva da gestão participativa, em especial em relação à participação nos lucros, uma "*novidade*" para ele, pois não existia nas empresas em que trabalhou anteriormente.

No que se refere ao programa de sugestões, o chefe procura incentivar a participação de todos no programa. Cabe a ele avaliar a viabilidade das sugestões, aprovando-as ou não. Júlio reconhece que poucas sugestões estão sendo feitas na Fitas e que os GARQs não vêm se reunindo, mas justifica:

> " quando eu entrei... a gente colocou aquilo que precisava... Como ela [Fitas] é pequeninha rapidamente você se esgota... temos uma máquina só trabalhando e quatro máquinas pequeninhas... tudo isto são coisas que limitam... o que está acontecendo agora é... onde as pessoas começam a pensar mais... se a gente não estiver participando com eles, eles ficam inibidos e relaxam um pouco..., mas nunca se para. De repente vem um ou outro, escreve idéias boas, que cobre, as vezes até aquele tempo que ficou parado" (Júlio, F.D.CF)

Júlio deixa explícita a idéia de que o programa participativo é uma estratégia de motivação utilizada pela empresa. A participação nos lucros, atrelada a metas de produção (que considera viáveis), incentivaria o aumento da produtividade. Contudo, admite que essa estratégia não atinge a todos.

> "eu diria que atinge uma quantidade muito grande da empresa em termos de motivação, mas não atinge todos. Hoje a empresa ainda tem pessoas que não acreditam muito né, não

ficam muito motivadas, mas gostam de receber se vem lá na continha" (Júlio, F.D.CF)

Considerando suas experiências em outras empresas, avalia que, eventualmente, é preciso fazer uma "*reciclagem*" nas estratégias de participação, como a Alfa fez, mudando do CCQ para o programa atual, já que ocorreu um "*desgaste*".

Tipo de questões

Como chefe, Júlio toma decisões sobre todos os problemas cotidianos da fábrica de Fitas, ou seja, sobre o seu próprio trabalho, mas também é convidado pela empresa a participar de outras atividades que não estão diretamente relacionadas com a fábrica. Ao participar de um grupo de gestores que discutia o programa participativo e de uma equipe de auditoria, ele acaba por se envolver com questões mais amplas da empresa.

Nível organizacional

No que se refere ao programa participativo, o papel do chefe é incentivar a participação dos seus subordinados e mantê-los informados, fazendo com que o programa funcione dentro da sua unidade. Ele percebe dificuldades no funcionamento (falta de idéias novas e, conseqüentemente, de reuniões de GARQs), mas tem expectativas positivas de que os trabalhadores vão retomar as sugestões e as reuniões.

Conforme referido, Júlio participava de um grupo, articulado pela coordenação do PAAP, para discutir o programa, que deixou de se reunir. Ele também faz parte de uma equipe que faz auditoria de qualidade em toda empresa, com vistas à obtenção da certificação da ISO 9000, tendo, ainda, assumido o cargo de presidente da CIPA na Fitas, por indicação da empresa. Além disso, menciona sua participação em reuniões com gerentes junto com outras chefias.

Concepções sobre participação

Júlio (F.D.CF) é o único integrante da Fitas que apresenta uma concepção mais genérica de participação que não se relaciona, diretamente, com o que acontece na empresa. Para ele, participar seria cada um fazer a sua parte.

> "participação eu acho que é uma oportunidade que é dada... você é um batalhador, mas participação é uma coisa que você está fazendo... está atuando... transformando... Vamos supor... qual é a minha participação num cabo de guerra, é olhar?... Agora se eu sou integrante e estou gritando e tô me mexendo, falando, eu tô fazendo a minha parte, a minha ação está provocando uma reação." (Júlio, F.D.CF)

O chefe considera-se uma pessoa participativa tanto na Alfa, como fora do trabalho. Na empresa, é uma pessoa atuante, correspondendo ao que seria esperado do papel de chefe; já fora, percebe sua participação como mais limitada, restringindo-se à esfera doméstica.

> "tem coisas que eu não participo muito, fora na sociedade, mas... dentro da minha vida normal, eu acho que eu sou muito participativo. Em casa, por exemplo,... a gente não para... tá sempre mexendo, fazendo... construindo coisinhas pequenas" (Júlio, F.D.CF)

Considerações sobre a participação na "fábrica esquecida"

A integração dos trabalhadores da Fitas, no programa participativo da Alfa, é maior do que os trabalhadores das outras unidades, sendo essa uma forma que encontraram de enfrentar a percepção de que fazem parte de uma "fábrica esquecida". No entanto, pode-se notar que essa participação é, antes de tudo, formal, pois mesmo inseridos nas instâncias do programa, particularmente nos GARQs, existem dificuldades de funcionamento do PAAP, visto que não vêm sendo dadas sugestões e, conseqüentemente, os grupos não vêm se reunindo. Com isso, observa-se que existe muito mais um discurso, do que um efetivo envolvimento com o programa.

A dificuldade dos trabalhadores em continuar produzindo idéias pode ser relacionada com o alerta de Gautrat (1990) a respeito do limite das "micromelhorias", pois para que eles continuassem a ser criativos seria necessário que tivessem a possibilidade de influenciar em situações que estão além de sua competência como operadores. A participação, então, acontece muito mais no discurso e nas estruturas formais, do que como oportunidade real de influenciar. Dessa forma, constrói-se um "sentimento de participar" (Pateman, 1992), já que os trabalhadores se percebem participando.

Ao analisar como os integrantes das três categorias profissionais pesquisadas desenvolviam sua participação, tendo em vista as três dimensões teóricas propostas (grau de controle, tipo de questões e nível organizacional), foi possível notar que, tal como Heller (1998) concluíra, quanto menor o nível hierárquico menores são as possibilidades de influência dos trabalhadores.

O grau de controle dos operadores é bastante limitado, pois podem participar apenas através de sugestões colocadas em uma caixinha, o que, segundo Bernstein (1983), é uma das formas mais restritas de os trabalhadores exercerem influência. O que ocorre na Alfa vai um pouco além, já que existe a possibilidade de se discutirem em grupo as sugestões, mas as decisões, desde o encaminhamento para o grupo até a implantação, passam sempre pelos chefes, ou seja, os operadores podem fazer propostas (individualmente ou em grupos), mas não têm poder de decisão.

Os monitores da Fitas também participam por meio de sugestões; entretanto, exercem um papel bastante próximo ao do chefe, incentivando e contribuindo para que os operadores participem. Com isso, revelam um grau de controle maior do que o exercido pelos operadores, o que pode ser considerado uma forma parcial de participação[32]. O chefe da fábrica é quem possui maiores possibilidades de influenciar sobre as decisões, já que ele é quem avalia as sugestões

[32] Como veremos, os monitores das outras unidades têm possibilidades mais limitadas de influenciar.

de todos os integrantes. Ainda que mais amplo, o grau de controle do chefe é parcial, pois não toma decisões de forma autônoma, mas integra-se a um programa da empresa, com metas estabelecidas pela administração.

O tipo de questões sobre as quais operadores e monitores podem influenciar é relacionado com o próprio trabalho deles, quer envolvendo melhorias no ambiente ou favorecendo, diretamente, a produção e gerando redução de custos para a empresa. Assim, é possível concluir que, no que diz respeito a essa dimensão, a participação de operadores e monitores é igualmente limitada. A dificuldade em fazer sugestões, apesar das diferentes justificativas, mostra que os operadores não estão sendo capazes de influenciar, mesmo sobre questões limitadas. Como foi visto, a tentativa de influenciar sobre uma questão mais ampla, a distribuição dos lucros, não foi aceita pela empresa.

O chefe dessa fábrica é o único que, além de se envolver com questões relativas ao seu próprio trabalho, também pode participar de questões mais amplas, relacionadas a Fitas como um todo, e mesmo de problemas de toda a empresa, como ocorre na equipe de auditoria para a qualidade na Alfa. Ele chegou a participar de um grupo que discutiu e implantou melhorias no PAAP. Assim, o chefe pode participar em determinadas questões mais amplas, mas não exerce influência nos objetivos globais da empresa, constituindo-se em uma forma parcial de participação, no que diz respeito a essa dimensão. O fato do chefe "participar" mais do que os outros é compatível com função administrativa que exerce.

Os operadores e monitores da Fitas participam de instâncias com trabalhadores de mesmo nível hierárquico, como os GARQs, nos quais a grande maioria está inserida. Além disso, podem participar de conselhos de líderes e de reuniões do grupo de acompanhamento do SARV, mas, como foi visto, essas são instâncias nas quais eles não têm uma influência efetiva. Cabe destacar que a escolha dos representantes do grupo do SARV não é feita de forma autônoma pelos trabalhadores, pois passa por indicações das chefias. A inserção em instâncias de pares do mesmo grupo de trabalho, setor ou fábrica, constitui-se em formas parciais de participação, quanto à dimensão nível organizacional.

Ao participar de questões mais amplas, como foi apontado, o chefe integra-se em grupos com gerentes e outras chefias de maior nível hierárquico. Ele também participa sistematicamente de reuniões com subordinados e de outras com pares (chefes) junto aos gerentes, representando a fábrica e se constituindo, assim, em um canal de ligação entre a Fitas e o restante da empresa. Essas atividades indicam que o chefe, no que diz respeito ao nível organizacional, apresenta formas parciais de participação, ainda que, por sua função, esteja inserido em instâncias de maior nível hierárquico que os outros trabalhadores.

Outra forma de participação paralela a da empresa é o sindicato. Como foi visto, os trabalhadores dessa fábrica não têm qualquer participação sindical, embora dois entrevistados (um monitor e uma operadora) sejam sócios da entidade. Eles revelam uma concepção assistencial e uma visão bastante negativa da entidade.

Os trabalhadores da Fitas apresentam concepções sobre participação relacionadas com o programa da Alfa, sendo que o chefe é o único que apresenta uma concepção genérica. Participar, para eles, é estar engajado no PAAP, o que reforça a importância desse programa para os trabalhadores da unidade, que se consideram participantes na empresa. A operadora entrevistada é a única que se avalia como não participante, tendo, justamente, apontado a condição de mulher como um entrave para sua participação e integração social.

Os entrevistados na Fitas avaliam, positivamente, sua participação fora da empresa; contudo, ao justificar essa avaliação, revelam concepções bastante limitadas, restringindo-se a esferas pessoais ou familiares, ou seja, de fato eles não têm qualquer participação social mais efetiva fora da Alfa (nem mesmo no sindicato). Novamente, a única exceção é a operadora entrevistada, que, apesar de não participar de qualquer atividade fora da empresa, compreende que participar seria inserir-se em esferas não tão limitadas como as dos colegas.

Participação na fábrica moderna

Fábrica de Conexões

A fábrica de Conexões é a mais nova e moderna entre as três unidades pesquisadas. Ali são produzidos diversos tipos de conexões de PVC. O processo produtivo é basicamente a injeção. Existem em torno de 60 injetoras em atividade, localizadas no galpão maior da fábrica, próximas de outros setores, como manutenção e ferramentaria. No galpão da fábrica há, também, uma área fechada e ampla onde funciona um escritório; ali trabalham os chefes de fábrica, os técnicos em segurança e em processos e uma auxiliar de escritório.

Os grupos de máquinas são divididos em células; em cada turno, uma equipe composta por operadores é encarregada por uma célula de produção, sob a coordenação de um monitor. A maior parte das células pertence ao setor de injeção. Há também uma célula de preparação de material e outra de montagem de produtos. Dessa forma, os operadores realizam três tipos de atividades: operam injetoras (a maioria), preparam material e montam produtos.

A preparação de matéria-prima é realizada em um galpão separado do restante da fábrica, no qual são feitos a moagem e o reaproveitamento de resíduos, bem como algumas misturas. É um local bastante barulhento, no qual trabalham dois ou três preparadores por turno, que não ficam todo tempo ali, já que circulam na fábrica recolhendo resíduos. Praticamente, toda a matéria-prima da fábrica é distribuída, automaticamente, por tubulações, da mesma forma como é recebida da fábrica de Compostos, localizada na mesma planta. O fato de a preparação ser feita em local separado torna o ambiente da própria fábrica bem menos barulhento e sujo do que nas outras unidades.

Os trabalhadores, em geral, revelam uma percepção positiva em relação a essa fábrica, quando comparada com as outras. A Conexões é moderna (equipamentos e alimentação automática), facilitando e dando maior precisão ao trabalho, é mais organizada, limpa e menos barulhenta. O ritmo de trabalho é considerado menos intenso que nas outras unidades.

No período da pesquisa de campo trabalhavam na fábrica aproximadamente 55 operadores por turno (preparação, montagem e máquinas). Havia nove monitores no turno da manhã e o mesmo número à noite; à tarde trabalhavam apenas seis monitores (com vagas em aberto). Estavam trabalhando, na ocasião, dois chefes, um à noite e um diurno, que estava, provisoriamente, cobrindo dois turnos, enquanto era selecionado um chefe para o período da tarde. No turno da noite, trabalham apenas homens[33]. Nessa unidade, foram realizadas quinze entrevistas com dois chefes, cinco monitores e oito operadores. O quadro 4 apresenta a relação entre o grau de inserção e o nível de informação dos entrevistados nesta fábrica.

Participação dos Operadores

Grau de controle

Assim como na Fitas, nessa fábrica transparece a preocupação da Alfa em passar informações, possibilitando a todos verificar se estão sendo atingidas as metas estabelecidas para o programa participativo. Essas informações dizem respeito, principalmente, à produtividade, mas também se relacionam com o programa de sugestões, passadas através de reuniões mensais com as chefias e de murais. Os murais são mais organizados e completos que na Fitas, incluindo gráficos de produtividade, informativos, atas das reuniões do SARV etc. O número de informações passado nas reuniões é grande e um dos chefes chega a questionar se os trabalhadores conseguem absorver, dizendo que é "*obrigado*" a apresentar tudo, mas que tentaria resumir da próxima vez.

Há também quem esteja mais informado sobre os critérios do SARV e quem esteja menos. Foi possível encontrar operadores trabalhando há um ano na Alfa que diziam não estarem bem informados,

---

[33] Na fábrica de Acessórios existem mulheres trabalhando à noite. Na Conexões, o chefe do período da noite considera que elas atrapalham o trabalho.

Quadro 4: Participação dos entrevistados – Fábrica de Conexões

Entrevistados	Função	Inserção			Informação		
		+	+/–	–	+	+/–	–
Alberto (C.T.OP)	preparador de material		■		■		
Bruno (C.T.OP)	operador de injetoras			■		■	
Celso (C.M.OP)	operador de injetoras			■		■	
Gilmar (C.T.OP)	operador de injetoras			■			■
Irene (C.T.OP.)	operador de injetoras			■			■
Silvio (C.N.OP)	operador de injetoras			■			■
Mário (C.N.OP)	operador montagem		■			■	
Sandra (C.M.OP)	operador montagem	■			■		
Anselmo (C.T.MO)	monitor	■			■		
Cláudio (C.N.MO)	monitor			■			■
Ênio (C.N.MO)	monitor		■		■		
Jaime (C.M.MO)	monitor	■			■		
Nelson (C.M.MO)	monitor	■				■	
Ferreti (C.D.CF)	chefe de fábrica		■		■		
João (C.N.CF)	chefe de fábrica		■			■	

pois ainda eram "*novos*" na empresa. Existia a noção de que quanto mais se produzisse, mais se receberia no final do semestre, mas a maioria não compreendia exatamente como era calculado o SARV.

> "[Você sabe como funciona a participação nos lucros?] Olha pra te dizer bem a verdade, eu não sei, sei que tem que produzir, quanto mais produzir, mais é pra dar, mas assim quanto mais

> ele vender, também maior é a participação, mas assim em detalhes eu não sei" (Irene, C.T.OP)

Existem aqueles que se mostram satisfeitos e valorizam a empresa por possibilitar o acesso às informações, gostam de participar das reuniões com o chefe e são atentos aos murais. Alguns operadores referiram insatisfação com o montante distribuído pela empresa. Um monitor, representante no grupo do SARV, relata que alguns recebem com desconfiança as informações que passa depois das reuniões do grupo.

Os operadores da Conexões revelam grau de engajamento no programa participativo, através dos GARQs e/ou de sugestões, bem menor do que os que trabalham na Fitas. Aqueles que não participam do PAAP, em geral, também estão pouco informados sobre o funcionamento, chegando a referir-se aos que participam como "*eles*", revelando desta forma que se sentem excluídos do processo.

> "e também tem esse negócio ali de dar sugestão, ...só que eu não participo disso ali, ...realmente não sei te dizer nada disso aí. [Você nunca se interessou em participar?] Não, porque quando eu entrei eles convidaram as pessoas ali e..., mas não foi falado mais nada, convidaram aquelas e pronto, daí sempre tem a reunião, mas nunca é comentado nada a respeito, a gente nem sabe o que eles fazem, eu sei que tem gente que... preenche aqueles papel, as idéias que tem eles tem né, tal, mas eu nunca ouvi falar mais nada." (Irene, C.T.OP)

Os que participam do programa sentem-se valorizados por isso. Ter dado uma sugestão que facilitou o trabalho e ser reconhecido pela empresa é visto de forma positiva por quem a emitiu, mesmo que o retorno financeiro não compense[34]. Esse sentimento de participar

---

[34] Sandra (C.M.OP), uma operadora bastante integrada no programa, relata ter dado uma sugestão de modificação de um molde de uma injetora que deveria lhe render apenas R$ 9,00. No início ficou decepcionada com o valor, mas depois aceitou as explicações e cálculos apresentados pelo chefe de fábrica.

aparece no discurso de um operador que disse ser quem mais dava sugestões na fábrica e que estava sempre procurando idéias novas, o que, segundo ele, fez com que um colega lhe chamasse de "*puxa-saco*". A maioria dos entrevistados reconhece que dar sugestões é um canal importante de participação e valorização na Alfa, embora nem todos dêem. Vários operadores, quando questionados, dizem nunca terem dado idéias, ou que costumam dar informalmente (não por escrito), parecendo estar mais voltados para sua rotina diária de trabalho. Um operador diz que nunca deu nem pretende dar sugestões porque só quem lucra com isso é a empresa.

Alguns operadores entrevistados comparam o PAAP com o CCQ. Dois deles consideram que o programa atual funciona bem melhor que o anterior. Já outro avalia os dois como igualmente bons. Outros dois entrevistados consideram que o CCQ funcionava melhor; um deles afirma que isso se deve às conquistas alcançadas através dele, como o convênio médico, e o outro pelas reuniões sistemáticas. Ambos não participam do programa atual. Nenhum operador considera o programa atual pior do que o anterior.

Nessa fábrica, aparece a percepção (de dois entrevistados) de que a empresa não valoriza as idéias dadas, seja porque o andamento é lento ou porque o prêmio recebido é baixo. Alberto (C.T.OP), que costuma dar sugestões, faz uma série de reclamações, pois havia recebido apenas um prêmio de R$ 50, sorteado entre todos que deram sugestões no bimestre.

> "e eu até desanimei de dar idéia porque tu dá idéia, dá idéia e não entra nada, aparece nada né, papel no papel, papel aceita tudo né, então daí..., inclusive lá atrás tem o que melhorar, alguma coisa, pra fazer uma melhoria, ...mas por enquanto..., se bem que esses dias eu fiz uma pro moinho... mas até agora não veio a resposta ainda." (Alberto, C.T.OP)
>
> "dessas idéias que eles tão dando, tem neguinho aí que ganha centavo, centavo, isso aí não, não tem cabimento..., ganhar centavo, ou você ganha um valor "X" ou não ganha nada, eu

> acho assim, se aquilo ali rendeu um centavo pro pessoal, mas pra empresa rendeu, senão a empresa não ia colocar aquilo em prática." (Bruno, C.T.OP)

Também, nesta unidade, transparece, algumas vezes, no discurso dos operadores, a percepção do programa participativo, particularmente do SARV, como uma estratégia de motivação para o trabalho.

> "[O que você acha do sistema de participação dos lucros da Alfa?] Eu acho muito bom porque eu já vi muitas empresas que não tem isso, eu acho que isso é um incentivo ao funcionário pra fazer uma coisa de qualidade e bem feita." (Sandra, C.M.OP)

Um operador fez uma análise mais crítica ao dizer que, através da participação nos lucros, as empresas (não só a Alfa) fazem com que a produtividade aumente e, assim, ganham muito mais do que os prêmios distribuídos. Já Celso (C.M.OP) pensa que através do SARV "*o empregado tem mais vontade de ir prá frente*", mas avalia que o sistema de sugestões não vem funcionando adequadamente por "*falta de interesse do pessoal, talvez... não dão idéia, não participam*". Pode-se pensar que na Conexões, devido ao menor engajamento no programa, a influência do PAAP, como estratégia de motivação, seja menor do que na Fitas.

Tipo de questões

As sugestões dadas pelos operadores são, em geral, relacionadas diretamente ao seu trabalho ou de colegas, e grande parte delas consiste em modificações nos moldes das injetoras para melhorar a qualidade ou o ritmo de produção. Essas sugestões facilitam o trabalho e podem constituir-se em uma forma de eliminação de desperdícios. Algumas delas são mudanças simples, de fácil implementação; outras requerem uma análise maior por um GARQ, ou técnicos da empresa.

Alguns operadores mencionam a dificuldade em sugerir, seja porque já existem muitas idéias em avaliação, seja porque outro preencheu antes um formulário de PAS com o que tinha pensado, ou mesmo porque não lhe ocorreu nada. Dois entrevistados consideram que no tempo do CCQ era mais fácil dar sugestões, pois não era necessário preencher, individualmente, um formulário. Entre eles, Irene (C.T.OP) lembra que a partir de idéias suas, surgidas nas reuniões de CCQ, foram ampliados os benefícios da empresa.

Outro aspecto levantado foi que as sugestões beneficiam mais a empresa do que os trabalhadores. Mesmo um operador que costumava dar muitas sugestões e valorizava o programa referiu o quanto a empresa iria lucrar com suas idéias. Outros reclamam da baixa recompensa recebida pelas sugestões, comparada com lucro gerado; alguns chegam mesmo a afirmar que desistiram de sugerir por isso. Um entrevistado questiona o programa, dizendo que a empresa dá andamento bem mais rápido para as sugestões de interesse dela. Outro operador fala sobre uma sugestão que facilitaria, mas substituiria o trabalho deles, como um aspecto negativo.

> "idéias quer dizer né..., isso aí acho que é uma boa também, porque ajuda o lado da gente, ajuda a empresa, ajuda mais a empresa né, a gente que não ganha muito com isso, a gente ganha vai lá ganha só o certificadinho lá e pronto. [Por que ajuda mais a empresa?] É porque ...tu tem idéia pra dá tu vai lá preenche a ficha tal, daí a tua idéia a firma aproveita, que tem muitas pessoa que ...trabalha em cima do erro, não vê que aquilo ali tá errado né, e através da tua idéia, do que você fez né, ...a empresa vai achar ...o erro e pode arrumar..." (Alberto, C.T.OP)

Outra questão importante sobre a qual os operadores da Conexões também gostariam de exercer influência, é quanto aos critérios de distribuição do SARV. Geralmente, esse assunto emerge quando os operadores são questionados, mas não de forma espontânea, como ocorria na Fitas. Eles mostram insatisfação[35], principalmente em relação à distribuição proporcional ao salário. A argumentação da empresa de que quem recebia salário maior tinha maior responsabilidade e grau de estudo não é, em geral, aceita pelos trabalhadores, visto que "*eles já recebiam a mais todo mês*". Apesar dos questionamentos, consideram difícil mudar a política da empresa.

> "[Teus colegas também pensam que deveria ser igual pra todos?] A maioria pensa assim, ... eles até se revoltam... porque tem gente, vamos supor, que trabalha num outro setor que ganha um salário de 2, 3 mil, eles vão ganhar bem mais né, enquanto que nós ganhamos ali 400 reais, vão ganhar, se for 20% vão ganhar 80 reais..., Nós vamo fazer o que? Quem somo nós pra mudar a política deles?...não dá." (Irene, C.T.OP)

Existem operadores que se declaram satisfeitos com a distribuição do SARV e que não mostram interesse em discutir o tema, pois o consideram um ganho extra, sempre bem-vindo. Um entrevistado argumenta que a empresa "*não pode dar muito mesmo*" porque está investindo, crescendo e, com isto, "*quem tá junto aqui vai crescer junto... o empregado vai junto*" (Mário, C.N.OP).

Nível organizacional

Em relação à participação na empresa, todos os entrevistados, mesmo os que não desempenham atividades do programa de sugestões, consideram que participam no seu grupo de trabalho, ajudando colegas e monitores e dando sugestões para melhoria da sua célula.

> "[No dia-a-dia do teu trabalho você costuma participar?] Sim, quando eu vejo que tá alguma coisa errada assim, que eu posso melhorar assim no caso, sim, quando a gente vê que

[35] Metade dos entrevistados e vários outros operadores falam explicitamente sobre isso.

acha que não tá certo, a gente dá uma opinião né, ó eu acho que deveria ser assim, assim, assim, aí a gente fala com o monitor né, aí ele mesmo resolve ou vai ali com o chefe pra ver se é aquilo mesmo, arrumar ou não né." (Gilmar, C.T.OP.)

Embora não existam estatísticas precisas, a participação nos GARQs nessa fábrica é bem menor do que na Fitas, e grande parte dos operadores não participa dos grupos. Segundo os chefes, na ocasião havia dois ou três GARQs por turno, e à noite existia apenas um (o chefe desse turno estava tentando organizar mais dois). Entre os oito entrevistados, apenas dois operadores são membros de GARQs; um deles tem participação ativa e o outro é membro de um grupo que não vem se reunindo. Outros operadores também referem que participavam de grupos nessa situação[36].

Em relação às outras instâncias do PAAP, Sandra (C.M.OP) é a única entrevistada que menciona ter participado de um conselho de líderes, quando recebeu um "*diploma de honra ao mérito*", concedido a todos que têm sugestões aprovadas durante o bimestre. Ela também participou de reuniões de líderes de GARQ, substituindo o líder, já que é a secretária do grupo. Sandra relata ainda que assistiu a uma reunião do grupo de acompanhamento do SARV, muito embora não seja representante. Outro operador, bastante ativo no programa, afirma ser representante do seu turno no grupo, junto com um monitor.

Os entrevistados mais antigos participaram dos CCQs, quando ainda existiam na Alfa. Na Conexões, também existe a possibilidade de participar de outras instâncias fora do programa participativo. Alberto (C.T.OP), assim como outros operadores, é membro do grupo da empresa de bombeiros voluntários, que, segundo ele, faz um trabalho preventivo. Entre os oito operadores entrevistados, três nunca participaram de qualquer instância formal dentro da Alfa.

[36] Os chefes confirmam que os GARQs não vinham se reunindo e durante a pesquisa de campo, apesar das tentativas, não foi possível assistir a nenhuma reunião destes grupos, pois, praticamente, não houve neste período. Segundo um operador, líder de um grupo, as idéias que surgiam eram simples e não requeriam reuniões de grupo para avaliá-las.

Em relação à participação sindical, a maior parte dos entrevistados (cinco) não é sócia, sendo que um destes era sindicalizado, mas "*cortou*". Mesmo os sindicalizados não participam da entidade, seja porque não tem tempo de participar ou mesmo por insatisfação. Pelo menos metade dos entrevistados expressa uma concepção assistencial de sindicato, criticando-o por não atender a essa demanda.

> "[Você é sócio do sindicato?] Eu não sou, não me associei, eu não quis né, porque o sindicato ele não traz muito benefício né, eles tem médico lá, mas demora muito pra ser atendido né, e aqui [na Alfa] eu vou... pelo plano de saúde da Unimed, daí é tudo mais rápido, escolho o médico que eu quero tudo..." (Mário, C.N.OP)

O sindicato foi visto de forma bastante negativa pela maioria dos entrevistados, que consideram que esta entidade mais prejudica do que ajuda os trabalhadores. Há desconfiança em relação ao sindicato e a sua direção e um operador chega a afirmar que a intervenção do órgão atrapalha as negociações salariais com as empresas. Sandra (C.M.OP), bastante participativa na Alfa, diz que nunca se interessou pelo sindicato porque "*prefere mais a empresa*"; Silvio (C.N.OP) coloca que não participa porque "*é fora da empresa*" (embora também não participe ativamente). Ambos revelam, assim, maior identificação com a Alfa do que com entidade sindical.

Concepções sobre participação

Apenas um operador entrevistado apresentou uma concepção genérica sobre participação: fazer junto.

> "Participar é tu fazer as coisa em conjunto... fazer as coisa junto né, quando tu vai pegar uma bolsa, tá pesada pega em dois, então tá participando e tudo que tu faz em conjunto é participação né." (Alberto, C.T.OP)

Os outros entrevistados apresentam concepções relacionadas com o trabalho e com a Alfa: fazer o trabalho juntos, ajudar os colegas a resolverem problemas, ajudar a empresa integrando-se no programa participativo, participar dos lucros (fazer as tarefas e receber uma "*fatia*"), poder expor idéias, dando opiniões, ter acesso a informações sobre tudo e compreender o que acontece na empresa.

> "participação pra mim é todos participarem... de uma maneira só, não, por exemplo, meia dúzia puxa pra um lado a corda, os outros querendo contra, ...acho que tem que ser a união de todos né, essa aí eu creio que seja a participação né, seja de lucros ou participação no trabalho né. ...A união de todos pra consegui o objetivo ...quem tá desanimado, geralmente vai puxar pro contrário né e eu apesar de tá desanimado, mas eu não puxo do contrário, vou em frente, procuro ajudar né." (Gilmar, C.T.OP.)

A metade dos operadores entrevistados avalia que participa no trabalho, argumentando que costuma ajudar os outros, gosta de dar opiniões ou mesmo que busca conhecer o seu trabalho. Outros três entrevistados avaliam que participam pouco, ou parcialmente, da empresa, já que poderiam fazer mais do que fazem. Bruno (C.T.OP), que faz uma série de críticas à empresa, coloca que "*desanimou*" de participar, porque existem pessoas que "*não querem ser ajudadas*", mas, apesar disto, continua participando (ajudando) no seu setor.

Em relação à participação em outras atividades fora da empresa, a maioria dos operadores entrevistados (cinco) avalia que participa ajudando os outros, na família ou na vizinhança (ajudar a mulher nas tarefas domésticas foi considerado como uma forma de participação por um deles). Dois entrevistados avaliam que têm uma participação parcial, cuidando de atividades diárias; Sandra (C.M.OP), bastante ativa no programa da empresa, participa pouco fora ("*sou mais fechada*").

Participação dos monitores

Grau de controle

Os monitores estão, geralmente, bem informados sobre o SARV, critérios de distribuição e o quanto às metas estão sendo atingidas. Entre os entrevistados, o único que se considera pouco informado é Cláudio (C.N.MO)[37]. Contudo, um monitor (exercendo o cargo há pouco tempo), que é vice-representante no grupo de acompanhamento do SARV e vinha assistindo as reuniões desse grupo, disse que nem sempre entende todas as informações que são passadas lá.

> "eles explicam bem, mas tem muito gráfico, talvez para eles, que estão lidando com isto todo dia, seja fácil... seria a mesma coisa se eles viessem aqui e quisessem entender o funcionamento de uma máquina." (monitor)

Os entrevistados, em geral, mostram-se satisfeitos em receber o SARV, visto como um "*lucrinho*" a mais que recebem no final do semestre. A possibilidade de acesso às informações (sobre produtividade, faturamento e outras) também é valorizada, existindo confiança nos dados que a empresa fornece, embora alguns deles questionem certos critérios de distribuição dos lucros.

> "[O que você acha desse sistema de participação dos lucros?] Olha, participação de lucro, eu acho foi uma boa idéia..., porque tu tá vendo o que tá acontecendo no dia-a-dia, todo mês tu tem o resultado, eu acho que esse resultado é confiável, pelo menos o que eles passam, a gente confia, acredita né. [Você acha confiável, mas existe quem desconfie dos resultados apresentados?] Sempre tem alguns que desconfiam." (Nelson, C.M.MO)

---

[37] Cláudio exercia provisorimante a função de monitor, apesar de não ter formalmente o cargo.

Na Conexões, os monitores entrevistados são também informados e estão engajados no programa participativo (exceto Cláudio, C.N.MO), seja como integrantes de grupos ou através de sugestões, mas não revelavam a mesma preocupação em incentivar a participação dos operadores que os monitores da Fitas, ou seja, não se sentem responsáveis por fazer o PAAP funcionar. Dois entrevistados dizem ajudar os outros na formulação de sugestões, um deles passa idéias suas aos outros, deixando que recebam o prêmio.

Os monitores valorizam a abertura da Alfa em receber as idéias de todos, sobre qualquer assunto, assim como percebem que aqueles que participam, através de sugestões, são valorizados.

> "e sempre é bem vista as idéias... uma que te ajuda no SARV, nessa participação né, e outra também que é uma maneira da pessoa se mostrar... que tem boas idéias né, uma pessoa bem vista, de repente tem aquele que não quer saber né, mas sempre tem aquele que quer, quer ver o grupo pra frente... mas normalmente quase todo mundo participa, é raro uma pessoa que não dá uma idéia." (Ênio, C.N.MO)

Aqueles que trabalham há mais tempo na Alfa participaram dos CCQs e comparam este programa com o atual, avaliando que o PAAP é melhor, porque participa quem quer, o programa funciona melhor (as idéias têm andamento) e possibilita maior criatividade (nas reuniões sistemáticas dos CCQs se falava "*muita bobagem*"). Anselmo (C.T.MO) considera que, no programa atual, existem aspectos positivos e negativos: os prêmios e a participação nos lucros servem para "*motivação do pessoal*", mas como as sugestões são individuais "*não precisaria talvez estes grupos*"[38]. Ele também considera o andamento das propostas lento, tal como ocorreu com as suas, o que representaria uma desvalorização das sugestões pela empresa.

---

[38] Este monitor foi líder de CCQ e continua como líder de um GARQ, que não vem se reunindo por falta de idéias para serem analisadas.

> "então isso aí eu acho que tá deixando um pouco a desejar também sabe, essa parte de retorno de propostas de PAS... então talvez até que isso venha a dificultar um pouco pro pessoal mesmo a começar, a sugerir, mais idéias né, porque sabe que não tem um retorno meio rápido..." (Anselmo, C.T.MO)

No discurso dos monitores transparece claramente a idéia de que o PAAP funciona como uma forma de motivar os trabalhadores. Uma vez que as metas para o recebimento do SARV estão relacionadas tanto com a produção, quanto com a participação nas atividades do PAS (GARQs e sugestões), existe pressão não só por produtividade e qualidade (diminuição de refugo), como pelo andamento do próprio programa participativo.

> "[O que você acha do SARV?] Ah eu acho que é uma boa, porque antes você não tinha nada, ...como diz o outro, pra quem não tem roupa, qualquer paletó é bom né, mas eu acho que é uma forma da empresa estimular mais, fazer o pessoal batalhar mais, uma forma que dá alguma coisa... você sempre fica esperando por aquilo ali... quer queira ou não o resultado de todo teu trabalho é o lucro né, então tu fica querendo que vai, tu procura participar" (Ênio, C.N.MO)

Tipo de questões

Nem todos os monitores costumam dar sugestões, alguns lembram de idéias que deram anteriormente, ou de sugestões dadas por outros. A maioria das propostas referidas tem relação com o seu próprio trabalho, envolvendo melhorias no processo produtivo e diminuindo desperdícios, de forma a facilitar o funcionamento dos equipamentos ou a troca de moldes. Anselmo (C.T.MO) menciona uma sugestão sua para a construção de um quiosque de descanso nos intervalos, que seria uma melhoria para os trabalhadores, sem relação direta com a produção. Ele considera essa proposta, assim como outras, simples, não requerendo avaliação por um GARQ, dependendo apenas da aprovação pela direção.

Cláudio (C.N.MO) considera difícil dar idéias para quem trabalha, diretamente, na produção. Pensa que seria mais fácil o pessoal da ferramentaria sugerir melhorias nos moldes. Entre os monitores entrevistados, apenas um questionou o fato de a empresa ser quem tem o maior benefício com as idéias dos trabalhadores.

> "aquilo que ela [Alfa] paga pra um funcionário por uma boa idéia é irrisório pelo que ela vai ganhar eternamente... o cara que dá um boa idéia, se isso render pra empresa, o que render... 5% do lucro disso é dado pra ele, mas isso não é nada perto do que ela vai ganhar sempre né. [Isto porque ele vai receber uma vez só?] É, ele vai ganhar no custo de implantação né, ali o lucro que vai dar, vamos supor durante um mês, ...esse pedacinho ali eu não sei muito bem certo" (Jaime, C.M.MO)

Três entrevistados revelam discordâncias quanto aos critérios de distribuição do SARV estabelecidos pela empresa, cada qual em relação a um aspecto. Jaime (C.M.MO), apesar de receber mais, por ter um salário maior, tem dúvidas se é justa a distribuição proporcional ao salário. Anselmo (C.T.MO) pensa que deveria ser excluído das metas o número de trabalhos aprovados em GARQ, pois as sugestões são individuais. Ênio (C.N.MO) questiona o aumento de gastos da administração, como investimento em propaganda, que diminuem a participação nos lucros. Os outros dois mostram-se satisfeitos, sem qualquer questionamento a respeito (Cláudio, C.N.MO gosta de receber, mas não sabe explicar bem o sistema).

> "[Algumas pessoas questionam a forma como é distribuído o SARV, o que você acha?] Olha, ...eu não acho nada de errado quanto a forma que eles distribuem aí, eu acho que todos tem participação, eu acho que de repente um ganha um pouquinho maior ou melhor, o outro menos, acho que isso aí é compatível

com o salário, de repente algum ganha um pouquinho mais outro menos, dá uma diferencinha de participação." (Nelson, C.M.MO)

Nível organizacional

No que se refere à participação na empresa, apenas um monitor entrevistado considera fazer o trabalho com dedicação e qualidade como uma forma de participar. Especificamente em relação às instâncias do PAAP, todos os que trabalham durante o dia participam de GARQs. Os grupos de Nelson (C.M.MO) e Anselmo (C.T.MO) já existiam no programa anterior (CCQ). Jaime (C.M.MO) e Anselmo (C.T.MO) afirmam que seus GARQs não vêm se reunindo por falta de idéias a serem trabalhadas. De acordo com o primeiro, quando começaram as premiações, houve uma "*tempestade de idéias*", mas depois foi diminuindo.

À noite, conforme relatam dois monitores entrevistados, os GARQs apresentavam problemas e estavam sendo criados novos. Cláudio (C.N.MO) entrou em um novo grupo, incentivado pelo chefe; Ênio (C.N.MO) pretende entrar nos novos grupos, já que gosta "*de se reunir pra bater papo*", pois "*sempre se aprende alguma coisa*".

> "o João [chefe de fábrica] fez uma reunião fazendo uns 15 dias atrás... daí ele perguntou quem quisesse né, daí eu me inscrevi nesse grupo de GARQ... [Então você recém se inscreveu?] Agora, mas daí até agora não teve nada ainda. [Por que você resolveu se inscrever?] Olha, ele falou que é pra, sempre pro nosso bem né, ele falou que teve um pessoal curso de, esse negócio de "5S", essas coisas assim né, daí ele falou que é pra gente aprender um pouco mais né, saber o que tá acontecendo." (Cláudio, C.N.MO)

Assim como nas outras unidades, na Conexões existe um representante e um suplente do pessoal da produção por turno no grupo de acompanhamento do SARV. Entre os entrevistados, apenas Jaime (C.M.MO) é representante nesse grupo, tendo participado de várias reuniões. Ele considera que o seu papel é passar as informações que recebe nas reuniões para o pessoal do seu turno. Os próprios representantes não explicam, claramente, como foram escolhidos. Outro monitor, membro desse grupo, diz que fez parte de uma lista com quatro nomes que circulou pela fábrica, da qual os trabalhadores escolheram dois; ele não sabe como foi indicado para a lista, mas acha que foi a chefia.

> "[Como você foi escolhido para o grupo do SARV?] É, na verdade, eu era já o suplente do outro titular, então eles passaram eu pra titular e arrumaram outro suplente pra mim. [Foi o Ferreti (chefe da fábrica) que te convidou?] Não, o Ferreti e o outro titular, que era o C... então eles lançaram o meu nome e o nome de outra pessoa ...no caso parece que o meu foi escolhido ou eu fui simplesmente nomeado assim tá, por eu já ter sido o primeiro suplente, ...então chegaram a um acordo e que o suplente assumiria a titular e se escolheria sempre o suplente certo" (Jaime, C.M.MO)

Todos os monitores entrevistados (conforme foi colocado) fazem referência a sua participação anterior nos CCQs, com exceção de Cláudio (C.N.MO), que ainda não havia ingressado na Alfa quando esses grupos existiam.

Os monitores participam, também, de outras instâncias fora do programa participativo; entre elas está a CIPA. Nelson (C.M.MO) e Anselmo (C.T.MO) haviam sido representantes eleitos pelos trabalhadores; Jaime (C.M.MO) é, atualmente, vice-presidente da CIPA, eleito pelos colegas. Ele fala, com orgulho, dessa eleição e de sua participação, pela possibilidade de aprender e pelo poder de atuação dentro da fábrica ("*eu muitas vezes não chego pedindo... chego mandando mesmo, porque quando o troço é perigoso mesmo*"). Anselmo (C.T.MO) ainda participa do grupo de bombeiros voluntários da fábrica e faz referência à participação na sociedade recreativa da Alfa.

A participação dos monitores entrevistados no sindicato é um pouco maior do que a dos operadores. Entre eles, três são sindicalizados e dois não. Nelson, C.M.MO foi sócio, mas se desligou. Anselmo (C.T.MO) é o único que efetivamente participa de atividades sindicais, tendo inclusive concorrido para a diretoria, mas a sua chapa perdeu as eleições.

> "[Você é inscrito no sindicato?] Sou inscrito... É, essas última eleições aí, eu participei né, era membro também da chapa. [Você montou uma chapa?] É, a chapa 2. [A sua chapa se elegeu?] Não, ela perdeu, perdeu prá CUT. É que eles convidaram pra ter um representante aqui dentro da empresa, ...eu aceitei o convite e fui participar, pra ter mais um conhecimento né, exatamente, saber da onde que vem e a onde que vai as coisas" (Anselmo, C.T.MO)

Com exceção de Anselmo (C.T.MO), os outros, mesmo os sindicalizados, revelam uma percepção negativa da entidade, com maiores ou menores críticas.

> "[Você participa do sindicato?] Não, eu sou sócio do sindicato, mas detesto sindicato, eu não posso nem ver eles ali na frente... [Por que você detesta?] Porque eles só pregam comunismo pra mim, eles são aliados ao comunismo, é PT, desculpe se você é do PT né, mas PT e sindicato pra mim, só tem o que não presta, só pra falar mal de alguém, mas nunca fazem nada por ninguém também" (Jaime, C.M.MO)

A partir da análise de Anselmo (C.T.MO), é possível pensar que existe uma identificação maior dos trabalhadores com a empresa do que com o sindicato.

> "[Como o sindicato é visto na empresa?] É que ultimamente anda muito desacreditado, sindicato, ...porque eles acham que a empresa aqui né, ela trabalha de boas maneiras, então não há necessidade de um sindicato pra uma empresa como essa aqui, porque ela já trabalha com todos os direitos... exigido no caso, que o governo manda e coisa, ...ela já sabe o papel que deve ser cumprido né, e passam isso aí aos funcionários, então é por isso exatamente que as pessoas todas aqui elas não se envolvem então com o sindicato, assim mais aprofundado né. [A maioria do pessoal aqui é sindicalizado ou não?] Uns 40% mais ou menos que é sindicalizado." (Anselmo, C.T.MO)

Concepções sobre participação

Os monitores apresentam concepções sobre participação relacionadas com a Alfa. Dessa forma, participar pode significar: integrar-se no grupo, trabalhando da melhor forma; dividir o crescimento com a empresa, por meio da participação nos lucros; inserir-se no programa participativo (nos grupos ou dando sugestões), dando idéias e opiniões (sendo reconhecido por isso), tendo acesso às informações da empresa (inclusive sobre os lucros) e integrando-se com os outros (desde a direção até o chão de fábrica).

> "então eu acho que participar é uma maneira que você tem de expor as tuas idéias né, e de não só expor, mas você vê que alguém olhou por elas e tá botando adubo na tua plantinha entende, tá vendo a tua planta crescer, então você se empolga por participar mais" (Ênio, C.N.MO)

Todos os entrevistados consideram-se participantes na Alfa, seja porque ajudam os outros, participam de reuniões e cursos para mostrarem sua capacidade ou porque gostam de estar envolvidos em tudo.

> "[Você se considera participativo?] Eu me considero bem, bem participativo, não por eu não tá dando uma idéia no SARV ou no GARQ né, mas tudo que eu posso fazer pra ajudar ou pra informar alguém, eu faço, eu nunca escondi nada de ninguém, não tenho medo de sombras... então eu participo de tudo que eu sei, do que eu posso, reuniões... quando... vamos supor, o chefe quer, quer dizer alguma coisa, que tá ocorrendo na empresa, tem gente que se esquiva, ...quer ficar de longe, ...eu não quero nem saber, ...então eu sempre gostei de tá ali, na massa ali, certo." (Jaime, C.M.MO)

Em relação à participação em atividades fora da empresa, todos os monitores entrevistados avaliam que participam de atividades cotidianas. Apenas aquele que participa do sindicato também relata que costuma tomar parte em atividades comunitárias, revelando, assim, uma inserção social mais ampla.

> "[E fora da empresa, você é uma pessoa participativa?] Considerado bem, bem participativa, no bairro, ...porque eu sou líder comunitário, do bairro também, presidente da igreja católica, então eu acredito que eu já faço bastante parte do bairro... Já por 12 anos que eu moro nesse bairro né, toda vida fiz parte de liderança de associação de moradores, parte de presidência de igreja... toda vida fui membro, fiz trabalho junto a comunidade." (Anselmo, C.T.MO)

Participação dos chefes de fábrica[39]

Grau de controle

Tal como nas outras unidades, cabe aos chefes manter seus subordinados informados sobre o PAAP. Na Conexões, os chefes demonstram que conhecem o funcionamento dos programas de participação nos

[39] Nessa fábrica foram entrevistados os dois chefes em exercício, um do turno da noite e o outro temporiariamente chefiando dois turnos, até a contratação de mais um chefe.

lucros e de sugestões. Ambos estão integrados à gestão participativa, contudo é possível perceber um envolvimento maior do chefe diurno, através das referências freqüentes ao programa no seu discurso.

O chefe da noite afirma que o programa de participação nos lucros (SARV) incentiva os trabalhadores a esforçarem-se para alcançar as metas estabelecidas, o que também indica que o sistema vem funcionando como uma estratégia de motivação da empresa.

> "o SARV é uma coisa..., que você pode lutar por aquilo, você vai tá vendo mês a mês, pô eu tô conseguindo... então realmente motiva o pessoal, ...o que movimenta realmente a esperança é você ganhar bem no SARV, é um retorno que você tá dando pelo teu desempenho, se alguém tá dando desempenho ruim, ...a própria sociedade fabril vai expurgar essa pessoa." (João, C.N.CF)

Apesar do esforço de todos, João (C.N.CF) acredita que o pessoal sabe que o SARV "*é uma fantasia*", (dividido por seis, corresponderia ao aumento mensal, que não vem ocorrendo), só que "*hoje você tem, amanhã pode não ter*".

Os dois chefes comparam o CCQ com o programa atual e consideram que o último é bem melhor. Para João (C.N.CF), no tempo dos CCQs, surgiam muitas sugestões, mas a maior parte era "*idéias bobas*"; o pessoal ia à reunião só para comer o lanche, pois "*não tinha uma recompensa daquilo*".

> "[Você acha esse sistema melhor que o CCQ?] Com certeza.[Quando você entrou aqui ainda funcionava o CCQ?] Sim, ainda funcionava o CCQ, eu participei um pouco e tenho certeza que o programa atual é melhor infinitamente do que o anterior, não tenho dúvidas quanto a isso, porque o outro eu diria que ele era meio camuflado, todo mundo participava mas eu diria que 70% não fazia nada, e hoje se 50% participar, com certeza são aquelas pessoas que participam porque

> querem, não porque são obrigadas, então os resultados são melhores" (Ferreti, C.D.CF)

Durante uma reunião mensal com subordinados, o chefe do dia mostrou que as metas relativas aos trabalhos aprovados em GARQs e ao número de sugestões não estavam sendo alcançadas, revelando, assim, dificuldades de funcionamento do programa participativo, o que é reconhecido pelos dois chefes. Ferreti (C.D.CF) acredita que "*precisa de uma injeção de ânimo*", enquanto que João (C.N.CF) mostra a dificuldade do pessoal da noite em participar.

> "talvez o pessoal da noite, ...eles não são muito voltados a idéias, ...talvez o cansaço, o stress deles, que é muito mais desgastante né, toda a vida, ...assim pra ajudar tipo no PAS, GARQ, os grupos de GARQ, eles não tem aquela vocação..., mas voltado pro lado produzir, empenhado, incluído na coisa, acho que tem, você pode trabalhar muito mais ainda né, mas o pessoal realmente tá envolvido com o processo, o pessoal tem uma visão clara do que quer se alcançar, do que se espera dele..." (João, C.N.CF)

As dificuldades de funcionamento incluem o baixo número de sugestões feitas, particularmente, no turno da noite. Segundo, João (C.N.CF) o fato de essa fábrica ser "*muito organizada*" faz com que "*o pessoal se acomode*" e dê poucas sugestões. Aponta também a necessidade de uma equipe para dar suporte técnico para o desenvolvimento das idéias, como ocorria no tempo dos CCQs. Todas essas dificuldades mostram que o PAAP é uma estratégia de motivação nem sempre eficaz, que, apesar dos esforços, pode não obter os resultados esperados.

Tipo de questões

Os chefes tomam decisões sobre o seu trabalho diário, com certa autonomia, evitando que a gerência envolva-se com problemas rotineiros da produção. Ferreti (C.D.CF) fala da participação das chefias na decisão sobre introdução de inovações. O seu turno de trabalho facilita o contato com gerentes, diretores e setores de apoio, contribuindo para uma maior participação sua na empresa. Já João (C.N.CF), que trabalha à noite, fica mais isolado e, muitas vezes, não é consultado sobre mudanças simples (em sua própria sala).

Nível organizacional

O principal papel dos chefes, dentro do programa participativo, é o incentivo à participação dos subordinados, o que ambos procuram fazer, mas de forma diferente. Ferreti (C.D.CF) afirma que um chefe não deve impor nada ou mesmo montar um grupo e fazer com que trabalhe, pois "*criação vem da vontade de cada um*". João (C.N.CF) tem uma postura mais diretiva, tentando retomar o PAAP no seu turno; está montando GARQs e incentivando a participação, mostrando que a empresa valoriza quem "*está presente*".

Os chefes dessa fábrica participam de reuniões sistemáticas de avaliação e planejamento com gerentes e diretores, mas não aludem a participação em qualquer outra instância da Alfa. Foi possível observar a presença, apenas, do chefe diurno nos conselhos de líderes.

Concepções sobre participação

Os chefes apresentam concepções sobre participação relacionadas com o trabalho na empresa. Para João (C.N.CF), participar é interagir, superando desafios pelo trabalho, como no caso do SARV, que tem metas a serem alcançadas. Já Ferreti (C.D.CF) tem um conceito mais amplo, que valoriza a "*oportunidade de decidir*" e de "*fazer as coisas acontecerem*", bem como a "*liberdade de opinar*", pois pensa que "*quando te ouvem, você já está participando*".

Ambos se consideram pessoas bastante participativas na empresa e justificam as auto-avaliações com argumentos relacionados aos seus conceitos de participação. João (C.N.CF) preocupa-se com o funcionamento da fábrica, o que pode até fazê-lo "*perder o sono*", pensando se deixou de fazer algo ou se fez errado. Ferreti (C.D.CF) procura dar opiniões e gosta de participar das decisões e já teve um retorno positivo sobre sua abertura para participação.

> "[Você se considera uma pessoa participativa?] Me considero bastante.[Por que?] Bom, eu procuro participar, eu tenho boa vontade pra isso, eu procuro sempre opinar em coisas que estão acontecendo, eu gosto quando me convidam pra decidir sobre alguma coisa ou pra discutir alguns assuntos, ...porque pessoas já me passaram esse retorno, de que eu sou participativo, porque eu sou aberto a discussão ou ao diálogo, a mudanças, eu aceito mudanças com muita facilidade, então eu me sinto participativo por isso, até porque tive retorno dos parceiros." (Ferreti, C.D.CF)

Os dois consideram-se participativos, também fora da Alfa, seja em atividades com amigos (esportes, clubes) ou em atividades cotidianas com a família, revelando, desta forma, uma perspectiva mais restrita de participação.

Considerações sobre a participação na fábrica moderna

Os integrantes desta unidade têm uma participação nas atividades do PAAP bem menor do que os da Fitas, e inclusive menor do que os da Acessórios. Os entrevistados da Conexões estão menos informados sobre o programa que os integrantes das outras fábricas, particularmente, os operadores (ver quadro 3).

Nessa fábrica também foram observadas dificuldades no PAAP semelhantes às da Fitas, o que indica um funcionamento mais formal do que concreto. Novamente, surgem os limites das "micromelhorias" (Gautrat, 1990). O menor engajamento no programa faz com que não apareça de forma tão clara o "sentimento de participar", embora ele esteja presente no discurso dos entrevistados mais engajados. Ao analisar as três dimensões da participação propostas teoricamente (grau de controle, tipo de questões e nível organizacional) observou-se que os integrantes da Conexões também participam de forma limitada.

O grau de controle dos operadores restringe-se à possibilidade de darem sugestões por escrito e, para os que pertencem aos GARQs, poderem discuti-las em grupo. No entanto, conforme é definido no programa, a decisão sobre as sugestões fica com o chefe. Os operadores têm acesso a grande número de informações, mas muitos não conseguem assimilá-las completamente.

Os monitores estão mais engajados e informados que os operadores, exceto aquele que exercia provisoriamente a função. Entretanto, não se mostram tão comprometidos com o funcionamento do programa como os colegas da Fitas, e apenas dois entrevistados (entre os cinco) relatam o incentivo à participação dos subordinados. Eles também participam por meio de sugestões avaliadas pela chefia, revelando possibilidades de influenciar tão limitadas quanto as dos operadores.

Os chefes são os que decidem sobre as sugestões e com isso têm um nível de influência maior do que os outros integrantes da fábrica. Assim como na Fitas, o grau de controle dos chefes dessa unidade é parcial, já que tomam decisões dentro de um contexto hierárquico, no qual devem atuar de acordo com o que é estabelecido por instâncias superiores. Entretanto, é possível observar diferenças no discurso dos dois chefes, Ferreti (C.D.CF) valoriza mais o programa, mostra-se mais engajado e busca incentivar os subordinados; João (C.N.CF) é mais preocupado com o controle do trabalho do que com o incentivo à participação.

Os operadores e monitores da Conexões também podem influenciar sobre questões relativas ao seu próprio trabalho ou de colegas e subordinados, no caso dos monitores, revelando, assim, uma forma limitada de participação no que diz respeito a esta dimensão. As dificuldades em sugerir, apresentadas pelas duas categorias profissionais, demonstram que eles têm problemas para influenciar mesmo sobre questões de conteúdo restrito. Parte dos operadores e monitores entrevistados gostaria de modificar a distribuição do SARV, mas, como vimos, não puderam influenciar sobre esta questão. Os operadores entrevistados demonstraram menor interesse sobre este tema que os da Fitas.

Os chefes estão envolvidos com questões relativas a toda a produção da fábrica e devem tomar decisões rotineiras, com relativa autonomia. Assim, decidem sobre recursos organizacionais da unidade, o que pode ser caracterizado como uma participação parcial em relação a essa dimensão. Também aqui se observam diferenças entre os chefes. João (C.N.CF) decide apenas sobre questões mais limitadas e, como trabalha mais isolado, chega mesmo a não ser consultado sobre mudanças rotineiras. Já Ferreti (C.D.CF) é consultado sobre a introdução de inovações, o que consiste em uma questão de conteúdo mais amplo, embora não possa ser considerada uma forma plena de participação.

Os operadores consideram que participam na empresa através da realização do seu próprio trabalho, colaborando com sua equipe. Apenas dois entre os oito entrevistados estão inseridos em GARQs, um deles em um grupo que não está ativo. Os monitores do dia participam de GARQs, embora apenas um deles de um grupo em atividade, enquanto os da noite ainda estão sendo engajados em grupos novos, já que estes vinham sendo reativados no turno. Seja participando da sua equipe de trabalho ou de um GARQ, os monitores e operadores estão inseridos em grupos de pares; mesmo assim revelam uma participação parcial quanto à dimensão em nível organizacional, já que não se restringe a uma forma individual de participação.

Alguns deles (em geral monitores) são representantes no grupo de acompanhamento do SARV, uma instância mais ampla da Alfa, mas, como vimos, eles não têm poder de influenciar e a escolha é por indicação. Os operadores e particularmente os monitores participam de instâncias fora do programa participativo, como a CIPA, que foi considerada uma instância que possibilita influência mais ativa. Mesmo aqueles que participam desses grupos têm uma participação parcial.

A participação dos chefes é, geralmente, efetuada junto a pares e subordinados. Eles participam de reuniões sistemáticas com gerentes e diretores, o que não significa estarem inseridos nas instâncias diretivas e, portanto, não pode ser considerada uma forma plena, mas apenas parcial de participação, em relação ao nível organizacional. Cabe observar que o chefe da noite avalia que sua participação em reuniões durante o dia atrapalha o desenvolvimento de suas atividades rotineiras, o que sugere que trabalhar neste turno pode dificultar a integração no todo da empresa.

No que diz respeito ao sindicato, os trabalhadores da fábrica apresentam, em geral, baixa participação na entidade. Entre os entrevistados, os monitores revelam maior engajamento sindical do que os operadores, inclusive um monitor com participação efetiva. Eles também apresentam uma concepção assistencial, uma percepção negativa da entidade e demonstram optar mais pela empresa do que pelo sindicato.

Todos os entrevistados apresentam concepções sobre participação relacionadas com a Alfa, exceto um operador. Mesmos os chefes, que nas outras fábricas apresentam concepções mais amplas, nessa não o fazem. Entretanto, participar para eles tanto pode significar engajar-se no PAAP, como trabalhar bem, atuando junto com colegas de trabalho. Dessa forma, evidencia-se que o programa participativo, ainda que seja um referencial, não tem o mesmo peso para delimitar as concepções dos integrantes da Conexões do que tem para os da Fitas, já que aqui a simples execução do trabalho foi considerada uma forma de participação. Metade dos operadores entrevistados avalia que participa, em parte, na empresa, enquanto os chefes e monitores consideram-se plenamente participativos.

Em relação à participação fora da empresa, predominam as autoavaliações positivas, com justificativas que revelam uma concepção restrita, limitada a esferas individuais ou familiares. Os dois operadores que consideram não ter uma participação efetiva mostram indícios de uma concepção menos limitada. Cabe lembrar que, nessa unidade, foi entrevistado o único monitor com uma participação social mais ampla, desenvolvendo atividades comunitárias e sindicais.

Nessa fábrica, a integração na gestão participativa não tem o mesmo peso que tem nas outras unidades, particularmente na Fitas. Isso fica evidenciado tanto pela menor integração dos entrevistados no PAAP, como pelo fato de muitos operadores considerarem apenas que fazer o seu trabalho adequadamente é uma forma de participar. Ainda reforça essa idéia o tipo de concepção sobre participação apresentado, nem sempre vinculado, diretamente, ao programa, como ocorre na Fitas.

Participação na fábrica antiga

Fábrica de Acessórios

Essa fábrica, também chamada de matriz, é a mais antiga do grupo. A Acessórios produz uma variedade de produtos bem maior do que as outras unidades e também utiliza vários tipos de matérias primas. Com isso seus operadores executam um leque bem mais amplo de atividades. As instalações e os equipamentos são bem mais antigos que os da fábrica de Conexões: não há alimentação automática das máquinas e algumas são bastante antigas e apresentam problemas constantemente.

O galpão da fábrica abriga todos os setores de produção, incluindo as áreas de preparação de matéria-prima, que ficam na mesma construção, separadas por uma parede, não fechada completamente, o que torna toda fábrica mais barulhenta e suja, devido ao ruído e aos resíduos dos moinhos desse setor. No mesmo galpão funcionam também os setores de manutenção e ferramentaria. Existem salas pequenas separadas, onde funcionam escritórios da chefia, auxiliar de escritório e setores de apoio. Em um mezanino, existem salas administrativas, nas quais trabalham o diretor e o gerente industrial do grupo e salas de reuniões ou treinamento.

A produção, propriamente dita, ocupa a maior parte do espaço físico da fábrica. Durante o período da coleta de dados, o galpão da fábrica estava passando por reformas, que tornavam o ambiente ainda mais barulhento, mas visavam a aproximar a fábrica do funcionamento mais moderno, como existia na Conexões.

Além da preparação de material, são desenvolvidos três tipos de atividades produtivas: sopro, extrusão e injeção. Cada um desses setores é composto por células de produção, e a injeção dividese em duas partes (A e B), em geral, cada uma sob a coordenação de um monitor por turno. Os operadores pertencem a um setor determinado, alguns com postos de trabalho fixos, outros com rodízio de atividades nas suas células; contudo podem mudar (temporariamente ou não) de postos, célula, ou mesmo de setor, dependendo das necessidades da produção.

As áreas ou setores têm suas denominações em função do tipo de equipamento que produz as peças (sopradoras, extrusoras e injetoras), mas englobam tanto atividades de operação, como a montagem, incluindo algumas linhas bem tradicionais, principalmente, na extrusão e no sopro. Nessa unidade, existe bastante trabalho de montagem, particularmente, nesses dois setores. Alguns operadores atuam em funções específicas, como é o caso do "carregador de peças" da injeção entrevistado, que, conforme ele próprio relata, recolhe peças das injetoras e encaminha para os setores onde serão montadas. As atividades de cada setor, em geral, localizam-se fisicamente próximas na fábrica, mas os deslocamentos, em função das reformas, faziam com que uma ou outra célula ficasse separada do restante da sua área.

O trabalho na injeção tem características bem semelhantes com o que é executado na Conexões, embora os equipamentos sejam, geralmente, mais antigos. A preparação da matéria-prima é executada em duas áreas separadas, com operadores que preparam o material para a injeção e outros para o sopro. A atividade dos preparadores é bem mais simples e exige maior esforço físico do que nas outras fábricas. Existem áreas de montagem de produtos nos três setores produtivos.

A fábrica de Acessórios apresenta características próprias, como matriz e unidade mais antiga do grupo. De maneira geral, o processo de trabalho é mais atrasado, os equipamentos são mais antigos e o ritmo é mais intenso que na fábrica de Conexões; contudo as comparações entre as duas unidades não são muito freqüentes, possivelmente porque a maioria sempre trabalhou nessa fábrica. O ruído e a poeira no ar tornam as condições ambientais piores que nas outras unidades. Os operadores usam, constantemente, os protetores auriculares (o que nem sempre acontece nas outras fábricas). Alguns observam ainda que existem diferenças no ambiente, dependendo do local na fábrica onde fica seu posto de trabalho, os locais próximos a janelas ou portas são preferidos, pois, como coloca um operador, "aqui a gente tem o céu".

Os trabalhadores têm a clara concepção de que o sopro é o pior setor para se trabalhar. Nesse setor, a linha de montagem da caixa de descarga é considerada o pior posto de trabalho. A principal razão para essas avaliações negativas é o ritmo intenso. Contudo, também aparecem referências à dificuldade de se trabalhar com um dos monitores do setor. O sopro localiza-se no meio do galpão da fábrica, o que potencializa os problemas de ambiente apontados. O setor de preparação de material também possui uma avaliação negativa, já os setores de extrusão e injeção são, geralmente, avaliados positivamente, embora surjam comentários negativos sobre alguns postos de trabalho dentro desses setores.

No período da coleta de dados, trabalhavam na produção em torno de 115 funcionários nos turnos da manhã e da tarde e, aproximadamente, 100 à noite, incluindo os operadores, 13 monitores e um chefe de produção por turno. Nesta fábrica, foram entrevistados vinte e um trabalhadores: treze operadores, seis monitores e dois chefes de fábrica[40].

O quadro 5 apresenta a distribuição da participação dos entrevistados por função.

---

[40] O chefe de fábrica do turno da noite não pôde ser entrevistado porque estava de licença para tratamento de saúde.

Quadro 5: Participação dos entrevistados - Fábrica de Acessórios

Entrevistados	Função	Inserção			Informação		
		+	+/–	–	+	+/–	–
Alceu (A.N.OP)	operador de máquina			■		■	
Carmen (A.N.OP)	operadora montagem			■	■		
Eduardo (A.T.OP)	operador de máquina	■			■		
Everaldo (A.M.OP)	operador de máquina			■		■	
Jorge (A.T.OP)	carregador de peça	■			■		
Márcio (A.T.OP)	operador de máquina			■	■		
Maristela (A.T.OP)	operadora de máquina			■		■	
Marcelo (A.N.OP)	operador de máquina		■		■		
Nádia (A.M.OP)	operadora montagem		■			■	
Nelson (A.M.OP)	operador de máquina	■			■		
Ricardo (A.T.OP)	preparador de material			■		■	
Rogério (A.N.OP)	operador de máquina		■		■		
Telma (A.T.OP)	operadora montagem	■			■		
Celso (A.M.MO)	monitor	■			■		
Edson (A.T.MO)	monitor		■			■	
Frederico (A.M.MO)	monitor	■				■	
Neves (A.M.MO)	monitor	■				■	
Vicente (A.N.MO)	monitor		■		■		
Vilson (A.T.MO)	monitor		■			■	
Sousa (A.M.CF)	chefe de fábrica	■			■		
Valter (A.T.CF)	chefe de fábrica	■			■		

Participação dos operadores

Grau de controle

Na fábrica de Acessórios, também foi possível perceber a preocupação da empresa em manter os funcionários informados de diversas formas, entre as quais se destacam dois painéis eletrônicos, instalados recentemente, que forneciam dados sobre as metas e o nível de produção atingido (no mês, semestre ou dia anterior), além de outras informações gerais, como divulgação de eventos internos e aniversariantes do dia.

Através dos painéis, assim como dos murais e de reuniões, os funcionários recebem informação sobre o SARV. Também aqui existem aqueles que estão informados e outros que têm dificuldades para compreender, plenamente, todas as informações. A participação como representante no grupo de acompanhamento do SARV é um fator que facilita a compreensão do sistema.

Os operadores, independentemente do nível de informação, também mostravam satisfação em receber a participação nos lucros, pois consideram uma remuneração a mais, que é sempre bem-vinda, embora, para alguns, essa remuneração seja baixa. Uma operadora questiona o sistema, relatando que foi uma forma encontrada pelo governo para não dar mais aumento para os trabalhadores[41].

Como nas outras unidades, os canais existentes para participação dos operadores são: a inserção nos GARQs e/ou as sugestões. Embora seja do conhecimento de todos a existência destes canais, nem todos os utilizam. Entre os entrevistados, quatro têm uma inserção mais efetiva no programa (destes, três costumam dar idéias), alguns operadores colocam que costumavam participar no tempo dos CCQs e outros nunca deram sugestões. Também foram mencionadas as dificuldades em sugerir, mesmo por aqueles que, anteriormen-

[41] O programa de participação financeira foi implantado ao mesmo tempo que a empresa extinguiu um sistema de promoção por mérito. Nesta época, começava a funcionar no país o "Plano Real", que diminuiu a inflação, fazendo com que as empresas deixassem de pagar reposições salariais.

te, costumavam dar idéias, sendo que dois deles colocam que trabalham demais e não têm tempo, outro diz que tudo já foi melhorado.

Os operadores também se sentem valorizados por poderem participar. A maior parte dos entrevistados (além de outros operadores) fala dessa possibilidade de participação através de sugestões ou grupos. Um operador da noite acredita que o seu turno é o que mais sugere. O fato de todas as sugestões serem analisadas pelas chefias, mesmo que possam ser rejeitadas, bem como a possibilidade de os membros dos grupos discutirem e decidirem juntos sobre as propostas, contribuem para a valorização.

Mesmo predominando essa visão positiva sobre o programa, alguns operadores percebem que a Alfa não dá a devida importância para as sugestões. Três entrevistados consideram os valores dos prêmios recebidos pelas propostas implementadas, quando geram economia, muito baixos em relação ao lucro da empresa. Dois entrevistados colocam que deram sugestões que foram recusadas e mais tarde implantadas pela empresa, sem que eles recebessem os créditos por isto. Para um deles, Nelson (A.M.OP), que é bastante ativo no programa, as propostas que favorecem os funcionários tem andamento lento. Estes trabalhadores têm uma percepção de que quem se beneficia mais com as sugestões é a empresa.

Também nessa fábrica, os operadores, que comparam o funcionamento do programa atual da Alfa com o anterior, tendem a considerar o PAAP melhor do que os CCQs, apontando razões semelhantes aos trabalhadores das outras unidades para esta avaliação positiva: existe prêmio para as idéias, a participação não é obrigatória, as reuniões não são fora do horário, mesmo quem não está em um grupo pode sugerir por escrito, só se reúnem quando há o que discutir e as reuniões são mais produtivas. Apenas uma entrevistada, Maristela (A.T.OP), que trabalha há 16 anos na Alfa, avalia que no tempo dos CCQs funcionava melhor e lembra satisfeita que seu grupo foi um dos primeiros implantados na Alfa.

O programa de sugestões atual faz parte de um todo, juntamente com o programa de participação nos lucros. Os operadores associam os dois programas, avaliando de forma positiva o novo programa em função da participação financeira, como coloca Carmen (A.N.OP): "*na época do CCQ, nós não tínhamos participação nos lucros, passavam-se as idéias para melhorar*". Três entrevistados apontam dificuldades de funcionamento dos GARQs que tem impedido a realização das reuniões, problemas como falta de sala, muito trabalho na fábrica, ou férias de colegas.

Os operadores da Acessórios fazem colocações que revelam que, também nesta fábrica, o programa participativo funcionaria como uma forma de motivação para participação e/ou produção dos trabalhadores. Os operadores, mesmo aqueles que apontam alguma crítica, mostram satisfação com os incentivos econômicos, os prêmios pelas idéias e, principalmente, o SARV.

> "[O que você acha da participação nos lucros?] Meu Deus, é beleza, foi a coisa melhor que fizeram aqui dentro, foi uma idéia ótima mesmo, que daí o pessoal também se esforça mais né, quanto mais a gente produz, mais a gente ganha ...esse prêmio, agora em janeiro vai vim, vai vim bom." (Maristela, A.T.OP)

O benefício de receber uma remuneração por produção teria, como coloca um operador, uma contrapartida, que seria uma maior exigência de produtividade pela empresa. No discurso de dois entrevistados aparece a idéia de que é preciso motivar a participação nos grupos: Eduardo (A.T.OP) conta que foi incentivado pelo chefe a montar um GARQ; enquanto que Jorge (A.T.OP), bastante ativo dentro do programa, coloca que costuma explicar aos novos o funcionamento dos grupos, motivando a participação.

Dois entrevistados, que fazem mais críticas ao sistema participativo da empresa (Márcio, A.T.OP e Nelson, A.M.OP), apontam os limites para a participação dos trabalhadores, já que estes não têm controle efetivo sobre o que a empresa faz. Nelson coloca que uma sugestão de mudança mais importante, como a questão da distribuição dos lucros, entraria no "*limite da ideologia da empresa*".

> "..agora a questão de administração aí a gente nem pode apitar nada. [Você acha que não pode apitar nada?] Eu acho que não, ...se falar ah isso aqui tá sendo mal organizado, tem que ser assim, é como eles querem, tem que ser como eles querem, pode até falar... eu acho que eles não vão dá ouvido, sei lá, porque tem gente só pra isso, a Alfa paga gente só pra isso, aí fica difícil a gente penetrar no meio disso aí. [Só para isso o quê?] Pra administrar esse tipo de coisa assim" (Márcio, A.T.OP)

Tipo de questões

Na unidade, os operadores também costumam fazer sugestões relacionadas ao seu próprio trabalho, que visam ao aprimoramento do processo produtivo (aumentando a qualidade ou a quantidade de peças produzidas) e/ou melhorias das condições de trabalho. Eventualmente, surgem idéias que não se relacionam diretamente com o seu trabalho, como uma cobertura entre o galpão da fábrica e o refeitório e uma homenagem aos trabalhadores que completam dez e quinze anos de empresa.

> "eu tenho mais uma [sugestão] de um puxador lá também, que tá com problema né. [Puxador do quê?] Ele puxa o material pra dentro da máquina. [A matéria prima?] É, puxa com... o material e a máquina transforma o tubo" (Marcelo, A.N.OP)

Alguns operadores da Acessórios também percebem que as sugestões beneficiam mais a empresa do que os trabalhadores. Isso aconteceria tanto porque é a Alfa quem lucra com as idéias e quem deu a idéia recebe pouco ou nada, como porque o aprimoramento do processo produtivo gera redução de pessoal. Para Rogério (A.N.OP), este tipo de sugestão não seria "*muito cabível*". Nelson (A.M.OP) coloca que as sugestões que são do interesse da empresa têm um andamento bem mais rápido, do que as voltadas para o bem estar dos trabalhadores.

Na fábrica, assim como nas outras unidades, a questão da distribuição do SARV surgiu no discurso dos operadores. A maioria mostra insatisfação com os critérios existentes, principalmente, por ser proporcional ao salário. Eles se consideram uma parte importante do processo produtivo, contudo, são os que recebem menos. A maioria pensa que a distribuição deveria ser igual para todos. Eduardo (A.T.OP) relata ter sido ele quem teria levado para o grupo de acompanhamento do SARV a idéia, rejeitada pela diretoria, de distribuir parte do SARV igual para todos e parte proporcional ao salário.

Também foram questionados outros aspectos relativos à distribuição do SARV. Rogério (A.N.OP) critica o fato de os operadores da noite receberem o mesmo valor que os do dia, sem acréscimo de 30 %, como ocorre com o salário. Telma (A.T.OP) considera injusto que quem recebe advertência não tenha direito à participação nos lucros. Já Márcio (A.T.OP) e Rogério (A.N.OP) acham que despesas gerenciais e investimentos não deveriam ser descontados do montante a ser distribuído. Ricardo (A.T.OP) aponta as dificuldades em se atingir as metas estabelecidas e, como estas vêm aumentando, ele imagina que no futuro não será mais possível atingi-las. Apenas três entrevistados consideram-se satisfeitos com a forma de distribuição do SARV, sendo que um deles chega a afirmar: "*A pessoa que ganha mais já tem o merecimento, não dá para ser muito contra, não posso comparar eu com um engenheiro mecânico.*" (Ricardo, A.T.OP).

Nível organizacional

Ao analisar suas possibilidades de participação na empresa, os operadores desta fábrica também consideram que participam através do seu próprio trabalho, produzindo com qualidade e evitando refugo, ajudando os outros e buscando aprimorar o funcionamento da sua célula ou máquina.

Vários operadores lembram de ter participado dos CCQs na empresa. Alguns desistiram de participar em grupos, já aqueles que estão nos GARQs vêem os dois tipos de grupo como uma continuidade.

O principal canal formal de participação no programa da empresa, como vimos, é através dos GARQs. Entre os entrevistados, cinco operadores participam desses grupos. Nádia (A.M.OP) é membro de um GARQ que nunca se reuniu. Nelson (A.M.OP) participa do GARQ responsável por uma sugestão escolhida para representar a empresa em concurso de qualidade empresarial, ficando com o segundo lugar. Outros três são líderes de grupo. Entre os oito entrevistados que não são membros de GARQs, dois pretendem participar de novos grupos que estão sendo criados pelo chefe da noite, por isto já participaram de um curso sobre solução de problemas.

Na Acessórios, os trabalhadores da produção também tinham representantes (um titular e um suplente por turno), no grupo de acompanhamento do SARV. Eduardo (A.T.OP) é o único operador entrevistado que havia sido representante, tendo uma avaliação positiva da experiência. Segundo ele, sua escolha foi feita por indicação do seu monitor, que era o representante anterior. O chefe aceitou a indicação e os outros concordaram com a escolha dele e de um suplente, que vem assistindo as últimas reuniões no seu lugar. Dois operadores comentam que foram ao conselho de líderes receber um diploma por sugestões feitas durante o bimestre. Entre os entrevistados, apenas Nádia (A.M.OP) refere-se a este conselho, contando que nunca compareceu. Segundo a mesma entrevistada, apenas os líderes participam e estão informados sobre o que acontece nestas reuniões.

Os entrevistados também mencionam a participação em outras instâncias da empresa. Maristela (A.T.OP) participou da CIPA há vários anos, contando com orgulho da experiência de ter sido eleita pelos colegas, tendo vencido uma chefia, que não aceitou bem sua eleição. Jorge (A.T.OP) e Rogério (A.N.OP) foram candidatos a membros da CIPA, mas não se elegerem. Marcelo (A.N.OP) é membro do grupo de bombeiros voluntários da fábrica.

Além das instâncias referidas, alguns consideram como uma forma de participação a inserção em outras atividades da empresa, como cursos, palestras e reuniões com as chefias. Nesta fábrica, as chefias fazem as reuniões mensais para informação sobre o andamento das metas estabelecidas, semelhantes às realizadas nas outras unidades. Também são feitas reuniões mensais de aniversariantes.

No que se refere à participação sindical, ao contrário das outras fábricas, a grande maioria dos operadores entrevistados é sindicalizada (onze). Contudo, mesmo os sindicalizados, geralmente, não participam do sindicato, com exceção de dois: Márcio (A.T.OP), que gosta de participar para manter-se informado e Telma (A.T.OP), que faz parte da diretoria do sindicato, única entrevistada em toda Alfa que é sindicalista.

Os operadores nem sempre expressam com clareza as razões para não participarem do sindicato. Márcio (A.T.OP) levanta duas hipóteses para a não participação dos colegas: medo ou falta de interesse. Três operadores que não participam referem uma identificação maior com a empresa do que com o sindicato, expressando uma espécie de escolha entre dois pólos antagônicos. Nelson (A.M.OP) não participa "*por desinteresse ou hábito*", mas acha que deveria. Ele apresenta uma concepção positiva, considerando que o sindicato seria uma arma, desde que os trabalhadores participassem, o que não ocorre por medo ou por outras razões, como acontece com ele próprio.

Telma (A.T.OP), mesmo participando da diretoria, prefere não misturar o sindicato com a empresa, pois acredita que vai precisar dela mesmo após o período de estabilidade. Ela é membro do conselho fiscal e fica liberada do trabalho quando tem atividades no sindicato, retornando depois para suas atividades normais, sem ficar "*pegando no pé do chefe ou do pessoal de RH*", como faz um colega seu que também é do sindicato.

A maior parte dos entrevistados fala pouco sobre o sindicato. Alguns operadores expressam, claramente, que não gostam da entidade, por considerarem que só faz "*barulho*", sem atender e até mesmo prejudica os interesses dos trabalhadores. Aparecem críticas à diretoria, que não sofreria as conseqüências (como no caso de demissões) e ficaria com os benefícios eventualmente conquistados a partir da luta (uma porcentagem do aumento).

"[Você não é sócio, nem participa do sindicato. Por que?] Olha isso aí eu botei na cabeça que não queria e nem pensei porque não e porque sim, isso aí eu não tenho idéia assim falar sobre isso aí." (Everaldo, A.M.OP)

Nessa fábrica, alguns operadores também revelam uma concepção assistencial de sindicato, que serviria para oferecer serviços como médicos, dentistas e advogados. Aparecem críticas pelo fato de o sindicato ter passado a cobrar pelo atendimento odontológico; alguns consideram que não é necessário recorrer ao órgão para se ter atendimento médico, já que a empresa oferece um bom plano de saúde. Um operador, que utiliza os serviços, elogia o sindicato por oferecê-los, dizendo que foi ajudado pela advogada do sindicato na sua aposentadoria e que a taxa cobrada pelo atendimento odontológico é pequena.

As críticas ocorrem, segundo Telma (A.T.OP), porque a entidade está desacreditada e as pessoas têm dificuldade de entender os seus problemas financeiros, acusando a diretoria de roubo[42]. Outro problema apontado, que contribuiu para o descrédito, foi a negociação salarial difícil e demorada, cujos resultados não favoreceram os trabalhadores. Tanto essa diretora como outros dois operadores referem-se ao esforço feito durante a negociação; os resultados negativos seriam decorrência, por um lado, da organização patronal e pouca disponibilidade da empresa e, por outro, da falta de organização dos trabalhadores.

Concepções sobre participação

Da mesma forma que nas outras unidades, os operadores da Acessórios revelam conceitos variados sobre participação, todos relacionados com o trabalho na Alfa, particularmente com o programa participativo. Em primeiro lugar, apareceu a concepção de que participar é fazer a sua parte, ou seja, trabalhar, produzindo com qualidade ou contribuindo com a empresa através de sugestões.

[42] O sindicato dos plásticos é importante na região, já que existem ali várias indústrias deste setor. A entidade é filiada a CUT. Na época da pesquisa de campo, os jornais estavam denunciando a diretoria por desvios de dinheiro.

> "[O que quer dizer participação, na tua opinião?] Eu acho que participação é trabalhar né, vim trabalhar, participando, fazendo um bom trabalho, uma boa qualidade, a gente tá participando" (Telma, A.T.OP)

Para Nelson (A.M.OP), participar significa não só produzir, mas fazê-lo com satisfação, criticando a empresa por não oferecer condições para isto.

> "[O significa uma pessoa participar?] Em primeiro lugar participar é gostar... fazer com amor, fazer gostando do que faz, fazer com prazer, ou seja, todo funcionário que trabalha insatisfeito ele não produz, ele gastou as 8 hora dele, se você sair perguntando aqui quantos que são satisfeito aqui, não vai dar a metade, acredito que não, então pra haver uma participação tem que haver satisfação, as coisa andam junto." (Nelson, A.M.OP)

Outra concepção foi a de que participar significa dar idéias, opiniões; um dos entrevistados entende que a participação só deve ser feita através de opiniões positivas, que contribuam com a empresa. Foi apresentada, ainda, a concepção de que participar é ser interessado, ativo, podendo, desta forma, ajudar os outros. Para Nádia (A.M.OP), participar é ter a possibilidade de acesso às informações sobre o que acontece na empresa. Rogério (A.T.OP) entende que partilhar lucros com a empresa é uma forma de participar.

Ao avaliarem sua participação no trabalho, a grande maioria considera que participa da empresa, apresentando diferentes justificativas para a auto-avaliação positiva. Entre as justificativas, destaca-se a visão daqueles que se consideram participantes porque procuram ajudar a empresa, trabalhando corretamente, buscando melhorias ou dando sugestões. Outras justificativas são: ser disponível para diferentes atividades (palestras, cursos), fazer o seu trabalho, fazer o que lhe cabe, brincar e conversar com os outros, gostar de estar informado e fazer solicitações e reclamações.

Dois entrevistados avaliam que participam pouco da empresa. Eduardo (A.T.OP) argumenta que tem suas obrigações no trabalho e não pode estar sempre participando, contudo acaba avaliando que sua participação é maior do que a dos outros. Márcio (A.T.P)[43] considera que não participa muito da empresa, só do que for do seu interesse, não tendo aceitado os convites de participar de um grupo de idéias e dos bombeiros.

A maioria também considera que participa fora da empresa. Alguns não expressam, com clareza, que tipo de participação é essa; outros se referem à participação na família. Um entrevistado afirma que costuma ajudar os vizinhos, outro diz participar na escola e há ainda um operador que se considera participativo porque busca atingir seus próprios objetivos (por exemplo: fazer um curso técnico), caracterizando uma perspectiva bastante individualista.

Dois operadores, Jorge (A.T.OP) e Ricardo (A.T.OP), consideram que não participam fora da empresa, pois não têm envolvimento na comunidade, no bairro, na igreja, ou em uma APP (associação de pais e professores de uma escola), como gostariam. Dessa forma, pode-se pensar que eles têm uma concepção mais ampla do que os seus colegas, dessa e das outras unidades, sobre o significado de participar.

Participação dos monitores

Grau de controle

Os monitores entrevistados nessa unidade são engajados no PAAP e mostram-se informados sobre o programa (a maior parte, parcialmente). Metade deles dá idéias, alguns costumam apoiar os subordinados na elaboração de sugestões (ajudando o operador a fazer a proposta ou mesmo passando uma idéia sua para o subordinado). Entretanto, incentivar a participação não é visto pela maioria

---

[43] Ele conta que deu uma sugestão que não foi aceita, mas depois viu implantada e duvida da justificativa do chefe de que a idéia já estava sendo desenvolvida antes de ele sugerir. Depois "*desta patada*", ele deixou de participar na empresa.

como papel do monitor; há inclusive monitores que revelam ter pouco tempo para participar, devido ao ritmo intenso de trabalho.

> "[Você participava dos CCQs, mas não continuou participando dos GARQs?] É, é por causa que... não é que eu não quisesse, é quem tem os grupos né, então entraram outras pessoas e você tem... você tem dias tipo... agora que nem você falou né, que a gente tava naquele corre-corre, então eles já tão na máquina, tão mais livre então... e a gente ajuda por fora naquilo que pode" (Vicente, A.N.MO)

Em geral, os monitores sentem-se satisfeitos em receber uma participação nos lucros, mas também apontam críticas ao sistema. A maior parte está informada sobre o SARV e revela satisfação em receber. Apesar dessa satisfação, Vilson (A.T.MO) acha que "*rendeu pouco demais*"; Edson (A.T.MO) pensa que as metas deveriam ser mais fáceis de atingir e Neves (A.M.MO) lembra que houve desconfiança em relação ao sistema, quando a distribuição foi baixa, embora saiba que isso ocorreu devido à diminuição das vendas.

Assim como para os operadores e colegas das outras unidades, a possibilidade de participar através de sugestões, que são analisadas, e dos grupos, bem como o acesso às informações, transmite o sentimento de valorização para os monitores da Acessórios.

> "que sempre é pego de cada setor ou um... uma pessoa... um tipo de um porta-voz né que vai lá. [No grupo que discute o SARV?] Isso do grupo, vai lá participa e depois nos transmite né, daí a gente tá sempre informado daquilo que a empresa pensa e daquilo que tá acontecendo, isso eu acho interessante porque você sabe... então... tipo ali nós temo... aquele quadro ali de gráfico, até eu, como sou curioso, todo dia eu vou ali ver como é que ele tá, passou a meta, se a meta tá baixa, daí você já mais ou menos... já tem um conhecimento" (Vicente, A.N.MO)

Ao avaliarem o funcionamento do sistema de sugestões atual da Alfa, os monitores também consideram que os GARQs funcionam melhor que os CCQs. Foram apontadas diversas críticas aos CCQs: havia certo desânimo em relação a eles; a participação era cobrada, tornando-se obrigatória na prática; as reuniões eram depois do horário e o pessoal se interessava mais pelo lanche que era fornecido. O programa atual é avaliado, positivamente, pela participação ser voluntária, pela remuneração das sugestões, pela possibilidade de participar de todo o desenvolvimento das idéias, por haver retorno e valorização das contribuições e por ser possível participar, enviando a sugestão por escrito, sem precisar ir à reunião. Apesar das críticas, Vilson (A.T.MO) relata que gostava de participar dos CCQs.

Os monitores também fazem colocações que revelam que o programa participativo funciona como estratégia de motivação para participação e/ou produção dos trabalhadores. Existe satisfação com os incentivos econômicos e uma avaliação de que o clima melhor favorece a produção.

> "[O que você acha do SARV?] Ah é muito bom também, ...tudo que a gente vê que vai ter um retorno, todo ele vai se esforçar um pouquinho mais,... A gente podia até comparar uma outra coisa... vamos dizer... um elefante lá no circo, ele faz aquelas brincadeira toda lá porque ele sabe que lá no final o treinador dele vai dar alguma coisa pra ele né, aqui eu acho que não é nada diferente, a pessoa sabendo que se ele se esforçar um pouquinho, mais ele vai ter um retorno, porque não? [Você acha que é uma motivação para as pessoas trabalharem mais?] É, exatamente" (Frederico, A.M.MO)

Tipo de questões

Os monitores referem-se apenas a sugestões relacionadas com o trabalho, dadas pelos operadores ou por eles próprios. Aqui também surgem questionamentos (feitos por quatro entrevistados) a respeito da distribuição do SARV, pois eles consideram que deveria ser igual para todos. Neves (A.M.MO) diz ter sido uma das pessoas que sugeriu a modificação na distribuição, mas que a idéia não foi aceita, principalmente, pela gerência, pois a diretoria "*até que aceita*".

Nível organizacional

Dois monitores apontam que uma das possibilidades de participação dos operadores (e deles próprios) na empresa é através do próprio trabalho. Entre os entrevistados, quatro monitores relatam ter participado dos CCQs, dois não participam mais de grupos e um coloca que seu grupo continua praticamente o mesmo. Metade dos monitores participa dos GARQs; um monitor que não participa argumenta que, nessa função, é difícil participar por causa do "*corre-corre*", mas que procura ajudar no que pode.

Neves (A.M.MO) foi representante do grupo de acompanhamento do SARV e avalia que isso lhe possibilitou o acesso às informações sobre a empresa. Vilson (A.T.MO) fala de sua participação em uma reunião do conselho de líderes. Os monitores também referem à participação em outras instâncias da empresa. Edson (A.T.MO) participa do grupo de bombeiros voluntários. Frederico (A.M.MO), membro da CIPA_por várias gestões_(eleito pelos trabalhadores e indicado pela empresa), lembra ainda de ter participado, há bastante tempo, como representante da fábrica, de um grupo que discutiu o plano de cargos e salários. Vicente (A.N.MO) relata que os monitores do seu turno costumam conversar diariamente com o chefe sobre o trabalho e também participam das reuniões mensais com a chefia.

Embora a maioria dos monitores seja sindicalizada, com exceção de um, nenhum deles participa da entidade. Vilson (A.T.MO) lembra ter tido problemas com o sindicato, porque foi considerado "*puxa saco da empresa*". Ele não participa, mas acha que é bom ser sócio porque se pode precisar (em relação "*aos direitos*"). Considera que a Alfa "*não marca*" quem vai ao sindicato, como fazem outras empresas e revela uma concepção assistencial da entidade.

> "[Você costuma participar do sindicato?] Assim em reunião deles quase eu... venho pouco, fui duas vezes, os cara discutem mais do que não sei o que aí..., os cara não se entendem entre eles, então o cara vai fazer o quê? ...aí só que sempre ganham dinheiro da gente assim" (Vilson, A.T.MO)

Tal como os operadores, os monitores falam pouco sobre o sindicato; três entrevistados deixam claro que não gostam da entidade. Vicente (A.N.MO) diz que é "*100% contra o sindicato*" e conta uma experiência negativa de um irmão seu, que trabalha em outra empresa, durante uma greve. Outros dois mostram desconfiança em relação à direção sindical, pois "*o pessoal rouba mesmo*" (Edson, A.T.MO) e existe "*uma sujeira muito grande*" (Neves, A.M.MO). Este último considera que o sindicato prejudica os trabalhadores perante a empresa. Contrariando as opiniões dos colegas, Frederico (A.M.MO) diz gostar do sindicato porque sempre foi atendido quando solicitou informações.

Concepções sobre participação

Os monitores apresentaram concepções bastante variadas sobre participação, em geral, relacionadas à situação de trabalho. Metade deles entende que participar é trabalhar, fazer a sua parte, empenhando-se ao máximo para que tudo dê certo, ou "*pegando junto*" no trabalho. Participação pode ter o sentido de dar opiniões, sendo que aquele que não opina não pode reclamar quando algo dá errado. Também foi colocado que participar é ter acesso às informações.

Vicente (A.N.MO) conceitua participar como decidir junto, utilizando, como exemplo, uma situação familiar, ou seja, saindo da situação de trabalho. Celso (A.M.MO) que havia, inicialmente, apresentado um conceito ligado ao trabalho, amplia sua visão dizendo que não se refere só à empresa, mas também pode ser participação na sociedade.

"então participação não é só dentro de uma empresa, ...você tem que participar na sociedade, indo em câmara de vereadores, exigir... já que você elegeu um vereador, um prefeito lá em cima, você também tem o direito lá de participar e pedir por melhorias... Por fora também tem que participar, ir em igreja né, em tudo, é onde você vai ter o direito de reclamar, senão infelizmente o cara vai ser um... um Zé Ninguém, nunca participou de nada, nunca vai tá por dentro de nada." (Celso, A.M.MO)

A maior parte dos entrevistados (quatro) considera que participa da empresa, apresentando algumas justificativas para esta auto-avaliação: dá idéias e opiniões, empenha-se, é responsável, tem iniciativa e ajuda os outros. Dois monitores avaliam que participam, em parte, da empresa: Neves (A.M.MO) diz que gostaria de se desenvolver mais e Vicente (A.N.MO) que poderia participar mais, como por exemplo do grupo do SARV.

Em geral, eles também avaliam que participam fora da empresa. Vilson (A.T.MO) considera que participa até mais, porque é "*mais brincalhão*" fora do trabalho. Dois entrevistados referem-se à participação em casa, com a família. Apenas Frederico (A.M.MO) tem uma forma mais ampla de participação, participou da APP da escola dos filhos, foi membro da diretoria da igreja e outras atividades comunitárias.

Celso (A.M.MO) considera que poderia ser mais atuante fora da empresa, pois, por falta de tempo, não participa da sociedade. Neves (A.M.MO) avalia que não participa fora da empresa porque não tem envolvimento com a comunidade. Esses monitores revelam, assim, uma concepção mais ampla de participação.

Participação dos chefes de fábrica

Grau de controle

Os chefes percebem o PAAP como um todo integrado, do qual faz parte o programa de participação nos lucros. Eles estão informados sobre o SARV, sendo sua função passar para todos os subordinados informações mensais sobre as metas, o quanto estão sendo atingidas ou não. Sousa (A.M.CF) fez parte de um grupo que discutiu e implantou o programa participativo da empresa. Ele relata que, inicialmente, questionou se o sistema iria dar certo, pois a literatura mostra que incentivos financeiros podem ser motivadores apenas, no início. Hoje, está satisfeito com a proposta desenvolvida depois de muita discussão; pensa que está dando certo na Alfa.

Ao avaliarem o funcionamento da gestão participativa na empresa, os dois entrevistados revelam percepções diferentes. Enquanto Sousa (A.M.CF) tem uma avaliação bastante positiva, pois considera um sistema que "*dá mais trabalho, mas é muito melhor*", Valter (A.T.CF) percebe que os chefes têm poucas oportunidades de exercer influência nas decisões de maior peso.

> "[Como você avalia o sistema participativo da Alfa?] É uma tentativa, tá muito a nível de informação, ...nós não temos assim... muitas oportunidades de dar assim opiniões... a chefia.... O P... [gerente de produção] ...ele costuma envolver a gente em alguma coisa né, o que vai acontecer, o que que acha, pedir informação, ele costuma fazer isso daí, mas ainda é..., eu não sei se porque é alguma coisa ainda muito nova, ...administração participativa a nível de informação, oh nós tamos dizendo pra vocês o que vai acontecer na empresa, ...quais são as nossas metas, qual que vai ser o nosso crescimento, quais as empresas que nós vamos abrir, ...que as decisões mais importantes são tomadas por eles, pela diretoria mesmo né, se vai ser aberto uma fábrica de tubos ou se é viável ou não, tudo isso eles decidem no caso, eles tem realmente mais bagagem pra decidir sobre isso porque é o dinheiro deles né, eu se fosse dono da empresa eu também faria isso" (Valter, A.T.CF)

Relativamente ao programa de sugestões, Sousa (A.M.CF) avalia que o atual é melhor do que o CCQ, já que hoje só participa de grupo quem quer e quem não está nos grupos pode participar através de sugestões por escrito. Valter (A.T.CF) considera o sistema positivo, mas tem dúvidas sobre a remuneração das sugestões, pois pode acontecer de as pessoas só darem idéias que dêem retorno financeiro; mas por outro lado, isso é uma forma de incentivo. Ele acredita que o andamento das sugestões é lento, dependendo da aprovação de outros setores. Valter (A.T.CF) avalia que o funcionamento do programa precisa ser melhorado, treinando o pessoal na condução de reuniões, por exemplo.

Valter (A.M.CF) lembra que os trabalhadores estão desmotivados, o que é demonstrado por atos, como escrever nas portas dos banheiros ou colocar "*bicos de injeção*" nos vasos sanitários. Ele acredita que uma modificação na distribuição do SARV poderia resolver o problema de motivação. Considera o programa de sugestões motivador, pois a pessoa fica satisfeita em dar uma idéia de melhoria, mesmo não remunerada.

Tipo de questões

Os chefes participam de questões relativas ao seu próprio trabalho, solucionado os problemas da produção. No que diz respeito a questões mais amplas, como a introdução de inovações, Valter (A.T.CF) considera que não tem possibilidade de participar, nem mesmo da escolha de máquinas novas ou de mudanças no *lay-out* da fábrica. Já Sousa (A.M.CF) afirma que a gerência e a direção da empresa chamam os chefes para participar e discutir idéias. Como foi apontado, Sousa (A.M.CF) colaborou na formulação do atual modelo de programa participativo da Alfa.

Outro ponto que os chefes da fábrica consideram discutível é a distribuição do SARV, tema que não aparece no discurso dos chefes das outras unidades. Os dois entrevistados (Valter e Sousa) pensam que deveria ser melhorada a remuneração de quem ganha menos, mas, segundo eles, nem todos os chefes pensam dessa forma. Essa é uma questão que pretendem continuar discutindo na empresa.

> "...não adianta você fincar o pé e dizer pra diretoria que você quer assim [mudar a distribuição do SARV?], você tem que ir

aos poucos conversando um pouco, no ouvido direito deles e ir dando toque... [No ouvido direito?] ...que o sindicato e outras pessoas falam no ouvido esquerdo né, aí você tem que ir no ouvido direito e [risadas]..., tentando colocar alguma coisa de positivo dentro da cabeça do pessoal..." (Valter, A.T.CF)

Nível organizacional

Assim como nas outras unidades, o papel das chefias dentro do programa participativo é incentivar e orientar a participação: o preenchimento dos formulários de PAS, a coordenação de reuniões, a avaliação das sugestões dadas, a implementação de reuniões mensais com os subordinados, bem como outras atividades ligadas ao programa. Em relação às sugestões, Sousa (A.M.CF) diz que, mesmo quando percebe que uma proposta não vai dar certo, prefere que a própria pessoa se dê conta, ao invés de, simplesmente, rejeitar.

Além de reuniões sistemáticas com gerentes e diretores, principalmente com o gerente de produção, os chefes podem participar de outras atividades que envolveriam a inserção em níveis mais altos na empresa; contudo, nem todos se envolvem com estas atividades. Nessa fábrica, Sousa (A.M.CF) participa de um comitê de produtos que deverão ser lançados (a informação foi dada por Valter, A.T.CF). Também participou de um grupo que discutiu e implantou o PAAP e fez a avaliação de um programa de treinamento para chefias[44].

Concepções sobre participação

As concepções apresentadas pelos chefes foram: unir forças, trocar idéias, ser dinâmico e participante. Valter (A.T.CF) acredita que é preciso ter um ambiente favorável à participação.

Sousa (A.M.CF) tem uma auto-avaliação positiva sobre sua participação, pois se considera uma pessoa "*pró-ativa*", que gosta e participa dentro e, especialmente, fora da empresa, desenvolvendo

---

[44] Viajou junto com o coordenador de treinamento para avaliar um curso que, se aprovado por eles, seria trazido para diversas chefias da empresa. Sousa (A.M.CF) mostrou-se bastante satisfeito por ter sido designado para esta tarefa.

diversas atividades comunitárias, junto à igreja que freqüenta, coordenando grupos (de jovens, noivos e casais).

Valter (A.T.CF) diz que poderia participar mais. Na empresa, gostaria de aprender a organizar melhor seu tempo, para ter maior disponibilidade para participação, mas, por outro lado, afirma que "*às vezes falta saber a maneira de como participar, até onde eu posso participar*". Fora da empresa, participa em casa, com a família, mas gostaria de envolver-se mais em atividades comunitárias; tem procurado ajudar na igreja, apesar da dificuldade em conciliar com o seu horário de trabalho.

Os dois entrevistados revelam concepções de participação mais amplas do que os chefes das outras unidades, pois, independentemente da maior ou menor inserção, reconhecem a importância da atuação em outras esferas sociais, como na comunidade.

Considerações sobre a participação na fábrica antiga

A Acessórios é uma unidade importante por ser a matriz e mais antiga do grupo, tendo passado por todas as mudanças da Alfa, inclusive as transformações no programa participativo. Em relação ao PAAP, é interessante observar que a equipe de coordenação do programa trabalha na mesma planta, o que facilita o contato com os trabalhadores da unidade. Isso pode explicar o fato de todos os entrevistados, mesmo aqueles que não estão engajados, estarem, ao menos parcialmente, informados sobre o programa. A participação dos integrantes da fábrica, embora maior do que na Conexões, não é tão grande quanto na Fitas. Eles apresentam um grau relativo de informação sobre o programa, mas nem todos participam.

Também nessa unidade aparecem as dificuldades de efetivação do programa de sugestões (falta de propostas e de reuniões de GARQs) e, apesar de algumas críticas, os trabalhadores mostram satisfação por participar, através de sugestões e, principalmente, pela remuneração recebida através do SARV. Essa recompensa é percebida como uma forma de motivação para o trabalho, tal como acontece nas outras unidades. No entanto, na Acessórios, dois operadores entrevistados conseguem analisar essa estratégia empresarial desde uma perspectiva crítica, apontando os limites para a sua participação.

De fato, ao se analisarem as três dimensões para participação dos trabalhadores, é possível perceber que os operadores e monitores dessa fábrica também têm possibilidades restritas de participar. Em relação ao grau de controle, repete-se o padrão da Conexões, ou seja, essas duas categorias profissionais podem participar apenas por sugestões, que são avaliadas e aprovadas ou não pelos chefes, caracterizando, assim, uma influência bastante limitada. Os monitores entrevistados, embora mais engajados no programa do que os operadores, também não se preocupam em incentivar a participação dos subordinados.

Os chefes dessa fábrica tomam decisões rotineiras sobre o trabalho e sobre as sugestões dos subordinados, o que pode ser considerado um grau de controle parcial, correspondendo a um gerenciamento conjunto da fábrica. Ambos percebem possibilidades diferenciadas de influenciar sobre as decisões. Valter (A.T.CF.) gostaria de ampliar sua influência, pois considera que participa muito mais sendo informado do que influenciando nas decisões. Sousa (A.M.CF.), ao contrário, percebe que tem autonomia nas tomadas de decisões. Eles estão bastante informados e engajados no PAAP, procurando incentivar a participação dos subordinados.

Com relação ao tipo de questões, observa-se aqui que os trabalhadores apresentam as mesmas limitações observadas nas outras unidades. Tanto operadores como monitores exercem influência limitada às questões relativas ao próprio trabalho ou ao de colegas. O questionamento a respeito da distribuição do SARV está mais presente no discurso dos entrevistados dessa fábrica do que nos da Conexões. Mesmo os chefes vêm tentando influenciar sobre essa questão.

Assim como nas outras unidades, os chefes da Acessórios envolvem-se com questões relativas a todo o processo produtivo da fábrica, o que corresponde a uma forma parcial de participação. Entretanto, em relação a essa dimensão podem-se observar diferenças significativas entre os dois chefes. Enquanto Valter (A.T.CF.) participa apenas das decisões rotineiras da fábrica, Sousa (A.M.CF.) é convidado a participar de questões mais amplas, como o próprio modelo de programa participativo.

As instâncias para participação dos trabalhadores são, como vimos, as mesmas nas três unidades. Tanto os operadores entrevistados dessa fábrica como alguns monitores consideram que a realização de suas atividades rotineiras é uma forma de participação. Eles também participam dos GARQs, mas apenas cinco operadores (entre treze) e metade dos monitores fazem parte desses grupos. Com isto, vemos que esse canal não é usado pela maioria. A inserção dos operadores e monitores em grupos de pares (nas células de produção ou nos GARQs) também pode ser considerada uma forma de participação parcial.

Entre os entrevistados,foram encontrados dois (um operador e um monitor) que são também membros do grupo de acompanhamento do SARV, o que lhes possibilita mais acesso às informações. Também nessa unidade os entrevistados estão inseridos em outras instâncias, dentro e fora do programa participativo, como a CIPA e o grupo de bombeiros. A participação em todas estas instâncias ainda pode ser considerada parcial, pois não insere os trabalhadores em níveis organizacionais mais amplos.

Tal como nas outras unidades, os chefes participam em atividades desenvolvidas sistematicamente com pares e subordinados, bem como de reuniões com gerentes e diretores, ou seja, estão inseridos em instâncias relacionadas com a própria fábrica, o que caracteriza uma forma parcial de participação quanto ao nível organizacional. Entretanto, os chefes também apresentam diferenças no que diz respeito a essa dimensão, já que um dos chefes, Sousa (A.M.CF.), insere-se, eventualmente, em instâncias mais amplas, relacionadas com todo o grupo organizacional, como o comitê de produtos novos ou o grupo que discutiu e implantou o PAAP.

A inserção sindical na Acessórios destaca-se das outras unidades, pois a maioria dos entrevistados é sócia do sindicato, embora apenas dois operadores participem mais efetivamente, incluindo uma diretora da entidade. Também aqui aparecem as percepções negativas sobre o sindicato e a tendência a optar pela empresa, o que sugere uma espécie de "escolha" entre dois pólos antagônicos. Considerando que a introdução de programas participativos é uma estratégia de modernização, utilizada pelas empresas brasileiras para desmobilizar a participação sindical (Humphrey, 1994 e Lobo, 1993), pode-se pensar que a Acessórios, como fábrica mais antiga, seria, justamente, aquela na qual os trabalhadores ainda se mantêm mais próximos do sindicato, comparativamente aos das outras unidades.

As concepções sobre participação dos entrevistados dessa fábrica se relacionam com o seu trabalho na Alfa; para a maioria dos operadores e monitores entrevistados, participar é cumprir com a sua parte no trabalho. Um dos monitores apresenta uma visão bem mais ampla, de participação na sociedade. Os chefes revelam concepções genéricas, não ligadas diretamente ao trabalho na Alfa. Pode-se perceber que, tal como na Conexões, o programa participativo não determina as concepções dos integrantes da Acessórios da mesma forma do que ocorre na Fitas.

A maior parte dos entrevistados considera que participa plenamente na empresa, com exceção de dois operadores, dois monitores e de Valter (A.T.CF.), único chefe que se mostra insatisfeito com sua participação no trabalho. Como foi visto, ele considera que existem limitações para que participe na Alfa. Em geral, os entrevistados também se consideram participativos fora da empresa, contudo tendem a justificar apontando esferas restritas, individuais ou familiares. Apesar dessa tendência mais geral, apareceram exceções: dois operadores que consideram que não participam, por não ter participação comunitária; um monitor e um chefe que participam de sua comunidade e outro chefe que gostaria de ampliar sua participação, atuando também na comunidade. Dessa forma, é possível notar que, embora não predominem, as concepções mais amplas são mais freqüentes entre os integrantes da Acessórios do que nas outras unidades.

PARTE II:
PERFIS DE TRABALHADORES PARTICIPATIVOS

3
Identificação nas organizações

A reestruturação produtiva ocorrida no Brasil nas últimas décadas do século XX, com a introdução de tecnologias microeletrônicas e mudanças da gestão das organizações, articuladas com uma reordenação do próprio aparelho do Estado (desregulamentação e abertura ao capital estrangeiro), suscitam uma série de conseqüências no contexto das relações de trabalho É possível destacar algumas: aumento do desemprego e do trabalho informal, precarização do emprego, compressão salarial, desarticulação do movimento sindical e alterações na estrutura do mercado de trabalho.

No interior das organizações, o trabalhador é chamado a ocupar um lugar de "destaque", de sócio ou parceiro do processo produtivo. Para desempenhar esse papel, é preciso mudar o próprio modo de ser do trabalhador; as organizações constituem-se, assim, em um espaço de socialização e de mobilização das subjetividades. Dentro dessa perspectiva de construção de um novo perfil de trabalhador, requerem-se, não só sua adesão e identificação com a organização, mas, também, a ampliação de capacidades objetivas, como maior nível de escolaridade, flexibilidade, polivalência e autonomia no desempenho de suas tarefas, que se constituem, dessa forma, em novos requisitos de qualificação.

Através da participação, a organização pode superar a dicotomia entre os conhecimentos formais, das gerências, setores de planejamento e administração, com o saber-fazer informal do chão de fábrica, controlando esse saber, anteriormente ignorado. "Daí, toda a importância que adquire, não só o discurso sobre participação, mas o desenvolvimento de grupos participativos, como elemento principal que vai articular a passagem do informal e clandestino para o formal e controlável" (Corrêa e Pimenta, 1999, p. 1372).

Colbari e Bianco (1994) analisaram a adesão dos trabalhadores ao discurso empresarial, via estratégias que criam a ilusão de participação, dentro de empresas brasileiras que introduziram Programas de Qualidade Total, de inspiração japonesa. As autoras consideram que esses programas fazem parte de modelos de gestão que dissimulam estratégias de coerção explícitas, optando pela utilização de formas simbólicas e subjetivas de adesão. Ao analisar o impacto psicológico das práticas gerenciais japonesas, Lima (1994, 1996[a], 1996[b]) conclui que as políticas de recursos humanos desse tipo de empresa resultam em "uma forte identificação dos empregados com a empresa e com seu projeto de dominação" (Lima, 1994, p. 120).

A presença, cada vez maior, das novas estratégias de gestão de recursos humanos, paralelamente à automatização dos processos industriais, levanta uma série de questões relativas às repercussões dessas transformações sobre a atividade psicológica dos trabalhadores. Ao analisar o trabalho de metalúrgicos polivalentes de um grande grupo automobilístico na França, Clôt (1990) conclui que as mudanças tecnológicas, econômicas e organizacionais não são um simples contexto, mas são constitutivas da atividade psicológica do sujeito.

Clôt (1990) compara o modelo taylorista de organização do trabalho, no qual a prescrição das tarefas é bastante rígida, com novas formas de gestão em fluxo contínuo, particularmente, o *just-in-time*, em que é mais importante atingir objetivos previamente definidos, não ocorrendo uma prescrição das tarefas. O autor considera que, em certa medida, ocorre uma passagem "de uma prescrição taylorista das operações para uma prescrição *just-in-time* da subjetividade" (p. 317). Essa afirmação nos remete à idéia de que o trabalhador passaria não só a agir conforme o determinado pela empresa, mas deveria, até mesmo, pensar de acordo com o que lhe é prescrito.

O autor aponta para o "custo subjetivo" de uma atividade sem sentido para os sujeitos que a realizam. Comparando novamente as duas formas de organização do processo de trabalho, afirma que a eficácia produtiva estaria relacionada com a eficiência dos gestos no taylorismo, ao passo que o novo sistema de produção relacionar-se-ia, diretamente, com o sentido que os homens dão à sua atividade. Segundo ele, isso explicaria o crescimento das políticas de mobilização dos recursos humanos nas organizações que está ocorrendo na França.. No Brasil, o que se observa são movimentos contraditórios: por um lado, as empresas de ponta tendem a apresentar estratégias de envolvimento da mão-de-obra, via participação dos trabalhadores, mas, por outro lado, a herança autoritária e de desvalorização dos recursos humanos ainda está presente na cultura organizacional.

Apesar desses movimentos contraditórios, a tendência é que as empresas modernas busquem, cada vez mais, o comprometimento dos seus trabalhadores via estratégias participativas. As conseqüências desse comprometimento ou dessa forma de identificação do indivíduo com a organização certamente não são totalmente previsíveis, portanto não se pode dizer, *a priori*, negativas. Entretanto, já foi apontado que as perspectivas dos trabalhadores têm sido pouco contempladas nesse processo.

Cabe lembrar que as transformações em curso não são homogêneas e os trabalhadores, certamente, não são agentes passivos. Dessa forma, diferentes condições de trabalho, mesmo no interior de uma organização, podem produzir diferentes perfis de trabalhadores. Cabe, então, questionar quem é ou quem são esses trabalhadores chamados a se identificarem com os valores e objetivos das organizações com estratégias participativas de gestão.

Identidade e trabalho

Perguntar quem são, afinal, os trabalhadores que se inserem nas organizações modernas remete à questão da identidade. O interesse sobre a temática da identidade é uma tradição antiga em diversos campos do conhecimento humano. Tomando como referência uma tradição filosófica, as ciências humanas têm resgatado o tema na sua busca por compreender o homem.

Identidade é um conceito dinâmico. Simples perguntas, como "quem sou eu?" ou "quem é você?", abrem uma série de possibilidades, cujas respostas envolvem a consideração da presença do outro, já que a "identidade do outro reflete na minha e a minha na dele" (Ciampa, 1985, p. 59). Essas questões implicam, também, situar quem se identifica em um espaço e um tempo social, pois, como colocam Berger e Luckmann (1999), "a identidade é objetivamente definida como localização em um certo mundo e só pode ser subjetivamente apropriada juntamente com este mundo" (p. 177).

A construção da identidade ocorre dentro de uma relação dialética entre indivíduo e sociedade, na qual um se identifica e se transforma a partir do outro. A partir dessa relação, o sujeito assimila a realidade, mas também é capaz de realizar uma reprodução ativa de sua experiência social (Jacques, 1993). Para Berger e Luckmann (1999), cada membro da sociedade, ao mesmo tempo, exterioriza seu modo de ser no mundo e o interioriza. A interiorização do mundo objetivo ocorre através da socialização primária (infância) e secundária dos indivíduos.

Diversos outros autores, dentro do campo da psicologia social, associam o estudo da identidade com a análise dos processos de socialização. Martin-Baró (1988) considera a socialização como "aqueles processos psicossociais nos quais o indivíduo se desenvolve historicamente como pessoa e como membro de uma sociedade" (p. 115). Para o autor, a socialização implicaria três processos de desenvolvimento: histórico, da identidade pessoal e da identidade social.

A socialização é um processo histórico na medida em que não é imutável ou previamente definida, mas decorre de situações históricas concretas. Assim, o tipo de sociedade, o grupo ou a classe social são exemplos de variáveis concretas que vão influenciar os diferentes processos de socialização.

Cada pessoa constrói, com suas características singulares, sua identidade pessoal através das relações sociais. A sociedade é, portanto, um elemento constitutivo e não externo a essa identidade. Por outro lado, é através da socialização que o indivíduo é marcado pelas características do grupo social e da sociedade em que ele está inserido, constituindo, assim, sua identidade social. Para Martin-Baró (1988) ambos os processos são inseparáveis. "Não há identidade pessoal que não seja ao mesmo tempo e da mesma forma identidade social." (p. 117) Segundo Jacques (1996), o termo identidade social tem sido empregado no campo da psicologia social para referir-se:

> à consciência de pertencer a determinado grupo social e à carga afetiva que essa pertença implica. Enquanto apresentada como um processo dialético, a identidade social facilita a incorporação de valores e normas do grupo social, implica uma participação ativa do sujeito na construção da identidade grupal e afeta o contexto histórico em que ocorrem estas relações concretas. Por sua vez, as estruturas sociológicas influenciam as representações que os indivíduos fazem de si, enquanto representações do eu. Alguns espaços de trabalho e/ou categorias profissionais, pelas suas especificidades, em geral associadas a prestígio e desprestígio social, proporcionam atributos de qualificação e/ou desqualificação ao eu (p. 44).

A configuração da identidade supõe, contraditória e simultaneamente, igualdade e diferença. Ao nos identificarmos, nomeamos características que nos diferenciam e nos igualam aos outros, já que a identidade de cada um é constituída pelos grupos de que faz parte. Para Ciampa (1985), esses grupos definem-se através das relações estabelecidas entre seus membros, isto é, através da sua prática, de suas ações. É, antes de tudo, pelas suas ações no mundo que os homens se identificam, "é pelo agir, pelo fazer, que alguém se torna algo: ao pecar, pecador; ...ao trabalhar, trabalhador" (p. 64).

Ciampa (1985, 1987 e 1998) tem se dedicado ao estudo da identidade, questionando as concepções estáticas, que a consideram algo que está dado *a priori*, reafirmando a idéia de movimento e, mais do que isso, de metamorfose. O autor define "identidade humana como metamorfose... ou seja o processo de permanente transformação do sujeito humano, que se dá dentro de condições materiais e históricas dadas" (Ciampa, 1998, p. 88). É essa inserção no mundo que permite ao homem tornar-se, efetivamente, humano[45]. Contudo, a transformação da identidade pode ocorrer como simples reposição do mesmo, impedindo a efetiva emancipação do homem, capaz de libertá-lo de sua condição animal.

O sujeito se insere no mundo, e na História, através do cotidiano. Para Mello (1994), o cotidiano produz a identidade, ao mesmo tempo em que a legitima. Ao filtrar, selecionar, incorporar ou não suas experiências cotidianas, o sujeito procura organizar um conjunto estável, que ele percebe como sendo o seu eu. A identidade é percebida como "o núcleo do que permanece idêntico, segundo a percepção do sujeito, diante das mudanças do devir... [já que ele] ...mantém consciência de sua própria unidade" (p. 25).

Ainda que o sujeito possa perceber sua identidade como possuindo um núcleo ou essência, estudos contemporâneos no campo da psicologia têm questionado concepções teóricas de "sujeito como possuidor de uma natureza ou essência. Ao contrário, ele é produto e produtor, nunca pensado como algo acabado, mas em constante movimento e, assim, com ilimitadas possibilidades de ser" (Coimbra e Leitão, 2003, p. 9).

A concepção de sujeito, desenvolvida a partir de estudos psicanalíticos, também pode contribuir para a compreensão da identidade,

---

[45] Tendo como base as concepções de Habermas, Ciampa (1998) aponta duas condições necessárias para a reprodução da vida humana: o trabalho social e o princípio familiar de organização.

embora a psicanálise tenha, tradicionalmente, dado pouca ênfase ao estudo do tema. Freud estabeleceu o conceito de identificação, que consiste no "Processo psicológico pelo qual um indivíduo assimila um aspecto, uma propriedade, um atributo do outro e se transforma, total ou parcialmente, segundo o modelo desta pessoa. A personalidade constitui-se e diferencia-se por uma série de identificações" (Laplanche e Pontalis, 1971, p. 295) Esse conceito foi adquirindo progressiva importância na obra de Freud, pois a identificação é concebida por ele não apenas como "um mecanismo psicológico entre outros, (mas sim) a operação pela qual o indivíduo humano se constitui" (p. 296).

Revuz (1997) alerta sobre as diferenças entre o uso corrente que se faz do conceito de identificação e a concepção psicanalítica. O primeiro caso, muitas vezes, refere-se ao processo pelo qual o sujeito adere ao conjunto de representações e de comportamentos característicos de um grupo profissional, constituindo, assim, sua identidade profissional. A autora considera que, desta forma, toma-se uma concepção de sujeito unificado, com uma identidade estável, que entra em "transações" intersubjetivas e que pode correr o risco de assimilar os "objetos sociais (ofício, posto, carreira) com objetos psíquicos" (p. 26). A psicanálise tem como referência os processos psíquicos inconscientes, desta forma:

> Se se admite que o trabalho mobiliza o sujeito psíquico para além da adaptação a comportamentos e sistemas de representação já dados na realidade social, é preciso se perguntar como estes elementos do mundo social existem para o sujeito enquanto representações psíquicas inconscientes, e como podem ser objeto de identificação, no sentido freudiano desta vez (processo inconsciente realizado pelo eu quando este se transforma em um aspecto do objeto) (p. 26).

No campo psicanalítico, é importante lembrar o trabalho desenvolvido por Erikson, apresentado no seu clássico livro *Identidade, juventude e crise*, no qual considera a identidade um problema universal, "pois estamos tratando de um processo 'localizado' no âmago do indivíduo e, entretanto, também no núcleo central de sua estrutura coletiva, um processo que estabelece de fato a identidade dessas duas identidades" (Erikson, 1976, p. 21). Para o autor, o indivíduo constrói seu eu por meio de um processo de desenvolvimento que supõe a superação de conflitos entre ele próprio e o mundo social. Cada uma das oito etapas desse desenvolvimento seria caracterizada por um conflito básico[46].

A partir da concepção psicanalítica de sujeito, relativa ao desejo ou ao inconsciente, Costa (1989) desenvolve uma concepção de identidade socialmente construída, que corresponde a tudo que o sujeito vivencia como "eu", e, portanto, oposto ao "não eu". A identidade psicológica (diferentemente de outros sistemas identitários) "é o sistema de representações que se mostra à consciência do sujeito como aquilo que não é apenas atributo do meu eu ou de alguns eu, mas o traço identificatório comum a todos os eu" (p. 22). O autor considera que a identidade psicológica do trabalhador funda-se não só como decorrência de conflitos sexuais subjacentes, mas é, particularmente, definida pela capacidade de trabalho. Dessa forma, "ser bom trabalhador significa também ser bom pai, bom marido, bom filho... enfim um bom homem" (p. 29).

A psicopatologia do trabalho, proposta por Dejours, também parte de uma concepção psicanalítica de sujeito para desenvolver estudos sobre saúde mental e trabalho, considerando "cada indivíduo, um sujeito sem outro igual, portador de desejos e projetos enraizados na sua história singular que, de acordo com aquilo que caracteriza a organização de sua personalidade, reage à realidade de maneira estritamente original" (Dejours e Abdoucheli, 1994, p. 126).

---

[46] Para Erikson (1976), os conflitos que caracterizam cada uma da etapas do ciclo vital são: confiança *versus*. desconfiança, autonomia *versus* dúvida e vergonha, iniciativa *versus* culpa, indústria *versus* inferioridade, identidade *versus* confusão de identidade, intimidade *versus* isolamento, generatividade *versus* estagnação e integridade *versus* desespero.

Fiel à tradição psicanalítica, Dejours não enfatiza o estudo da identidade ao longo de sua obra. Contudo, ao falar da importância do reconhecimento pelos outros daquilo que se produz, Dejours (1993) afirma que esse reconhecimento é fundamental para a identidade do sujeito, que, através dele, pode situar-se como pertencendo a um grupo. "O pertencer realiza, de certa forma, a socialização da identidade". (p. 299)

Dejours (1993) questiona a utilização de expressões como *identidade coletiva ou profissional*, já que o sujeito não pode ser considerado idêntico a nenhum outro, embora partilhe traços comuns com os outros. Identidade coletiva só teria sentido quando referida a fenômenos estudados pela psicologia das massas (analisados por Freud e Enriquez)[47], como as multidões, nas quais desenvolvem-se processos de identificação coletiva com o líder. "A comunidade dos que pertencem a um grupo funciona no sentido inverso de uma multidão, na medida em que ela cultiva as identidades e as singularidades, que ela as respeita e as reconhece, e mesmo as protege entre seus pares" (Dejours, 1993, p. 300).

Até aqui foi possível ver como diferentes autores oriundos da psicologia ou de disciplinas afins estruturam conceitos de identidade fundados essencialmente no sujeito, uma espécie de eu interior, que se constrói em suas relações sociais. Dessa forma, a identidade de cada um é singular, enquanto idêntica apenas a si própria. Contudo, também possui características partilhadas com outros membros dos grupos a que pertence e que o identificam com eles.

Quando se fala em identificação com o outro, com quem partilhamos traços comuns, estamos, na verdade, referindo-nos à identidade coletiva. Autores oriundos da sociologia, como Sader (1988) e Sainsaulieu (1988) resgatam esse conceito, na medida em que buscam romper com concepções tradicionais que enfatizavam apenas as determinações macrossociais e econômicas sobre a vida cotidiana.

---

[47] Dejours faz referência aos seguintes trabalhos: Enriquez, E. *De la horde à l'Etat*. Paris, Gallimard, 1983.; Freud, S. *Psychologie des foules et analyse du moi*. Payot, 1970

Sader (1988) analisa o conceito de sujeito coletivo, referindo-se a "uma coletividade onde se elabora uma identidade e se organizam práticas" (p. 55). Não se refere a um sujeito histórico, que ocupa um lugar privilegiado na estrutura social.

> Mas trata-se, sim, de uma pluralidade de sujeitos, cujas identidades são resultado de suas interações em processos de reconhecimentos recíprocos, e cujas composições são mutáveis e intercambiáveis. As posições dos diferentes sujeitos são desiguais e hierarquizáveis; porém esta ordenação não é anterior aos acontecimentos, mas resultado deles (Sader, 1988, p. 55).

Sainsaulieu (1988) busca compreender a interdependência entre as identidades individuais, que emergem nas relações interpessoais, e as coletivas, que derivam das posições sociais ocupadas por indivíduos que têm em comum uma mesma lógica de ator. Em outra obra, ele afirma que a identidade está relacionada com "um tipo de seqüência cultural da ação, a toda uma interiorização da experiência social, sob forma de modelos tornados inconscientes e que governam as condutas e jogos relacionais pelo viés de representações que eles induzem" (Sainsaulieu, 1980, p. 279).

A partir da análise de autores da psicologia clínica, Sainsaulieu (1988) observa a vulnerabilidade da identidade individual frente às pressões do ambiente social, em que a perda da identidade seria a conseqüência da incapacidade do sujeito de defender-se dessas pressões. Fazendo então uma releitura de experiências dos psicoterapeutas e psicossociólogos, o autor destaca o papel fundamental exercido pelo conflito na evolução do sujeito, sendo a conquista da identidade o resultado de uma vitória nas relações sociais cotidianas.

A vitória, como citada, significa que o sujeito foi capaz de impor sua diferença na relação com o outro, enquanto a identificação (com um outro mais poderoso) revela a impossibilidade do sujeito de sustentar suas diferenças, constatando sua fragilidade no sistema de trocas sociais em que está inserido. A identidade é o resultado de um duplo processo: de identificação, por aproximação afetiva, e de diferenciação, decorrente do poder social de se impor como diferente do outro. Esse poder não é fortuito ou casual, mas está estritamente relacionado com o papel social desempenhado por esse sujeito nas suas trocas com os outros.

As relações de trabalho são um *locus* em que se podem observar as trocas sociais cotidianas. A importância do significado social da categoria trabalho é resgatada por Kurz (1997) que, mesmo apontando a negatividade do trabalho ao longo da história, afirma:

> São poucos os conceitos que pertencem, simultaneamente, à esfera da reflexão teórica e à vida do dia-a-dia. 'Trabalho' é um tal conceito. De um lado, ele representa uma categoria filosófica, econômica e sociológica; de outro, ele é utilizado também com uma constância desconcertante no cotidiano de todos os homens (p. 3).

Jacques (1996) refere-se à importância conferida ao trabalho na sociedade ocidental, atribuindo ao papel de trabalhador relevância frente a outros papéis sociais desempenhados pelo sujeitos. A autora considera que "a articulação entre identidade e trabalho vem de uma tradição que confere ao papel social expressividade na constituição da identidade" (p. 42), estabelecendo uma clara relação entre os conceitos de identidade e identificação. "a identidade de trabalhador se constitui precocemente pela identificação com modelos adultos e/ou pela inserção concreta no mundo do trabalho" (p. 43).

Em outro artigo, Jacques (1995) já apontara o lugar de destaque, ainda que não único, que o trabalho ocupa no movimento de construção da identidade. É através dos processos de identificação com os outros, dentro e fora das relações de trabalho, que o trabalhador vai construindo identidade.

> Na vida adulta, a inserção no mundo concreto do trabalho aparece como seqüência lógica de uma vida "adaptada" e

> "normal" e como atributo de valor em uma sociedade pautada pelo fator produtivo. Os diferentes espaços de trabalho oferecidos vão se constituir em oportunidades diferenciadas para a aquisição de atributos qualificativos da identidade de trabalhador. São inúmeros os estudos que têm como tema a investigação de características identificatórias próprias da classe operária e/ou de determinadas categorias profissionais... e que apontam que o exercício de determinadas atividades e o convívio com determinadas relações sociais constituem "modos de ser", que qualificam os pares como iguais (mesmo facultando diferenças individuais) e se expressam em comportamentos similares, modos de vestir e de falar, lugares freqüentados etc. (Jacques, 1996, p. 44).

A tradição de investigação sobre a constituição das características identificatórias dos trabalhadores estabelece o suporte teórico para a análise dos perfis profissionais de trabalhadores de diferentes categorias inseridos em um ambiente organizacional participativo, entendendo que esses perfis resultam dos processos de identificação profissional estabelecidos. Nesse sentido, é importante distinguir o processo de identificação do trabalhador com sua atividade profissional, da identidade de classe estabelecida coletivamente.

> Com efeito, enquanto a identidade de classe se relaciona com as experiências vividas a partir do confronto entre capital e trabalho, a identificação do trabalhador com sua atividade consiste na representação que os trabalhadores fazem de si mesmos em função da auto-imagem a partir das experiências vividas na produção e que se refere, nesse sentido, ao sentimento de dignidade profissional (Leite, 1994, p. 38).

Ciampa (1985), como já foi colocado, acredita que é pelas ações que os homens se identificam, com isso entende-se que quem trabalha identifica-se como trabalhador. Em contrapartida, a ausência de trabalho, ocasionada pelo desemprego, cada vez mais presente em diversos países, também seria indicadora de uma identidade, no caso de não trabalhador ou desempregado. Ser excluído da função produtiva pelo desemprego (ou mesmo aposentadoria) revela "uma dimensão subjetiva e uma repercussão social para além dos dados estatísticos e dos parâmetros econômicos" (Jacques, 1996, p. 45).

A análise dos reflexos do desemprego sobre a identidade dos trabalhadores desempregados é, certamente, uma vertente interessante dentro do tema identidade e trabalho. Por outro lado, também é possível refletir, como faz Sainsaulieu (1980), sobre os reflexos da ameaça de desemprego para aqueles que permanecem empregados. Sob diferentes óticas, esta questão tem se tornado cada vez mais um elemento importante nas discussões dentro da temática do trabalho.

Sainsaulieu (1988) destaca, ainda, o papel relevante das organizações na vida social de nossa época e, portanto, sugere que não se deve refletir, apenas, sobre seus efeitos econômicos e técnicos, mas também sobre as realidades culturais produzidas por ela. Sendo assim, é importante, no contexto deste estudo, analisar as identificações desenvolvidas pelos trabalhadores inseridos nas organizações modernas.

O poder das organizações

As organizações de trabalho têm passado por transformações profundas nas últimas décadas, paralelamente a mudanças políticas e econômicas mais amplas. A globalização da economia e o acirramento da disputa de mercados, em âmbito mundial, são alguns dos fatores que ajudam a explicar a crescente competitividade das empresas capitalistas que, preocupadas em enfrentar as demandas de mercado, recorrem a diferentes estratégias de modernização. Se até bem pouco tempo modernizar era sinônimo de investir em novos equipamentos, hoje, cada vez mais, a modernização está associada a novas estratégias de gestão da força de trabalho, tanto em termos de reorganização do processo produtivo, como em termos de políticas de recursos humanos.

Como foi visto, cada vez mais as organizações recorrem a uma série de estratégias, entre as quais destaca-se a gestão participativa, visando ao envolvimento e, mais do que isto, à identificação dos trabalhadores com os objetivos da empresa. Alguns autores, como Clôt (1990), Lima (1996a) e Pagès *et al.* (1987), realizaram estudos empíricos sobre empresas que teriam desenvolvido essas estratégias com vista à dominação subjetiva dos trabalhadores. O que explicaria esse tipo de dominação seria a falência das estratégias coercitivas tradicionais de controle. As novas tecnologias de produção requerem um trabalhador mais autônomo, mas para conceder autonomia a empresa buscaria controlar a forma de ser e de pensar desse trabalhador. Até que ponto a dominação é possível? Em que medida os trabalhadores, expostos a esse tipo de pressão do ambiente de trabalho, são capazes de se "defender" ou devem se "submeter" à dominação?

Quando se consideram as pressões que o ambiente de trabalho exerce sobre as identidades dos trabalhadores, podem-se sintetizar as diferentes posições teóricas em três concepções básicas. Para alguns autores, os sujeitos se inserem nas organizações de trabalho com suas identidades previamente, constituídas. Outros estudam as organizações modernas como espaços de dominação dos sujeitos e de identificação deles com os seus objetivos. Assim, as identidades dos trabalhadores estariam cada vez mais submetidas às políticas de gestão da força de trabalho presentes nas empresas modernas. Existem, ainda, autores que adotariam concepções intermediárias, analisando as transformações por que passam as identidades dos trabalhadores, cada vez mais solicitadas pelas estratégias de gestão que buscam seu envolvimento, contudo, admitindo a possibilidade de espaços de resistência.

A idéia de que os sujeitos se inserem nas organizações de trabalho com identidades previamente constituídas é apresentada por Labounoux (1987). O autor acredita que as tentativas das empresas de unificação das representações ou de definição de uma "cultura" têm um impacto limitado sobre a maioria dos seus membros.

> Com efeito, a organização é o lugar de uma reunião de atores que são caracterizados por vínculos anteriores e exteriores à organização, muito diferentes. Aliás - e em parte devido ao fato destes vínculos -, esses atores são designados a lugares e funções na organização e investidos de atribuições e prerrogativas muito diferentes e desniveladas. Devido a isto, a organização é revestida para uns e outros de significações muito diversas...(Labounoux 1987, p. 65).

Labounoux (1987) aponta a possibilidade de resistência dos atores às imposições oficiais, ainda que dentro de certas limitações. Mesmo quando impotentes diante das pressões organizacionais, os atores não seriam levados a se identificar com a organização, mas poderiam questionar suas próprias identidades, pela perda de referências e pressão para a adoção de uma "identidade plasmada". O autor menciona, entre as estratégias de resistência encontradas pelos atores, o distanciamento, uma espécie de dissidência interior; ou, ainda, o desdobramento, que implicaria uma teatralização da vida organizacional e um distanciamento do real. Também poderiam surgir estratégias coletivas, por identificações recíprocas entre atores que desenvolveriam uma cumplicidade.

Lima (1996ª) apresenta o mesmo tipo de concepção, afirmando que "os indivíduos intervêm na organização com sua experiência passada, toda sua história e, principalmente, uma identidade já consolidada ou em evolução" (p. 58). Contudo, a autora alerta para o fato que as "empresas estratégicas"[48] vêm priorizando a admissão de jovens, que ainda estão construindo suas identidades e que, por isso mesmo, apresentam maior vulnerabilidade frente às políticas de gestão por elas implementadas.

A mesma autora afirma que a organização não cria ou modela as identidades de seus integrantes, mas pode utilizar-se das fragilida-

[48] Lima (1996ª) está se referindo às "empresas estratégicas", expressão criada por Enriquez que será apresentada logo adiante.

des na consolidação dessas identidades, criando situações que permitam a identificação, ainda que ilusória, dos trabalhadores. A fragilidade referida aqui seria uma decorrência do "enfraquecimento das funções de apoio, de proteção e de mediação social da família" (p. 61), cada vez mais presentes na sociedade ocidental contemporânea. Lima (1996[a], 1996[b]) constatou que o custo psicológico decorrente das pressões das novas políticas de gestão é maior do que aquele decorrente das empresas tradicionais, já que, nas primeiras, as possibilidades de resistência são bem mais fracas, graças a um discurso humanista e democrático, que encobre os conflitos e contradições.

Ao analisar o impacto psicológico das práticas gerenciais japonesas, Lima (1994, 1996[a], 1996[b]) conclui que as políticas de recursos humanos deste tipo de empresa resultam em:

> uma forte identificação dos empregados com a empresa e com seu projeto de dominação, a idealização da empresa, favorecendo com freqüência a emergência de processos narcisistas..., a importante redução da capacidade de questionar e criticar a empresa, o crescimento da rivalidade entre os pares e, especialmente, entre aqueles que se encontram em um processo de mobilidade ascendente, a forte instrumentação das relações interpessoais... o outro torna-se um mero instrumento para o alcance de suas próprias finalidades que são freqüentemente associadas ao projeto de carreira proposto pela empresa (Lima, 1994, p. 120).

Lima (1994) considera que as novas práticas gerenciais criam situações que envolvem riscos mentais para os sujeitos sob impacto dessas políticas. Esses impactos não são uniformes, diferindo conforme a categoria profissional e a história pessoal. Quanto maior for o nível no qual o trabalhador estiver inserido, menores condições terá para se defender das conseqüências negativas das novas políticas de gestão. A autora atribui esse fato à maior exposição dos que estão no topo da hierarquia ao "discurso paradoxal e contraditório", já que esse tipo de empresa transmite uma visão harmônica das relações organizacionais, impedindo que os sujeitos conscientizem-se dos conflitos e das contradições presentes. Essa simplificação do real aumenta, quanto maior for o nível hierárquico do sujeito.

Segundo Enriquez (1997) "jamais o indivíduo esteve tão encerrado nas malhas das organizações... e tão pouco livre em relação ao seu corpo, ao seu modo de pensar, à sua psique" (p. 19). Com isso, não nega a possibilidade de autonomia do sujeito, mas afirma que a sociedade e, particularmente, a empresa, fazem tudo para que o homem sinta-se livre e criativo, quando, de fato, ele está preso dentro de "grades" tão sutis que chega até mesmo a reivindicá-las[49]. Nesse artigo, o autor retoma uma tipologia das estruturas organizacionais, que propusera anteriormente, dedicando-se à análise da estrutura estratégica para apontar o tipo de personalidade requerida por essa estrutura.

A estrutura estratégica[50] surge como resposta à complexidade das demandas sociais, que não podem ser atendidas por estruturas tecnocráticas, cuja racionalidade permitiria que especialistas fossem capazes de planejar soluções de longo prazo para todos os problemas. Na empresa estratégica de gestão participativa, o planejamento é substituído por estratégias de curto prazo, e todos, não apenas a elite, são capazes de buscar soluções, são "jogadores" que acreditam na igualdade de chances. Esse tipo de empresa propõe o que Enriquez (1997) chama de "casamento impossível entre a água e o fogo" (p. 29), misturando o modelo japonês, que considera o indivíduo como parte do grupo e valoriza o esforço coletivo, com o modelo americano, que privilegia o individualismo e o sucesso pessoal.

Enquanto a estrutura tecnocrática cria uma elite de manipuladores, ao lado de uma massa de indivíduos indiferentes, desmotivados ou

---

[49] Steil e Sanches (1998), referidas na parte I, também descrevem o controle das organizações sobre seus membros como uma espécie de gaiola invisível.

[50] Segundo Lima (1996[b]) Enriquez refere-se "a um tipo de empresa que adota uma política de pessoal cuja finalidade mais importante é a ampliação dos seus resultados econômicos, mas tenta dissimular tal finalidade através de um discurso ideológico que coloca o bem-estar das pessoas acima de qualquer outro valor" (p. 187).

rebeldes, a estrutura estratégica propicia a emergência de sujeitos estratégicos, guerreiros, ou o que Enriquez (1997) chama de "matador *cool*"[51], que não hesita diante de seus objetivos, atingindo seus fins de forma ascética. Esse tipo de empresa reforça o controle psíquico e o torna cada vez mais sutil. Todos passam a se identificar com a empresa e com os chefes de forma idealizada, criando, dessa forma, uma "servidão voluntária"; também aqui é importante o controle do corpo (em especial dos dirigentes).

> A estrutura estratégica... exige indivíduos que se querem sujeitos (mas de fato são alienados) de seu destino e agentes da história. Sujeitos presos nas identificações heróicas e aptos a se comportarem como heróis, quer dizer como seres prontos... Aqueles que são bem sucedidos... tomam-se eles mesmos como ideal, são verdadeiros Narcisos admirando-se no espelho que lhes propõem e que os outros lhe servem, têm uma 'identidade compacta', pois nada pode atingi-los... Esta identidade compacta... não os impede, entretanto, de se mostrarem leves, flexíveis... Eles sabem que para alcançar o sucesso devem poder adotar identidades múltiplas... segundo as situações e os interlocutores... Identidade compacta e identidade múltipla não se opõem, elas são complementares uma da outra (Enriquez, 1997, p. 25).

Pagès *et al.* (1987) destacam o papel das organizações como espaço de dominação dos seus integrantes. Os trabalhadores encontram-se impotentes para fazer frente às pressões da organização que "transforma e explora em seu proveito as contradições individuais" (p. 31), assumidas coletivamente por eles. Os autores propõem-se a cons-

---

[51] O "matador *cool*" alia características perversas com o uso da teatralidade. "Esta teatralidade não é possível sem que nosso ganhador manifeste um comportamento 'histérico', quer dizer, susceptível de *erotizar* a seu modo as relações sociais... ele se mostra justo e sensível, como duro, implacável e compreensivo, como misterioso e extraordinariamente próximo..." (Enriquez, 1997, p. 24).

truir uma teoria "sistêmico-dialética" das organizações, considerando que estas têm um papel mediador e funcionam como "sistemas de respostas às contradições sociais e psicológicas" (p. 14). A mediação é um processo de absorção de contradições originais (empresa/trabalhadores, capital/trabalho), permitindo que os conflitos sejam antecipados e evitados, antes que se transformem em conflitos coletivos.

Os autores citados investigaram um tipo de organização denominada por eles de "hipermoderna". Esse tipo de empresa, assim como a moderna, busca não só tratar os conflitos, mas também prevê-los e preveni-los. Ao contrário da moderna, a organização "hipermoderna" "caracteriza-se pelo desenvolvimento fantástico de seus processos de mediação, sua extensão a novas zonas (instâncias), sua interconexão cada vez mais ramificada e sua constituição em sistemas cada vez mais coerentes" (Pagès *et al.*, 1987, p. 35).

Na empresa "hipermoderna" o processo de identificação dos trabalhadores despersonaliza-se, abandonando a figura da chefia e passando a estabelecer-se, diretamente, com a organização. Se, por um lado, o trabalhador liberta-se da autoridade do chefe, com o qual era obrigado a se identificar, por outro lado cai sob a tutela "de uma entidade impessoal que penetra na sua vida e na sua alma, de ponta a ponta" (p. 37). Observa-se, assim, a despersonalização e crescente abstração das relações de poder; com isso, os mecanismos de dominação, que visam a isolar os indivíduos e impedir a expressão coletiva das reivindicações, são reforçados.

A questão do poder é, também, abordada por Sainsaulieu (1988) que, como vimos, estabelece uma estreita relação entre poder e identidade individual. As possibilidades de acesso e defesa da identidade, impondo-se como diferente do outro, dependem, entre outros fatores, das situações de trabalho em que o sujeito está inserido. O autor considera que interior das empresas são espaços onde se realizam lutas de poder, que se distribui de forma desigual dentro das relações de trabalho.

Nas organizações, o acesso ao poder depende do lugar ocupado e das relações sociais estabelecidas por seus integrantes. Em suas investigações, Sainsaulieu (1988) aponta categorias profissionais submetidas a diferentes meios de pressão, individuais e coletivos, nas situações de trabalho. As categorias com menor capacidade de pressão demonstram fraca identificação horizontal com seus pares e forte identificação com a chefia. Em contrapartida, foram encontradas categorias com forte solidariedade entre pares e recusa de identificações verticais, coexistindo, ainda, situações intermediárias entre esses extremos.

O autor entende que as diferentes formas de pressão das organizações sobre seus integrantes determinam vias particulares de acesso à identidade. Em suas investigações, Sainsaulieu (1988 e 1980) delimitou quatro modelos de relações de trabalho: *fusional, de negociação, de afinidades* e *de retirada*. Esses modelos correspondem a diferentes formas de identificações coletivas estabelecidas pelos trabalhadores, permitindo-lhes situarem-se na organização e nela intervirem como atores coletivos.

O modelo fusional é descrito como aquele que se estabelece através de uma "solidariedade conformista à coletividade dos pares e por uma dependência em relação à autoridade do chefe ou do líder" (Sainsaulieu, 1988, p. 436). Esse tipo de identificação dos atores sociais coletivos se estabelece em situações em que existe reduzida margem de escolha nas relações cotidianas de trabalho.

O modelo de negociação é estabelecido por profissionais mais qualificados, capazes de obter reconhecimento de suas competências e responsabilidades, o que lhes dá meios para negociar suas alianças e seu reconhecimento social, ao mesmo tempo em que lhes possibilita afirmar suas diferenças.

O modelo de afinidades baseia-se no estabelecimento de redes de relações privilegiadas entre colegas ou com os chefes. A inserção nessas redes limita-se a conveniências afetivas e não se fundamenta em grandes solidariedades. É a partir dessas redes que se estabelece o mundo da promoção social e da mobilidade profissional rápida, constituindo um profissional que deixa de definir-se pelo grupo e assume posições mais individuais e interpessoais.

O modelo de retirada corresponde ao que Sainsaulieu chama de uma espécie de "ausência-presença" (1988) ou de uma "presença pouco implicada" (1980), na qual é retirado todo o engajamento pessoal nas relações coletivas, de grupo ou interpessoais. Essa retirada não é resultado de patologia ou problema pessoal, mas pode ser resultado da maior preocupação e valorização de fatores externos ao trabalho.

Em suas investigações, o mesmo autor aponta, também, as estratégias de resistência dos trabalhadores às pressões organizacionais e assinala que, embora existam ganhadores e perdedores nas trocas cotidianas, os que dominam não o fazem de forma absoluta, já que "os dominados podem efetivamente encontrar meios de se opor brutalmente, de resistir continuamente, ou mesmo de suportar seu estado devido ao que aí ganham de recursos para combates exteriores" (Sainsaulieu, 1988, p. 334). Dessa forma, pode-se pensar que a dominação não é absoluta e os diferentes trabalhadores têm maiores ou menores possibilidades de resistência, dependendo dos processos de identificação desenvolvidos ao longo da história pessoal e profissional de cada um.

Sainsaulieu (1988) observa uma redefinição das identidades nas empresas que propõem a integração ao "espírito casa". Tal como a empresa "hipermoderna", descrita por Pagès *et al.*, a "casa" apresenta-se como uma coletividade anônima, dissolvendo as relações interpessoais com as quais o sujeito poderia identificar-se. "A integração ao espírito casa representa, de qualquer forma, uma identidade por negação de si mesmo e de seu papel particular"(p. 337). A mobilidade social, decorrente das possibilidades de promoção presentes nesse tipo de empresa é um elemento a mais para a perda de referência dos atores sociais, facilitando sua identificação com a organização. Contudo, a ameaça de desemprego pode, como coloca Sainsaulieu (1980), atingir o "espírito casa", já que a ausência de um futuro assegurado modifica os valores de seus integrantes, que poderiam não se sentir mais seguros e integrados à empresa.

Os diversos modelos de empresas apresentados pelos diferentes autores (estratégico, hipermoderna, espírito casa) solicitam a identificação dos seus integrantes na medida em que demandam por participação. Essa demanda é uma tendência das empresas em busca de modernização. Zuboff (1988) realizou nos EUA uma série de estudos sobre a introdução da informatização, apontando para a necessidade de formas organizacionais menos hierárquicas, rompendo com relações de poder tradicionais e promovendo a aprendizagem e a distribuição do conhecimento.

Segundo Zuboff (1988), as organizações tradicionais são palco para relações de negociação entre as partes, na busca de vantagens mútuas. "Nenhuma parte deve comprar a concepção de mundo da outra. O pluralismo de valores e interpretações pode coexistir" (p. 404). Os trabalhadores dessas organizações precisariam apenas desempenhar bem suas tarefas, o que lhes permitiria relativa autonomia e independência.

Ao se inserirem em organizações com alta tecnologia e socialmente integradas, os trabalhadores "antecipam a perda de suas identidades únicas, da liberdade e da autonomia e dos bem definidos direitos e responsabilidades." (Zuboff, 1988, p. 404). A exigência de participação da "pessoa total" poderia constituir-se como uma pressão psicológica excessiva para os trabalhadores. Zuboff (1988) acredita que é necessária a existência de infra-estrutura constitucional que garanta os direitos individuais para, assim, impedir o desenvolvimento de relações unilaterais nas organizações. Essa é uma questão interessante se quisermos refletir sobre a realidade brasileira, na qual o debate sobre a "flexibilização" dos direitos dos trabalhadores vem crescendo cada vez mais. De um lado, vê-se uma série de pressões sobre os trabalhadores; de outro, assiste-se à diminuição de suas "armas" (direitos) para resistir a essas pressões.

A análise das empresas brasileiras mostra movimentos contraditórios, pois, como foi apontado, as políticas de gestão de recursos humanos sofrem influências da tradição autoritária, ao mesmo tempo em que buscam modernizar-se. Esse é o caso do grupo Alfa, que como será apresentado, revela uma trajetória rumo à modernização. Nessa trajetória buscou articular um novo programa participativo (apresentado na parte I) com novas políticas de pessoal, que propiciam a constituição de um "novo perfil de colaborador", tal como é denominado pela administração da empresa. A análise dos perfis profissionais dos trabalhadores das três fábricas do grupo investigadas revela diferentes formas de coexistência de novos e velhos perfis.

4

Estudo de casos: perfis dos trabalhadores da Alfa

Políticas de pessoal

No capítulo 2 foram apresentadas as principais características do grupo Alfa (nome fictício) e do programa participativo que vinha sendo implantado. Além de mudar seu programa de participação, a empresa tem passado por mudanças mais globais, abandonando uma política percebida como "paternalista", buscando a profissionalização e modernização, o que levou à renovação e à qualificação do seu quadro de funcionários.

As mudanças nas políticas de pessoal iniciaram com a admissão de profissionais qualificados para assumirem a direção das três divisões da Alfa (administrativa-financeira, comercial e industrial). Inicialmente, esses profissionais começaram atuando como gerentes superintendentes "...num período que serviu para a sua adaptação e no qual aconteceu uma reengenharia que dinamizou os trabalhos em todas as áreas, tornando a Alfa mais moderna e competitiva." (*Informativo Alfa*, fev. 1995, p. 3). Posteriormente, eles assumiram o cargo de diretores-adjuntos, atuando junto os sócios-proprietários que dirigem cada uma das três divisões. Existe, ainda, um quarto sócio-proprietário que exerce o cargo de diretor-presidente.

Todos os níveis da Alfa passaram por modificações, com reestruturação da hierarquia da empresa e substituição de pessoas. Em termos de pessoal, diretamente envolvido com a produção, passou a ser exigido 1º grau completo[1] para operadores, havendo redução de níveis hierárquicos e criação do cargo de monitor para coordenar as células de produção, que deve ter 2º grau completo. Muitos líderes e supervisores antigos assumiram o cargo, mas também operadores foram promovidos. Entretanto, todos tiveram que passar por um treinamento intenso de mais de 200 horas/aula. A produção das fábricas é coordenada em cada turno por um chefe de fábrica[2], cargo para o qual passou a ser exigido 3º grau, embora, ainda existam chefes que não atingiram este grau de instrução.

A estrutura hierárquica na produção ficou, então, composta por apenas três níveis: operador, monitor e chefe. Este fato torna as perspectivas de progressão na carreira bastante afuniladas, já que cada fábrica possui, no máximo, três chefes e, apesar da administração referir a valorização da seleção interna, as vagas de chefe vêm sendo preenchidas por recrutamento externo, como reconhece um dos diretores.

> "...estamos fazendo um trabalho muito mais intenso de recrutamento interno..., nos frusta, por exemplo, agora nós tivemos que recrutar uma chefia pra produção e solicitamos que essa chefia de produção tivesse um nível universitário, e a gente não conseguiu entre todos os monitores, até porque são muito recentes, entre todos os funcionários da empresa nós não conseguimos achar, uma pessoa pra promover para você ter uma idéia nós só temos 6 ou 7, agora 8 chefes de

---

[1] O gerente de RH diz que o avanço tecnológico da Alfa "*...não permitia mais nós termos pessoas com escolaridade inferior ao 1º grau*". Contudo, como veremos adiante, a própria psicóloga encarregada da seleção questiona esta exigência.

[2] A única exceção é a fábrica de Fitas que possui apenas um chefe, como será apresentado a seguir.

turno, dentro da pirâmide industrial..., que é a maior do grupo de pessoas, é o cargo de aspiração, isto dentro da fábrica, se é monitor, que a gente se imagina que os monitores daqui 3, 4, 5 anos a gente possa ter né monitores que venham a ser chefe dentro da empresa, a gente não tenha que importar... " (diretor-adjunto administrativo financeiro)

Ao lado da elevação das exigências quanto ao grau de instrução, a Alfa passou a incentivar a formação dos seus empregados, ofereceu cursos de alfabetização e, até hoje, disponibiliza bolsas de estudo. As pessoas que não se adaptaram às novas exigências foram substituídas. Como se pode observar no quadro 6, cerca de 40% dos funcionários tem menos de dois anos e apenas 27,5% tem mais do que cinco anos de trabalho na empresa.

Quadro 6: Tempo de trabalho na Alfa

Tempo na Alfa	% de func.
0-1 ano e 11m.	40,43
2-4 a. e 11m.	31,92
5-9 a. e 11m.	21,18
10 a. ou +	6,47

No discurso dos trabalhadores, a valorização do estudo é um elemento freqüente, mesmo para aqueles que não puderam estudar. As exigências por qualificação, particularmente por um grau de estudo mais elevado, apresentam-se dentro e fora da Alfa, consistindo em uma forma de pressão sobre os trabalhadores, que nem sempre são capazes de se adaptar. A administração da Alfa tende a ver isto como um processo "natural" de seleção dos mais aptos. A empresa seria, segundo seu diretor adjunto-industrial, tal como um "*ecossistema*", no qual as mudanças fluiriam naturalmente. Com a redução de níveis hierárquicos, as pessoas deverão assumir tarefas de maior responsabilidade, deixando de fazer tarefas simples e repetitivas.

> "...uma pessoa que se submete e aceita esse tipo de trabalho tá, ela não tem a condição de poder perceber o verdadeiro objetivo da administração participativa. *[Mas isto não é contraditório já que este tipo de trabalho ainda existe na Alfa?]* Não é contraditório, nós declaramos com insistência, preparem-se, evoluam, sejam qualificados, e tem pessoas que não se apercebem dessa realidade. Sou eu que vou demitir ela no futuro? Ou será ela mesmo que tá causando a sua isenção de um novo ecossistema, de uma nova realidade cultural..." (diretor adjunto-industrial)

Apesar de todas as mudanças que implicaram uma ampla renovação dos integrantes da Alfa de diversos níveis hierárquicos, os administradores enfatizam a "normalidade" do processo que não teria acarretado fortes rupturas, mas faria parte de uma "evolução natural" na busca pela modernidade.

> "...a empresa ela passou por um processo de estruturação, eu digo estruturação, não reestruturação então, ela sempre teve estrutura, não foi uma reestruturação, não foi um *downsizing*, não foi uma reengenharia, isso nós não fizemos, foi algo que veio dentro de um processo normal né, mas se perguntar assim, mas o fulano não tá mais aí, o beltrano também foi embora, é isso que eu digo pra você, eles saíram em função de... ficarem desconfortável ao novo modelo..." (gerente de RH)

A Alfa caracteriza-se pela busca da modernidade. As estratégias de modernização da empresa envolvem tanto a implantação de sistemas de gestão da produção (*kanban*, *just-in-time*, células de produção etc.) e práticas administrativas (via participação dos trabalhadores), inspirados no modelo japonês, como o investimento em novos equipamentos, buscando aumentar a produção, com maior qualidade e precisão.

Também faz parte dessas estratégias de modernização a crescente informatização da empresa, que está, estreitamente, relacionada com uma preocupação de que exista uma circulação rápida da informação. Existem, hoje, na Alfa, vários sistemas computacionais em funcionamento que servem para controlar e agilizar o trabalho dos diversos setores. Outro exemplo da modernização da empresa é a fábrica de Compostos, que produz matéria prima (PVC) para as outras fábricas. Esta fábrica é totalmente automatizada e opera com menos de 15 funcionários nos três turnos, desde a sua criação.

A gestão dos recursos humanos da empresa procura estar em sintonia com a busca de progresso e profissionalização, sendo que o ingresso do gerente de RH, em 1990, deflagrou a reestruturação da área. Os informativos da empresa noticiam o recebimento por três anos consecutivos do título de empresa do ano em Recursos Humanos, oferecido pela seção municipal da Associação Brasileira de Recursos Humanos. Esta escolha foi baseada em uma pesquisa sobre satisfação dos trabalhadores.

A Alfa, por iniciativa da área de RH, tem também realizado pesquisas (por consultores externos contratados) sobre o clima organizacional, verificando a satisfação dos trabalhadores em relação a diversos aspectos, incluindo o programa participativo atual. Estas pesquisas, realizadas em 1995 e 1996 (período da pesquisa de campo), revelariam, segundo o gerente de RH, uma imagem bastante positiva da Alfa, com uma média de mais de 80% dos trabalhadores satisfeitos.

No que se refere a salários, a Alfa tem como política manter-se na média do mercado. O setor de RH faz pesquisas de mercado (que servem para orientar), mas quem define e avalia o salário de cada um é a chefia. Essa política salarial substituiu a anterior, hoje, considerada "paternalista", que concedia, anualmente, 3,5% adicionais por mérito, o que colocava os salários da empresa acima da média do mercado. Atualmente, é valorizada a qualificação de pessoal, particularmente o grau de instrução, o que contribuiu para a saída de muitas pessoas sem o nível de instrução exigido para o seu cargo. O salário de cada funcionário, conforme colocação do encarregado de cargos e salários, é então determinado pela combinação de três fatores: "*conhecimento, performance e mercado*". Os empregados remunerados acima do valor de mercado e que não tinham formação compatível com o cargo vêm sendo substituídos.

A coordenação do treinamento é exercida junto com a do programa de participação. Percebe-se, nesta área, que a empresa tem uma política de valorização da qualificação do pessoal que resulta no incentivo à formação. A empresa promove treinamentos externos e internos, dos quais um dos mais importantes é o treinamento de monitores de produção[3], com um ano de duração. Existe, ainda, um programa de bolsas de estudo, com o pagamento de 50% das mensalidades de diversos tipos de cursos (secundário, faculdade, pós-graduação, línguas). A concessão da bolsa não exige, como requisito, que o curso tenha relação com a área de atuação do funcionário. O setor de treinamento é também encarregado do treinamento inicial de novos e está fazendo um planejamento com o objetivo de implantar um programa de visitas de familiares dos funcionários à empresa.

O sistema de recrutamento e seleção é coordenado por uma psicóloga. Ela, relata que embora a rotatividade seja baixa, a rotina de seleção é constante e sempre há pessoas procurando vagas. Segundo a psicóloga, a Alfa "*está na moda*", todos querem trabalhar lá e ela levanta algumas hipóteses: é uma empresa que cresceu muito, com rapidez, que faz muita divulgação, existe estabilidade (as demissões são difíceis) e o trabalho é limpo (comparando com outras empresas da região).

A psicóloga faz seleção para todos os cargos da empresa, mas a maioria é para auxiliares de produção e operadores, funções simples que não requerem habilidades especiais. Ela chega a afirmar que, em

[3] "Com a reestruturação de funções dentro da empresa, os líderes serão substituídos por "monitores", para cuja função estão sendo preparados através de um curso." Cada participante do curso é um "operador polivalente" que "...está sendo preparado para ser um futuro monitor." (*Informativo Alfa*, abr./96, p. 5).

alguns casos, está sendo repensado o grau de instrução requerido, diminuindo exigências, pois uma pessoa com maior nível de instrução acaba tendo expectativas não correspondidas[4]. O processo de seleção envolve uma rotina comum em empresas; não existe um perfil genérico que caracterize os funcionários da Alfa, nem uma preocupação em escolher, considerando a gestão participativa.

Como foi visto, as empresas com gestão participativa teriam expectativas diferentes das empresas tradicionais no que se refere ao perfil esperado do seu funcionário. A perspectiva dos trabalhadores de cada unidade produtiva, a respeito deste perfil, será apresentada nos próximos capítulos. Já os membros da administração apontam as diferenças entre o perfil atual e o esperado, revelando a existência de um ideal a ser atingido, bem como o momento de transição pelo qual a Alfa passa. O diretor adjunto industrial mostra estes dois perfis, atual e esperado, do que ele prefere chamar de colaborador.

> "...nós não queremos o colaborador braçal, nós queremos o colaborador de pensamento, o colaborador da inteligência, este será o perfil do futuro... o perfil do trabalho hoje na Alfa tá, ao tempo que está hoje, ele tá adequado, porque nós ainda temos trabalhos de sentido braçal, onde essa pessoa ainda se sente útil, é verdade, mas não vai se sentir mais, daqui um tempo que esse trabalho não vai existir mais..." (diretor adjunto industrial)

Essa afirmação revela que a própria administração reconhece que a realidade da empresa não corresponde ao ideal, que faz parte do discurso gerencial. Já o presidente da Alfa considera que existe bastante proximidade entre ele e os outros integrantes da empresa,

[4] Este aspecto é interessante, pois, de uma maneira geral, existe uma visão na empresa de se buscar níveis de qualificação cada vez maiores, no entanto, algumas funções envolvem atividades bem simples, como contar e embalar produtos, o que não seria compatível com uma qualificação maior.

aproximando-se da idéia de sócio apresentada por um diretor entrevistado por Gonçalves (1998). Talvez seja este tipo de visão que leve o presidente a fazer promessas aos trabalhadores consideradas "*não factíveis*"por um dos diretores adjuntos. O presidente acredita que, tal como ele próprio, o funcionário da Alfa deve ser um trabalhador, estar um passo a frente, sem se desgastar, usando a inteligência, como fazem os japoneses.

> "...a Alfa é um local onde nós todos nos reunimos pra trabalhar, pra servir a um único patrão que chama-se mercado, tentando de alguma forma desmistificar esse aspecto de que eu sou o patrão e eles são os empregados, na verdade nós todos somos empregados, ...então essa noção de que nós temos essa empresa, essas quatro paredes, essas máquinas, é onde nós vamos nos reunir pra trabalhar pra servir ao mercado, porque quem paga os nossos salários é o mercado, não é a empresa, a empresa não paga nada pra ninguém..." (diretor-presidente)

O presidente e fundador da Alfa representa um papel importante ao difundir a proposta de gestão participativa. Ele é um empresário atuante e conhecido em Santa Catarina e costuma, freqüentemente, dar palestras sobre gestão e administração participativa. O presidente é também uma presença constante em eventos internos, sendo conhecido pelos funcionários, embora aos poucos ele não venha deixando de ser uma presença cotidiana nas fábricas, como anteriormente.

Todos os funcionários chamam o presidente pelo primeiro nome, revelando uma relação pessoal com ele, constituindo uma forma de autoridade próxima ao modelo tradicional descrito por Lopes (1967). Entretanto, o distanciamento e a profissionalização da administração (contratação dos diretores adjuntos) revela que relação com a autoridade vem se constituindo de forma mais impessoal, tal como o modelo racional-legal, no qual as normas constituem um sistema legal válido para todos.

A Alfa vem buscando consolidar uma imagem de empresa moderna, que, em sintonia com as práticas mais recentes de gestão, busca valorizar os seus recursos humanos. Ela passa por um processo de transformação que, segundo seus gestores, teria sido alcançado sem rupturas com o passado. Contudo, a ampla renovação do seu quadro funcional, em diferentes níveis hierárquicos, revela que essa transformação, que ainda está ocorrendo, implicou rompimentos, mesmo mantendo algumas características antigas, como a grande quantidade de trabalho manual, quando o discurso dos gestores valoriza a criatividade e a inteligência. O momento é de transição, o velho (trabalho braçal) e o novo (equipamentos modernos) convivem, lado a lado, em cada posto de trabalho e em cada fábrica. Certamente, existem diferenças entre as fábricas, pois a modernização não atinge todas da mesma forma como será apresentado.

Trabalhadores da "fábrica esquecida"

Fábrica de Fitas

As principais características da fábrica de Fitas foram apresentadas no capítulo 2. Trata-se de uma pequena unidade de produção de fitas veda-rosca, com cerca de 35 trabalhadores. É considerada a "fábrica esquecida" devido ao seu isolamento em relação às outras unidades e à administração do grupo Alfa.

Os trabalhadores da fábrica são bastante integrados no programa participativo da empresa. Como vimos, as atividades produtivas se dividem basicamente no processamento da matéria prima e na produção de fitas. Os operadores que executam as duas atividades apresentam perfis profissionais diferentes, como será possível observar na apresentação dos resultados a seguir. Estes resultados foram levantados através de observações, depoimentos de trabalhadores e entrevistas. O quadro 7 sintetiza as principais características dos entrevistados na fábrica de fitas.

Quadro 7: Entrevistados na Fábrica de Fitas

Identificação[5]	Idade	Tempo na Alfa	Turno	Cargo	Função atual	Setor	Instrução
Lauro F.M.OP	21-25	2 a	manhã	operador	operador	processo	2° grau téc. completo
Olavo F.T.OP	16-20	1a 11m	tarde	operador	operador	processo	2° grau compl. téc. incompl.
Luís F.M.OP	16-20	1a 11m	manhã	auxiliar de produção	operador	produção de fitas	2° grau completo
Neusa F.T.OP	26-30	5 a	tarde	auxiliar de produção	operadora	produção de fitas	1° grau completo
André F.M.MO	16-20	2a 6m	manhã	monitor	monitor		2° grau técnico incompleto
Pedro F.T.MO	21-25	6a 3m	tarde	monitor	monitor		2° grau completo
Júlio F.D.CF	36-40	8m	diurno (M e T)	chefe de fábrica	chefe de fábrica		superior compl. e pós

Perfis dos Operadores

Trajetória profissional[6]

O grau de instrução da maioria dos operadores está adequado aos requisitos da empresa: os três homens têm 2° grau completo e somente a operadora tem apenas o 1° grau. Existem outras operadoras antigas, trabalhando na produção de fitas, que não têm o nível de instrução que a empresa vem exigindo para os novos. Os operadores do processo fizeram ou estão fazendo curso técnico em processamento de dados, e um deles fez também curso de contabilidade. Todos os operadores relatam que suas atividades não exigem uma formação específica, tendo aprendido seu trabalho na prática, com os colegas.

[5] Os nomes são fictícios e as letras após os nomes correspondem a: fábricas F, C, A, turnos de trabalho M, T, N, D e funções OP, MO, CF.

[6] Os dados sobre o perfil profissional dos trabalhadores foram organizados em três categorias temáticas: trajetória, modelo ideal e representações sobre a Alfa. A trajetória profissional inclui passado (formação, experiência anterior e trajetória na empresa), presente (exercício atual na Alfa e atividades fora da empresa) e futuro (expectativas). O modelo ideal de trabalhador diz respeito as representações dos entrevistados sobre o que a Alfa consideraria um bom trabalhador e uma auto-avaliação a este respeito. Por fim são apresentadas as representações sobre a empresa como um todo ou de setores ou unidades.

Os operadores relatam experiências de trabalho anteriores bastante variadas (como serviços gerais, pedreiro e "*roça*"); dois trabalharam em indústrias.

> "Eu só trabalhei em malharia ...era outro, outro tipo de serviço, assim né, quer dizer eu também trabalhava... trabalhei assim em embalar, revisar peças, assim né... revisava dobrava e embalava, fazia isso também, quase que nem aqui né, só que daí trabalhava com malha, já era outro tipo assim. " (Neusa, F.T.OP)

A mesma operadora conta que ficou sem trabalhar durante algum tempo, cuidando dos filhos e da casa. Sua fala revela duas características do trabalho feminino: as atividades domésticas não são consideradas trabalho produtivo e a vida profissional, diretamente, relacionada com a vida pessoal e familiar.

No que se refere à trajetória na Alfa, todos os entrevistados ingressaram diretamente na Fitas, não tendo trabalhado em outras unidades, com exceção de um deles que já foi, temporariamente, "*emprestado*" para as fábricas de Conexões e Acessórios, com uma avaliação positiva da primeira e negativa da segunda, pois considerou "*o serviço muito pesado e também barulho*".

O exercício profissional atual dos operadores da Fitas é bastante diferente conforme a função que exercem. A atividade principal dos que trabalham com o processamento é preparar a matéria prima para ser utilizada na produção de fitas veda-rosca. Esta atividade é realizada em uma área fechada, onde o ruído, o calor e a quantidade de partículas no ar são bem maiores do que no restante da fábrica. Contudo, os operadores, em geral, não usam equipamentos de proteção. O processamento é percebido por todos como um trabalho mais pesado, sujo e insalubre do que a produção de fitas. Os trabalhadores que executam essas atividades vêm reivindicando, sem sucesso, que a empresa lhes pague insalubridade.

Os operadores do processo descrevem os diversos procedimentos que devem executar, enfatizando necessidade de serem responsáveis e atentos aos detalhes no manejo da matéria prima e dos equipamentos (mais complexos que os outros da Fitas).

> "...aqui dentro tem que ter mais responsabilidade, porque ali circula todo o material de veda-rosca que circula dentro da fábrica,... quer dizer se a gente deixar um furo, este material vai dar problema lá na frente e,... é tarde, é jogado fora... Por isso é escolhido a dedo as pessoas que é colocado aqui dentro." (Lauro, F.M.OP)

Além do processamento, esses operadores devem auxiliar os monitores em outras atividades "*lá fora*", como carregar o caminhão, fazer o controle de estoque, emitir notas e, quando necessário, auxiliar na produção de fitas. Os operadores do processo estão sendo treinados para substituir os monitores (o que já fazem na ausência deles), por isso salientam a expectativa de serem promovidos[7].

> "O pessoal do processo tem a característica um pouco diferente do pessoal da produção aqui fora, ele tem que ser mais polivalente, ele não pode só saber fazer aquele serviço lá... quando termina lá, tem que tá exercendo uma outra função... a mistura ocupa no máximo 5 horas da nossa atividade, depois é o tempo pra exercer outra coisa." (Lauro, F.M.OP)

O exercício de atividades pertinentes à função de monitor, bem como a maior complexidade das atividades diárias, torna esses operadores mais polivalentes e autônomos que seus colegas da fábrica. Eles percebem seu trabalho como mais difícil, variado, independente e menos rotineiro do que a produção de fitas e, por isso mesmo, dizem gostar do que fazem.

Os operadores da produção de fitas executam tarefas mais simples e repetitivas. Eles operam as máquinas simples, de fácil manejo,

---

[7] De operador 1 para operador 2.

que produzem fitas veda-rosca, e embalam as fitas, o que inclui o controle de qualidade do produto e a limpeza. Geralmente, sentam-se em mesas e trabalham em equipes de duas a quatro pessoas (dependendo do tipo de trabalho), fazendo rodízio de atividades entre os membros de cada equipe (a cada hora) e entre as equipes (cujos integrantes são fixos).

Esse tipo de trabalho simples e rotineiro é vivido por alguns, geralmente os mais jovens, como algo desgastante. Um operador que havia aceitado o convite da empresa para se transferir para outra unidade, justifica sua decisão dizendo que "*tem domingos que me dá uma angústia de pensar em voltar ao trabalho*".

Entre as atividades rotineiras realizadas destaca-se a atividade de dobrar as caixinhas em que são colocadas as fitas, por ser uma tarefa especialmente monótona e repetitiva. Todos os operadores da produção de fitas podem, eventualmente, executá-la, mas ela é, geralmente, realizada pelos bolsistas da Prefeitura e por um funcionário portador de necessidades especiais[8], caracterizando um processo de exclusão, de quem ainda não faz parte ou não é aceito pelo grupo.

Ao contrário do trabalho no processo, as atividades do operador que produz fitas são consideradas um serviço leve e limpo. Essas características fazem com que seja visto como um trabalho mais adequado para as mulheres. Algumas operadoras contam que esse trabalho é bem mais leve do que o que faziam em outras empresas. Uma delas diz que quando chegou na Alfa achou um "*paraíso*", pensa que quem está no primeiro emprego tem dificuldade em comparar. As operadoras consideram este trabalho um "*serviço de mulher, que tem casa, marido pra cuidar, é serviço de homem vadio*" (operadora). Uma delas diz que as mulheres são melhores do que os homens nesse serviço.

---

[8] Este funcionário conta que já trabalhou nas mesas que produzem fitas, mas como não podia fazer algumas atividades, como buscar caixas, os colegas não o aceitavam. Ele é muito rápido, uma ocasião outro operador comenta que quando entrou na fábrica via "*aquele paraplégico dobrando e parecia um robô*".

O fato de ser um trabalho fácil e não insalubre é valorizado por vários operadores, enquanto outros desvalorizam, justamente, por ser uma atividade muito simples.

> "...não é pesado o serviço, as vezes eu tenho até vergonha de dizer o que eu faço... um cara igual a eu assim, saudável, jovem... que não precisa assim estar tão parado, pode trabalhar num serviço mais pesado... agora tá ali embalando peça, meu Deus do céu!... Teve um rapaz que veio aqui, ele chegou e disse pra mim... desculpa a expressão, daí ele olhou e disse assim pra mim, esse serviço aí é pra quem sofre de impotência. " (Luís, F.M.OP)

As atividades simples e executadas em equipes não requerem muita atenção, permitindo que os operadores conversem, brinquem e, até mesmo, leiam durante o trabalho, tornando o ambiente bastante descontraído. O ritmo é, na maioria das vezes, tranqüilo, contudo os problemas com equipamentos levam a atrasos e à necessidade de acelerar o ritmo.

Ao referirem suas perspectivas profissionais, os operadores geralmente associam o progresso profissional ao estudo, bastante valorizado, embora algumas mulheres mais velhas e casadas, que trabalham na produção de fitas, avaliem não terem mais possibilidade ou que é difícil continuar estudando.

> "...eu tenho pena né, de não ter estudado mais... quem sabe eu não volte a estudar... o meu marido é que é meio chato, não deixa... mas eu gostaria de estudar, terminar pelo menos né, o 2º grau, vamos ver quem sabe mais tarde..." (Neusa, F.T.OP)

Fazer uma faculdade é um desejo expresso por dois operadores. Para um deles, é um sonho possível de ser realizado, enquanto o outro vê dificuldades em concretizar, canalizando seus interesses para um curso técnico que pretende fazer.

Os operadores do processo buscam, através do estudo, uma qualificação que lhes possibilite, no futuro, fazer aquilo de que gostam e/ou estarem preparados para o mercado de trabalho. Essa profissionalização também lhes permitiria buscar o progresso que almejam, o que pode significar a continuidade ou a saída da Alfa, dependendo das possibilidades de crescimento profissional que a empresa ofereça.

> "Se a Alfa me oferecer eu pretendia ficar aqui, ...porque acho uma empresa muito boa... mas se ela não me oferecer, não tiver oportunidade pra mim, né, eu saio porque eu não quero ficar pra sempre assim... Eu estou estudando pra crescer mais, pra mim ir nesta área de informática, neste ramo... se não me oferecerem aqui, se eu achar alguma coisa por fora que seja melhor pra mim, né, eu saio, não queria, mas se precisar..." (Olavo, F.M.OP)

Os operadores da produção de fitas têm perspectivas de futuro bastante diferentes em relação à empresa. Neusa (F.T.OP) e outros operadores gostariam de continuar, seja porque gostam ou porque percebem as dificuldades do mercado de trabalho. Já Luís (F.M.OP) pensa em sair da empresa, pois não vê perspectivas de progresso. Ele gostaria de sair da produção ou montar um negócio, para não ser mais empregado. Essa idéia de montar um negócio ou mesmo de sair do país aparece no discurso de outros operadores da produção de fitas, que não estão satisfeitos com o trabalho.

> "...porque eu tô cansado de ver empregado aí desvalorizado... o empregado, ele só é bem visto sabe quando? Quando ele tá dentro da empresa, tá alcançando a produção, se não mais, e quando ele tá com saúde, ficou doente não tem vez, não deu produção é chamado..." (Luís, F.M.OP)

Em geral, os operadores percebem que trabalhar na produção não tem futuro; contudo, aqueles que trabalham no processo mostram-se mais empenhados na busca de alternativas viáveis para eles, via profissionalização ou levantando outras hipóteses, como fazer um concurso público. Algumas operadoras da produção de fitas expressaram com clareza a falta de perspectivas da sua atividade atual.

> "eu estou há 5 anos fazendo isto, trabalho sempre igual, se tu voltares daqui a 5 anos e eu estiver aqui, vou estar sempre fazendo a mesma coisa." (operadora antiga)
>
> "estou estudando, não quero ficar na produção, produção não tem futuro, é só aquilo, é como uma bicicleta ergométrica, pedala, pedala e não anda pra frente." (operadora jovem)

Modelo ideal

Os operadores entrevistados têm diferentes representações sobre as expectativas da Alfa quanto às características de um bom trabalhador, compondo um modelo ideal bastante variado. Entre as características levantadas, algumas se repetiram no discurso de mais de um entrevistado: ter união, ajudar aos colegas e ser trabalhador e responsável pelo que faz.

> "...que ajude o outro,... que nem quando entram pessoas novas, a gente dá cooperação." (Olavo, (F.M.OP)
>
> "...olha o que tem de puxa-saco... qualquer coisinha já estão fazendo fofoca, porque acha que isto daí é ser um bom trabalhador, mas um bom trabalhador é não faltar ao serviço, bater o cartão ponto no horário certo de entrada e saída né, quando faltar procurar justificar a sua falta né, dá a produção, respeitar o seu superior, ser educado com os colegas..." (Luís, F.M.OP)

Basicamente, o modelo apresentado pelos operadores revela um trabalhador que cumpre com suas tarefas e sabe trabalhar em equipe, semelhante ao que é exigido deles próprios, já que na Fitas o trabalho é executado, principalmente, em grupos.

Além das características mencionadas, foram citadas: ter estudo (determinado grau de instrução), ser interessado e participante, saber ouvir (aceitando críticas) e ter autonomia na execução de suas tarefas (não precisar ser mandado).

A maior parte dos operadores se auto-avaliam como correspondendo às expectativas que a empresa teria em relação a eles. Eles apresentam justificativas para essa auto-avaliação positiva em geral associadas às características apresentadas por eles mesmos. Os dois operadores de processo avaliam que são bons trabalhadores, cumprindo suas tarefas com cuidado, e um deles espera uma promoção por isso. Outra justificativa foi a de que buscam ajudar os outros, em especial os novos.

> "...eu acho que uma pessoa cuidadosa,... eu sou bastante, aqui no processo, que tem que ter bastante cuidado no que está fazendo... se eu não fosse assim eu não tinha ficado aqui dentro..." (Olavo, F.M.OP)

Um dos operadores, que trabalha na produção de fitas, avaliou que corresponde, apenas em parte, às expectativas da empresa, pois a falta de valorização gera desmotivação.

> "...eu me dou uma nota 7, eu não me dou uma nota 10, sabe por quê? Porque há momentos na vida da gente que a gente... pensa na situação... a gente trabalha, trabalha, a gente cumpre horário tá, a gente pensa em nunca faltar, só que a gente não é valorizado, então a gente perde a vontade... aquele impulso pra ser um bom trabalhador... " (Luís, F.M.OP)

Representações sobre a Alfa

Os operadores da fábrica revelam preocupação com a Alfa na medida em que ela representa garantia de emprego. Embora tenham confiança na empresa, percebem as dificuldades do mercado de trabalho e geralmente associam o seu futuro profissional ao bom desempenho dela. Um dos operadores do processo, no entanto, revela não temer o desemprego.

> "... se a Alfa diminui vendas no mercado, a única coisa que o funcionário vai se preocupar é se ele vai ficar desempregado ou não... Eu não tenho medo de ficar desempregado... eu sou alguém que sempre procura participar né, eu acho que uma pessoa que sempre procura participar hoje no mercado, sempre tem um lugar, sempre vai ter um lugar." (Lauro, F.M.OP)

Outro operador do processo mostra preocupação com o seu próprio trabalho, sentindo-se responsável pela qualidade do que produz.

A empresa é percebida pelos operadores através de diversas características, na maior parte positivas. Em primeiro lugar, aparece a idéia de que a Alfa não pressiona, estabelecendo um ritmo de produção que não é difícil de ser alcançado. Na produção de fitas, por exemplo, os operadores têm uma quantidade a ser produzida por hora. Uma operadora explica que eles procuram não superar o que é exigido, guardando o que fazem a mais para o final do expediente e sorri dizendo "*nós enrolamos eles*". Os operadores também valorizam a liberdade que têm no local de trabalho, sendo possível observá-los circulando, conversando e brincando uns com os outros.

> "...aqui foi uma das melhores empresas que eu já trabalhei... o serviço é bem melhor, eles não tão assim em cima, nas malharias *[onde trabalhou antes]* geralmente eles dão muito em cima, muitas regras e já aqui não, a gente trabalha mais liberal né, não pegam muito no pé da gente... " (Neusa, F.T.OP)

Os operadores também destacam o bom relacionamento com o chefe, considerado muito "*humano*" e "*democrático*". A liberdade e o bom relacionamento compõem um ambiente de trabalho agradável, que faz com com que muitos operadores gostem de trabalhar na Alfa. Contudo, esse ambiente positivo foi perturbado por demissões, o que modificou o clima da fábrica, gerando comentários e questionamentos.

Também foram apontadas outras características positivas, que fazem com que os operadores sintam-se valorizados pela Alfa, pois se consideram bem tratados (até mesmo pelos diretores "*que nem amigos*"). A empresa paga bolsas de estudos e outros benefícios, está crescendo e retribui, oferecendo participação nos lucros.

Eles citam algumas características negativas. Existem os que pensam que a Alfa não valoriza o empregado e outros, que mesmo apontando características positivas, sentem-se desvalorizados, principalmente devido ao salário. A maioria considera o salário baixo ou distribuído de forma injusta. O padrão salarial dos operadores é o mesmo, variando conforme o tempo de serviço. Isso foi questionado por um operador da produção de fitas, mais novo e com maior nível de instrução, e por um operador do processo com expectativa de promoção por exercer uma função mais especializada. Apenas um operador se diz satisfeito com o salário, referindo isso justamente quando comentava sua dificuldade em conseguir emprego (por ser deficiente físico) e gratidão por ter sido aceito pela empresa.

> "...hoje na Alfa existe só operador de produção... por isso eu acho injusto esse negócio de salário ...existe pessoa que vêm aqui e fazem aquilo só porque alguém mandou, como existe outras que vêm aqui e fazem o que acham que deve fazer... hoje na Alfa se for comparar salário vezes a capacidade da pessoa, acho que é injusto, o patamar de salário tá igual pra todo mundo." (Lauro, F.M.OP)

Alguns operadores sentem-se pressionados pela Alfa, que faria muitos controles e exigiria ritmo grande de produção, não sendo tão livre como parece. Em vários momentos, é possível observar os operadores trabalhando apressados, dizendo que, conforme o tipo de fita, é difícil alcançar a produção exigida.

Questionado sobre quem determinava quanto devia ser produzido, um operador disse que eram os "*cronometristas*", que vinham da outra fábrica, revelando, assim, que as normas são estabelecidas sem a participação dos trabalhadores. Apesar dessas pressões, os próprios trabalhadores reconhecem que não acontece nada se eles não conseguem alcançar o exigido, pois sempre existem justificativas, como a da máquina parada, por exemplo.

O discurso sobre a unidade em que trabalham revela o sentimento de fazerem parte de uma fábrica esquecida por todos na Alfa. Eles seriam os últimos a saber o que acontece ou a ser convidados para alguma coisa e reclamam, também, da ausência dos membros da diretoria na fábrica.

Perfis dos monitores

Trajetória profissional

A formação dos dois monitores da fábrica é compatível com as exigências da empresa, pois ambos têm 2º grau completo. André (F.M.MO) fazia curso técnico, mas teve que interromper. Eles fizeram diversos cursos na empresa (liderança, qualidade), entre os quais o de monitor, preparatório para o exercício da função. O monitor mais novo afirma ter aprendido sua função com o colega mais experiente.

Eles não tiveram experiências de trabalho anteriores relacionadas à atividade atual. Um deles trabalhou como cobrador de ônibus e o outro como auxiliar de gerência no comércio. Os dois destacam, como ponto comum entre as atividades anteriores e a atual, como monitor, a exigência em lidar com pessoas.

Ao relatarem sua trajetória na Alfa, os monitores reportam-se ao fato de terem trabalhado, inicialmente, como operadores; um deles trabalhou sempre na Fitas e o outro (mais antigo) trabalhou algum tempo na Acessórios. Pedro (F.T.MO) é mais experiente, e foi líder de produção antes da criação do cargo de monitor. Dessa forma, a troca de cargo significou, para ele, uma continuidade do trabalho que vinha exercendo. Os dois fizeram seleção para o curso de monitor; na ocasião,

André (F.M.MO) trabalhava na Alfa havia apenas, um mês, tendo passado a atuar no cargo antes mesmo da conclusão do curso. Essa situação foi, segundo ele próprio, bastante questionada pelos colegas.

Os monitores consideram a administração do processo produtivo a sua principal atividade, o que envolve tanto a organização da produção, como coordenação do pessoal, sendo auxiliares diretos do chefe da fábrica. Eles também exercem outras tarefas complementares à produção, como a expedição dos produtos.

> "...minha tarefa é administrar tá... o que tá no quadro de kanban é pra colocar o pessoal pra trabalhar nas máquinas, organizar o setor, auxiliar eles quando eles precisam, fazer um revezamento... dá assistência às chefias e tentar liderar o pessoal, administrar em geral... tentar, por exemplo, organização tá, manter a limpeza..." (André, F.M.MO)

Fitas tem características diferentes das outras unidades, pois não possui setores de apoio e dispõe de apenas um chefe, cujo horário não cobre todo o período de funcionamento da produção e que, mesmo durante no seu horário, é constantemente solicitado a ausentar-se da fábrica. Com isso, aumentam as tarefas e as responsabilidades dos monitores[9]. Eles ficam, muitas vezes, sozinhos com os operadores, responsabilizando-se por tudo o que acontece na fábrica e devendo tomar decisões.

> "...Aqui inclusive a gente fica responsável por tudo e quando o Júlio *[chefe]* não está, aí a gente responde por ele, se tiver que tomar alguma decisão a gente toma. Estas medidas assim de mandar peças para expedição, receber mercadorias, pedir... não esperar ele chegar, pra não deixar faltar o produto..." (Pedro, F.T.MO)

---

[9] Como o chefe de fábrica havia sido contratado pela empresa há pouco tempo, os monitores conhecem a fábrica bem mais do que ele.

Essa situação coloca os monitores em posição intermediária entre o chefe e os operadores, o que é vivido, principalmente, pelo monitor mais novo, como uma forma a mais de pressão.

> "...Com o monitor no meio, o monitor recebe instruções da chefia e passa para a produção, aí da produção... passa para o monitor, entende; a gente recebe uma carga dos dois lados, a gente tem que saber trabalhar com isso..." (André, F.M.MO)

Todas essas características promovem a identificação dos monitores com a chefia, o que inclui não só a administração da fábrica, como também contribuir para o funcionamento do programa participativo da empresa, dando idéias e estimulando a participação dos operadores.

Ao falarem de suas perspectivas, os monitores também valorizam o estudo, que é associado ao progresso profissional. Ambos planejam retomar ou continuar estudando. André (F.M.MO) planeja concluir seu curso técnico, enquanto Pedro (F.T.MO) gostaria de estudar para progredir na empresa.

> "...eu penso em fazer a faculdade... quero ver se consigo fazer a faculdade de administração, eu gostaria de continuar neste ramo assim... aqui a gente tem uma visão bem acentuada, como vai ser se a gente for chefe... gostaria de pegar nesta vaga" (Pedro, F.T.MO)

Os dois monitores tiveram ascensão na empresa, vêem perspectivas de continuarem progredindo e, por isso, valorizam a Alfa e gostariam de continuar trabalhando ali.

Modelo ideal

Os monitores estão de acordo em apenas uma característica que consideram corresponder às expectativas da empresa sobre o que é um bom trabalhador: deve ser interessado e participante, buscando desenvolver a empresa e a si próprio. Cabe lembrar, conforme já foi relatado, que os monitores consideram que promover a participação na empresa é uma das atribuições do seu cargo.

> "...ter o mesmo objetivo da Alfa, crescer sempre... a pessoa que entra na Alfa tem que ser uma pessoa que quer participar, quer colaborar, que não vem aqui só para ganhar dinheiro, que vem pra se valorizar e valorizar a empresa que ela tá trabalhando...." (André, F.M.MO)

Os monitores apontam outras características que os trabalhadores deveriam ter: saber se relacionar com os outros e trabalhar em equipe, ter bom nível de estudo, saber ouvir e aceitar críticas. Um dos monitores também afirma que não é necessário ter qualificações especiais, como ser forte ou inteligente.

Quando solicitados a analisarem em que medida correspondem às expectativas da empresa, Pedro (F.T.MO), monitor mais antigo, mostra-se mais seguro do que seu colega em relação a seu exercício profissional e auto-avalia-se positivamente, pois considera que tem paciência para lidar com o pessoal, buscando estar sempre próximo a eles. André (F.M.MO) considera que não corresponde, plenamente, às exigências da Alfa, que são excessivas.

> "...em partes... se eu faço uma coisa, eu tenho que ter um limite... que eu não posso ultrapassar... muitas vezes eles cobram muita coisa de mim e não sabe como tá a minha situação... tu tenta passar para eles, só que eles não entende... *[eles quem?]* chefia e o pessoal da produção mesmo... *[cita operadores recentemente demitidos]* ...tentava ajudar eles, eles não aceitavam, porque chega ali, um limite ...ou tu toma uma decisão ou... se torna todo mundo errado..." (André, F.M.MO)

Representações sobre a Alfa

Os monitores revelam maior preocupação com o seu próprio trabalho do que com o todo da empresa, já que se sentem confiantes no desempenho dela. Sentem-se responsáveis pelo que acontece na fábrica, especialmente no seu turno de trabalho, pois a empresa dependeria disso.

Os dois entrevistados revelam apenas representações positivas sobre a empresa, sentindo-se valorizados pelas oportunidades que ela lhes tem oferecido. Consideram que a Alfa valoriza e apóia os empregados e retribui o seu desempenho através de treinamentos e de outras oportunidades de crescimento, como vem ocorrendo com eles. Percebem o crescimento da empresa e sentem-se satisfeitos em fazer parte dela.

> "....a Alfa vai mudar e vai mudar bastante, vai crescer e vai dobrar a capacidade de produção com a fábrica nova... a gente sempre procura informações pra ver como é que vai os outros setores da empresa... a gente sabe cada setor da empresa, a empresa no global..." (Pedro, F.T.MO).

Perfil do chefe de fábrica

Trajetória profissional

O chefe da fábrica tem uma formação ampla e seu grau de instrução é compatível com a exigência atual da empresa para o cargo, que é nível superior. Júlio (F.D.CF) tem curso técnico em mecânica e metalurgia e fez graduação e especialização em administração. Ele relata que aprendeu o exercício de sua função na prática, com suas experiências anteriores, o que diz ser uma exigência da empresa para contratação de um chefe de fábrica. Considera que essa experiência lhe trouxe "*bastante bagagem*", tanto em termos técnicos, como na administração da produção e do pessoal.

Júlio (F.D.CF) relata ter trabalhado em diversas indústrias, exercendo funções variadas, chegando, inclusive, a atuar como gerente industrial. Conta que prestou serviços em indústrias plásticas, na área de injeção, mas nunca havia trabalhado com o mesmo tipo de produto da Fitas. Ele também trabalhou como professor em uma escola técnica.

O chefe da fábrica de Fitas trabalhava na Alfa havia menos de um ano na ocasião da coleta de dados, tendo ingressado diretamente na unidade para ocupar esse cargo, através de um convite do gerente de produção do grupo.

Júlio descreve seu trabalho atual na Alfa como o de chefiar a fábrica de Fitas e, para isto, deve administrar o pessoal, com vistas a atingir as metas de produção. Considera-se responsável por tudo o que acontece na fábrica, desde matéria-prima (análise da qualidade e controle de estoque), funcionamento dos equipamentos, produção, até o controle de pessoal. Assim como os monitores, considera que incentivar a participação do pessoal é parte de sua função,.

Cabe a ele, ainda, representar a fábrica diante de toda a empresa. Para tanto, é muitas vezes solicitado a participar de atividades realizadas em outras unidades do grupo.

> "...atividades de reuniões, cursos, tudo isto a gente participa, né. Nós temos reuniões mensais de apresentação de resultados da empresa... tem também reuniões a cada dois meses, ...em relação à apresentação dos planos de ação e indicadores de todas as áreas... onde participam toda a gerência, diretoria e chefias da empresa, com intuito das pessoas se integrarem..." (Júlio, F.D.CF)

Júlio (F.D.CF) tem uma trajetória profissional longa e nível de estudo maior do que os outros integrantes da Fitas, sem revelar projetos futuros de estudo ou ascensão funcional específicos, referindo-se, apenas, a um ideal genérico de conquistar uma vida melhor. Em relação à Alfa, sua avaliação é bastante positiva, deixando claro que gostaria de continuar na empresa.

> "Ah! Sem dúvida, eu não penso em sair da Alfa... a empresa é nova... está... dando muitas oportunidades pra as pessoas...

> ela está abrindo muito o leque de atuação no mercado... ela está fazendo isso e muito mais, ela vai, eu penso, que ela vai conquistar..." (Júlio, F.D.CF)

Modelo ideal

Da mesma forma que os monitores, Júlio (F.D.CF) destaca como características esperadas pela empresa que o trabalhador seja alguém participante e interessado, isto é, uma pessoa que busque melhorias, seja dinâmica e tenha iniciativa para participar. Como em qualquer empresa, ele considera que a Alfa espera que as pessoas sejam responsáveis pelo seu trabalho. Esse tema apareceu tanto na entrevista como nas colocações que fez em reuniões com todos logo após a demissão de dois operadores. Além dessas características, o chefe também pensa que trabalhar na empresa não requer qualificações especiais.

> "...a Alfa tem atividades que são ...atividades normais, que não precisa uma pessoa, digamos assim, ser um catedrático, ser um engenheiro, ser um astrólogo, fazer uma função que não é a função de pensar tanto..." (Júlio, F.D.CF)

Júlio (F.D.CF) avalia que vem correspondendo às expectativas depositadas nele, já que busca constantemente melhorar seu desempenho e superar suas dificuldades.

Representações sobre a Alfa

Um dos aspectos que é possível destacar sobre as representações de Júlio (F.D.CF) em relação à Alfa, é que, apesar do pouco tempo na empresa, ele se sente bastante integrado, mostrando-se identificado com seus valores, o que parece ser correspondido, já que é solicitado a participar de atividades que vão além da chefia da unidade. Considera, ainda, que a Alfa dá oportunidades e reconhece quem participa como ele, estimulando-o a participar mais. Também pensa que os empregados não são pressionados a trabalhar além de suas capacidades, como ocorre em outras empresas. Tem uma percepção otimista sobre o desempenho e o crescimento da Alfa.

> "...ela *[Alfa]* está abrindo muito o leque de atuação, de mercado... com esta visão que ele tem hoje... eu penso que ela vai conquistar e conseguir, porque ela está olhando lá na frente, ela está se preparando para aqueles problemas ou dificuldades que poderão existir..." (Júlio, F.D.CF)

Considerações sobre os trabalhadores da "fábrica esquecida"

Ao longo de sua trajetória profissional, os trabalhadores desenvolvem processos coletivos de identificação com pares e com a empresa. No caso dos operadores da Fitas, é possível perceber a existência de dois perfis profissionais diferentes, que vão corresponder, também, a processos diferentes de identificação.

Os operadores de processo estão mais engajados e informados sobre o PAAP do que os outros operadores da fábrica[10]. Eles são todos homens e executam um trabalho considerado mais complexo, que exige maior qualificação. Dessa forma, mostram satisfação em trabalhar com tarefas que, segundo sua percepção, requerem maior autonomia, responsabilidade e polivalência, tendo, assim, uma expectativa de reconhecimento por parte da empresa. Nesse caso, a polivalência pode ser entendida como a capacidade de fazer tarefas com diferentes níveis de complexidade e, não apenas, tarefas simples e variadas. Essas características aproximam os operadores do perfil do novo trabalhador que a empresa vem buscando.

Os operadores citados desempenham uma função masculina, valorizam seu trabalho e seu projeto profissional, percebendo-se capazes de influir na execução do primeiro e na construção do segundo.

---

[10] Ver resultados sobre a participação dos operadores da fábrica de Fitas apresentados na parte I deste livro.

O fato de perceberem-se como participantes ativos da organização e de realizarem um trabalho com significado sugere que o processo de identificação caracteriza-se pelo resgate de certa "dignidade" no trabalho. Segundo Hodson (1996), a dignidade seria recuperada por todos os trabalhadores de organizações participativas, mas, no caso da Alfa, trata-se de uma exceção decorrente de características peculiares dessa fábrica (que foge ao controle e ao padrão das outras unidades) e da função de operador do processo, não tendo sido observada da mesma forma em outros operadores.

Os operadores da produção de fitas, a grande maioria nessa fábrica, desempenham uma função considerada feminina. Realizam atividades repetitivas, mais leves, fáceis e limpas do que no processo, que seriam, portanto, consideradas mais adequadas para mulheres casadas e que também se dedicam a atividades domésticas. São justamente essas mulheres, mais experientes, quem mais valorizam seu próprio trabalho, principalmente, quando comparado com o trabalho em empregos anteriores. Enquanto os jovens (homens e mulheres) mais inexperientes questionam o que fazem pela falta de significado, embora considerem as condições de trabalho melhores do que no processo.

Esses operadores executam um trabalho sem significado, que não exige qualificação; não têm perspectivas de progresso profissional. Assim, continuar exercendo essa função significa ficar parado (pedalar em uma "*bicicleta ergométrica*"). Essa trajetória e função os colocam dentro de um perfil tradicional de trabalhador que a Alfa estaria buscando substituir. A saída para os operadores mais jovens seria dedicar-se a um projeto profissional fora da Alfa. Já as operadoras mais antigas planejam apenas continuar trabalhando, revelando engajamento maior em esferas da vida privada (a família e o trabalho doméstico) do que na vida profissional. Tudo isso sugere similaridade com os processos de identificação característicos do modelo de retirada, descrito por Sainsaulieu (1980, 1988), no qual o trabalhador demonstra uma "*presença pouco implicada*" ao trabalho, valorizando mais fatores externos.

Os monitores da Fitas estão satisfeitos com o trabalho e com a Alfa, são gratos pelas possibilidades de crescimento profissional que tiveram e que ainda poderão ter. Ambos são bastante integrados e informados sobre o programa participativo, e acreditam que seu papel, como chefia, seja não só de participar, mas de incentivar a participação dos outros, contribuindo para o bom funcionamento do PAAP.

Esses monitores apresentam características diferentes e comuns. As diferenças apontam para dois modelos de trabalhadores da Alfa, o novo e o velho. André (F.M.MO) seria representante do novo modelo que estaria sendo gerado, no qual a formação (estudo), a iniciativa individual e a identificação com a empresa são mais valorizadas que a experiência e o saber/fazer profissional[11]. Pedro (F.T.MO) representaria o trabalhador antigo que subiu na carreira pela valorização da experiência, contudo, ele se percebe capaz de adaptar-se ao novo modelo através do estudo, podendo alcançar reconhecimento e ascensão profissional na Alfa, que sempre lhe depositou confiança.

Entre as características comuns aos monitores, destacam-se as perspectivas de carreira na empresa, a identificação com o papel de chefe (mais importante que a solidariedade entre pares), favorecendo o rápido progresso profissional e a assimilação dos valores da Alfa. Essas características fazem que os monitores revelem um processo de identificação que se aproxima do modelo de afinidades descrito por Sainsaulieu (1980, 1988), no qual as redes de relações privilegiadas favorecem a mobilidade social rápida.

O chefe de fábrica é bastante novo na Alfa, mas se mostra integrado, satisfeito e identificado com a empresa. Além de coordenar as atividades da fábrica e estimular a participação dos subordinados, é chamado a integrar-se em atividades e tomar decisões não rotineiras, o que não acontece com todos os chefes. Esse chefe tem um perfil que corresponde ao novo modelo proposto pela empresa, qualificado e ativo, sentindo-se reconhecido em suas competências e capaz de exercer alguma influência. Dentro desse perfil ele, assim

---

[11] Apesar do próprio André (F.M.MO) ter relatado um série de dificuldades com os subordinados, ele continua exercendo um cargo de liderança.

como outros chefes de fábrica (como veremos), se aproximaria de um papel mais gerencial, diferente de alguns chefes que desempenham a função numa perspectiva mais limitada.

Os integrantes da Fitas apresentam diferentes percepções sobre as características que compõem o modelo ideal de trabalhador esperado pela Alfa. A grande maioria considera que corresponde ao modelo, já que não corresponder poderia implicar a saída da empresa. Eles geralmente descrevem características bastante próximas das suas, o que contribui para a auto-avaliação positiva. O operador deve trabalhar corretamente e saber atuar em equipe, enquanto os monitores e o chefe devem ser participantes e interessados. Apenas dois entrevistados não se vêem correspondendo plenamente ao esperado: um operador insatisfeito, que pensa em sair da empresa, e um monitor, que apresentou dificuldades no desempenho de sua função.

Os entrevistados têm representações predominantemente positivas sobre a Alfa, vista como uma empresa que valoriza e trata bem seus funcionários, não pressiona, oferece benefícios e possibilidades de crescimento. Apenas os operadores apresentam representações negativas, das quais a principal é relativa ao salário, considerado baixo e distribuído de forma injusta. Essas representações sugerem que a identificação com os valores da empresa é mais forte nos níveis hierárquicos superiores, já que são categorias profissionais mais expostas ao discurso empresarial, tal como apontado por Lima (1994).

A Fitas é uma unidade que está longe do perfil de empresa moderna que a Alfa vem buscando. Ela pode ser percebida como uma espécie de apêndice do todo integrado (grupo empresarial), é isolada, funciona em uma sede alugada e não desenvolve projetos de melhorias do espaço físico (como está sendo feito na Acessórios). A maior parte dos seus integrantes, os operadores de produção de fitas, desempenham uma atividade bastante simples e desqualificada, que não se adaptaria ao novo perfil de trabalhador da empresa. No entanto, esse tipo de atividade é necessário e lucrativo para Alfa, que ainda não podia prescindir dessa pequena unidade, bem como de seus trabalhadores antigos. É interessante notar que, apesar de existir maior participação formal nessa unidade, são justamente os integrantes com perfil antigo de trabalhador que têm maior dificuldade de participar concretamente.

Trabalhadores da fábrica moderna

Fábrica de Conexões

Essa fábrica, como foi apontado no capítulo 2, é a mais moderna das unidades pesquisadas, sendo por isso avaliada positivamente pelos trabalhadores. A maior parte dos operadores dali opera injetoras, produzindo conexões plásticas. Outros operadores trabalham na preparação da matéria prima ou montam peças. Todos são considerados operadores, independentemente da área em que atuam, já que sempre existe a possibilidade de passarem, em caráter eventual ou não, de uma atividade para outra. Essa exigência de flexibilidade em relação à tarefa tende a ser vista de forma positiva pelos operadores da montagem, que, em geral, já trabalharam nas máquinas.

> "...todo operador faz montagem, ...com o tempo ele vai botando várias pessoas ali que vai aprendendo as coisas daí, vai acontecendo um rodízio ...um passa pra cá, outro passa pra cá, por exemplo assim, uma pessoa tá ali só cortando uma determinada tipo de peça né, então se ela ficar muito tempo ali ela vai ficar meia... sem entusiasmo pra trabalhar, ...existe um desgaste, um cansaço nesse tipo de tarefa, então uma outra pessoa assume ali, essa pessoa já vai pra um serviço mais ameno né, mais tranqüilo, então existe isso, é bom." (Mário, C.N.OP)

Os operadores mais antigos e experientes manejam as injetoras, embora também existam operadores mais novos trabalhando ali. Na montagem, trabalham mais mulheres, que na injeção (com exceção da noite). Também ficam nesse setor os menores de idade (que não podem operar máquinas) e pessoas com alguma deficiência ou problema físico temporário. A preparação é a única área onde trabalham apenas homens nos três turnos.

Entre os cinco monitores entrevistados, um (Cláudio, C.N.MO) estava exercendo, provisoriamente, a função, apesar de não ter o cargo e nem mesmo o curso de monitor, o que era uma exceção em toda a empresa.

O nível de integração dos integrantes da Conexões no programa participativo da empresa é menor dos nas outras unidades e o grau de informação a respeito também é menor. O quadro 8 sintetiza as principais características dos entrevistados na fábrica de Conexões; cabe observar que os resultados tomam como referências não só as entrevistas, mas também outras fontes, como observações e depoimentos.

Perfis dos Operadores

Trajetória

No que se refere à formação, a maior parte dos operadores entrevistados, tem grau de instrução compatível com as exigências da empresa: três já completaram o 2º grau, três estão cursando, um está fazendo o 1º grau e outro já concluiu. Os mais antigos têm menor nível de instrução, pois ingressaram na Alfa quando eram exigidos níveis mais baixos de escolaridade. Eles dizem sentir necessidade de retomar os estudos, apesar das dificuldades, em função das exigências específicas da empresa ou do mercado de trabalho em geral.

> "...quando eu parei de estudar eu tinha 13 anos de idade, ...eu fiz 14 anos eu comecei a trabalhar já, ...eu não gostava mesmo de estudar, não gosto até hoje, tô estudando porque sou obrigado, ...a gente quando é novo a gente não pensa que um dia a gente vai ficar velho, que a empresa vai começar a exigir, entende, foi o que aconteceu com nós aqui, a empresa

Quadro 8: Entrevistados na Fábrica de Conexões

Identificação	Idade	Tempo na Alfa	Turno	Cargo	Função atual	Setor	Instrução
Alberto (C.T.OP)	36-40	5 a	tarde	preparador de material	preparador de material	preparação	1° grau completo
Bruno (C.T. OP)	31-35	8 a 2m	tarde	operador	operador	injeção	1° grau incompleto
Celso (C.M.OP)	26-30	2 a	manhã	operador	operador	injeção	2° grau completo
Gilmar (C.T.OP)	31-35	1 a 6 m	tarde	operador	operador	injeção	2° grau técnico incompleto
Irene (C.T.OP.)	36-40	1 a 6 m	tarde	auxiliar de produção	operadora	injeção	2° grau incompleto
Mário (C.N.OP)	36-40	2 a	noite	operador	operador	montagem	2° grau completo
Sandra (C.M.OP)	21-25	1 a 8 m	manhã	operadora	operadora	montagem	2° grau técnico completo
Silvio (C.N.OP)	41-45	6 a	noite	operador	operador	injeção	2° grau incompleto
Anselmo (C.T.MO)	36-40	5 a 6 m	tarde	monitor	monitor	injeção	2° grau incompleto
Cláudio (C.N.MO)	21-25	1 a 8 m	noite	operador	monitor (provisório)	injeção	2° grau completo
Ênio (C.N.MO)	36-40	9 a 8 m	noite	monitor	monitor	injeção	1° grau incompleto
Jaime (C.M.MO)	41-45	10 a 5 m	manhã	monitor	monitor	preparação	2° grau completo
Nelson (C.M.MO)	31-35	11 a 4 m	manhã	monitor	monitor	montagem e "subchefia"	2° grau completo
Ferreti (C.D.CF)	36-40	2 a 6 m	diurno (M e T)	chefe de fábrica	chefe de fábrica		superior completo
João (C.N.CF)	31-35	7 a 6 m	noite	chefe de fábrica	chefe de fábrica		superior incompleto

começou a exigir, ...chega uma hora que de tanto bater numa tecla, a gente é obrigada né,... " (Bruno, C.T.OP)

Alguns operadores também fizeram cursos de preparação para o trabalho, fora ou dentro da empresa. Um operador de injetora está cursando o técnico de elétrica e eletrônica e uma operadora da montagem fez o técnico de contabilidade e outros cursos, como datilografia e computação. O preparador entrevistado relata que fez, na Alfa, treinamentos de bombeiro e para lidar com o equipamento de alimentação das máquinas. Um dos entrevistados fez também o curso de monitor aguarda uma vaga. Outros dizem terem aprendido na prática como lidar com os equipamentos, valorizando essa possibilidade de aprender coisas novas através do trabalho, em especial, ao manejar equipamentos considerados difíceis, como os "robôs"[12].

> "...quando eu comecei, ...acontecia alguma coisa ou trancava alguma coisa lá, eu tinha que pedir pro monitor..., agora é muita coisa que eu já sei... Hoje consigo resolver, já aprendi né, a gente já sabe agora onde mexer e como né, no começo não, no começo não sabia nada, olhava ali e não sabia nada, agora não, já aprendi." (Irene, C.T.OP)

A maior parte dos operadores entrevistados, diferentemente dos da Fitas, teve experiências anteriores de trabalho em indústrias. Dois já haviam trabalhado com plásticos e cinco em outros tipos de indústrias (metalúrgicas, tecelagens etc.). Alguns consideram trabalhar com plásticos uma atividade bem mais leve do que atuar em outro tipo de indústrias. Dois chegaram a exercer funções mais qualificadas (líder de produção e controle de qualidade) em outras empresas. Apenas uma entrevistada nunca trabalhara em indústria, tendo sido secretária. Diversos operadores relatam experiências de trabalho bastante variadas: comércio, exército, bancos, agricultura, negócio próprio etc. Uma operadora trabalhou na administração da própria Alfa, saiu e ficou cinco anos "*parada*", cuidando dos filhos. Quando retornou, seu nível de instrução não lhe permitiu reassumir o mesmo tipo de função e teve que "*ir pra produção*" (Irene, C.T.OP).

Quatro entrevistados relatam que ficaram desempregados por meses antes de entrar na Alfa. Para alguns, foi um período curto; para outros, a experiência teve um significado maior.

> "...fiquei 11 meses desempregado, não foi fácil, casado com filhos, ...aí corri por aí né, pra ver se conseguia alguma vaga

---

[12] Os chamados "robôs" são braços mecânicos que, colocados junto às injetoras, inserem roscas de metal nas peças produzidas automaticamente. Existiam dois equipamentos destes na fábrica, que ainda estavam sendo adaptados e apresentavam problemas freqüentes.

né, seja o que for, de operador, de... eu não exigia trabalhar no laboratório né, *[atividade anterior]* ...aí eu iniciei na produção, parado não dava pra ficar né, e graças a Deus eu consegui pegar aqui na Alfa, depois de 11 meses." (Gilmar, C.T.OP.)

Ao relatarem suas trajetórias na Alfa, vários operadores (incluindo os três entrevistados com maior tempo) dizem ter trabalhado na matriz (Acessórios), pois quando a Conexões foi inaugurada (aproximadamente três anos da pesquisa de campo) foram transferidos operadores de lá, ou vieram em seguida. Segundo Bruno (C.T.OP), foram escolhidos os melhores operadores da matriz para iniciar essa unidade. Os operadores com dois anos ou menos na Alfa relatam que sempre trabalharam na Conexões.

Os operadores ingressaram na empresa para exercer essa função[13] e geralmente começam trabalhando nas máquinas, podendo passar a exercer outras atividades, como a montagem ou a preparação de material. Um entrevistado afirma ter trabalhado, temporariamente, na expedição de produtos da fábrica. Os entrevistados que operam injetoras sempre exerceram essa mesma atividade; dentre eles, os mais antigos mostram orgulho em falar de sua experiência, relatando que, mesmo na Acessórios (onde existem outros tipos de máquinas), trabalharam só com injetoras.

Os operadores, como Celso (C.M.OP), que fizeram o curso e aguardavam vaga para monitor, passaram de operador 1 para 2 e tiveram um pequeno aumento. Na ocasião, existiam algumas vagas e eles estavam sendo avaliados pela chefia, o que criava um "*clima de competição*".

"*[Nem todos que fizeram o curso assumiram o cargo de monitor, não é?]* É, ...porque, eles avaliam num modo geral né o pessoal aí, conforme vai surgindo vaga agora eles... de

---

[13] Apenas duas operadoras da montagem do turno da tarde relatam ter começado na Alfa em outra função, fazendo a limpeza da fábrica.

> manhã éramos em 7... surgiu 2 vagas né, agora nós 5... conforme agora surgir vaga aí, aí somos em 5 né, tem mais a tarde e a noite né, nós podemos, vamos dizer, ir pra outro turno como ficar nesse turno, horário normal sei lá, aí depende como surgir né." (Celso, C.M.OP)

As expectativas de promoção na Alfa nem sempre foram bem sucedidas, como destaca Gilmar (C.T.OP.), que havia tentado uma vaga de eletricista e também fez seleção para curso de monitor, mas foi reprovado nas duas ocasiões, o que lamenta.

No que diz respeito ao exercício profissional atual, os operadores da Conexões, como foi relatado, podem exercer três tipos de atividades diferentes: preparação de matéria-prima, operação de injetoras e montagem. Contudo, nessa fábrica, a mobilidade entre uma função e outra é maior do que na Fitas.

Alberto (C.T.OP) é o único preparador que tem esse cargo, pois os outros são operadores ou auxiliares de produção. Isso se deve ao fato de ele ser mais antigo no setor, pois o cargo já foi extinto, embora a função permaneça. Nessa função, o operador deve recolher as sobras de material na fábrica e levar até o galpão da preparação; o material é descarregado no moinho e moído para reaproveitamento da matéria prima.

> "Ah, a tarefa nossa é colhê o bico... Passar com o carrinho na fábrica colhendo o bico, rotina que todo dia você vê no corredor, quando não é um é outro né, aquilo leva lá prá trás, mói... Mói, bota no moinho, mói, aí depois... que a alimentação é feita automática..." (Alberto, C.T.OP)

No galpão da fábrica existem painéis eletrônicos que controlam a alimentação automática de matéria-prima que vem do setor de preparação. Programar esses painéis é uma tarefa dos monitores; contudo, Alberto (C.T.OP), eventualmente, faz a regulagem dos painéis, ao contrário de outros colegas, que não estão autorizados a realizar essa tarefa. As atividades da preparação implicam, apenas, na tomada de decisões simples, ligadas ao trabalho (como trocar a faca do moinho). Alberto (C.T.OP) revela orgulho dos seus conhecimentos no trabalho e afirma gostar do que faz, por ser mais livre, apesar de mais sujo e barulhento, do que as outras atividades da fábrica.

> "...lá atrás é mais barulho, o setor é mais sujo, e tem tudo que tu vê lá atrás, ...na máquina é muito preso, porque lá trás onde tu for, tu tá trabalhando, entende, eu não gosto de chega e diz, pô tá voando, ...o monitor tá cobrando da gente, ...então lá eu acho que é um setor bom pra gente trabalhar... É, um trabalho mais solto né, só que tem que fazer certinho o serviço né,..." (Alberto, C.T.OP)

A grande maioria dos operadores da Conexões maneja injetoras que produzem diferentes tipos de peças. Cada operador é responsável por uma ou mais máquinas (até três). As características do equipamento e as necessidades de produção determinam quantas máquinas podem ser operadas e o ritmo de produção. Quando há revezamento de colegas (geralmente no horário das refeições), os operadores podem ficar responsáveis por mais de três injetoras. Em algumas células, os operadores são fixos; em outras, há rodízio de tarefas.

Faz parte da rotina de trabalho saber lidar com os equipamentos. Os operadores devem ser capazes de iniciar, regular a máquina e resolver problemas rotineiros; os mais experientes mostram maior capacidade de solucionar as panes, bastante freqüentes. Quando necessário, o monitor é chamado para solucionar os problemas ou, conforme o caso, solicitar o auxílio da manutenção.

> "*[Cuidar da máquina envolve várias coisas?]* É envolve uma porção de coisas... Mexe com painel sim, se precisa regular, iniciar, parar ou parou pra iniciar de novo ou, qualquer

coisa que precisar, ...tem que operar também, não é só dizer que chegou a máquina tá trabalhando... Tem que fazer ela funcionar, tem que entender se precisar parar, tem que parar, se precisar iniciar tem que iniciar..." (Silvio, C.N.OP)

Os operadores demonstram orgulho do seu conhecimento sobre o trabalho e da capacidade de lidar com os equipamentos. Em vários momentos, explicavam o funcionamento de tudo com satisfação e riqueza de detalhes . Outro aspecto enfatizado pelos próprios operadores e pela chefia é a responsabilidade pela qualidade da peça. O operador deve fazer controles visuais, medidas periódicas das dimensões e ajustar a máquina para que produza corretamente. Deve, também, identificar com etiquetas cada pacote de peças que produz, responsabilizando-se pelo que faz.

"*[Quais são as atividades que você tem que fazer todo dia?]* Cuidar da qualidade da peça, embalar a peça... *[O que é cuidar da qualidade?]* É cuidar de tudo ali..., o visual da peça, se ela tá boa ali no cálibre, cuidar da máquina quando tranca…, o CEP *[controle estatístico de processo]* que eles diz né, que é o controle ali que a gente faz, de duas em duas horas ...você tem que tirar uma injetada da máquina, de peças, pra ver o visual dela, olha se tá tudo joinha, tudo boa e depois passar aquele cálibre, pra ver se ela tá…, se tá rosqueando direitinho, se não tá muito larga, se tá boa na rosca ou aquele outro né,…" (Irene, C.T.OP)

Os operadores ajudam os colegas ou monitores quando têm disponibilidade ou são solicitados. Celso (C.M.OP), que fez o curso de monitor, muitas vezes colabora, em especial, na troca de moldes. Essa tarefa é atribuição dos monitores, mas vários operadores ajudam a trocar os moldes e alguns chegam até a trocá-los sozinhos. Além do manejo das injetoras, o operador pode realizar, dependendo do seu posto, uma série de atividades complementares, como: limpar e organizar a sua área (todos), contar e ensacar peças, cortar peças ou "*bicos de injeção*"[14] com alicates, realizar pequenas montagens etc.

> "*[Quando você diz que faz de tudo um pouco, o que é?]* É, é trocar, troca de molde, é... ah buscar embalagem, é... limpar chão, limpar máquina, é... de tudo, de tudo, é... ah embalar peça, arrumar os moldes no lugar, revezar, isso aí." (Celso, C.M.OP)

Em geral, os operadores consideram seu trabalho rotineiro, envolvendo apenas decisões simples, devendo consultar o monitor ou o chefe para problemas que fujam à rotina. Um operador antigo diz que sabe tomar as decisões relacionadas com seu equipamento, mas consulta a chefia porque "*não gosto de passar por cima*" (Bruno, C.T.OP).

No setor de montagem existe uma equipe de operadores por turno que monta, testa e embala registros de diferentes bitolas. Eles fazem rodízio na execução das tarefas. Nesse setor, o operador também deve cuidar da qualidade do produto final, observando o que passou despercebido na produção dos componentes, feita no setor de injeção. O tipo de produto feito na Conexões exige bem menos trabalho de montagem do que nas outras unidades, pois muitas peças já saem prontas das injetoras ou requerem acabamentos que são feitos pelos próprios operadores de máquinas.

> "Então a gente monta as peças que compõe o registro, depois monta o registro em si, testa ele naquela máquina de pressão, depois embalamos, colocamos a etiqueta de identificação, embalamos e expedição, é só isto, é só, na parte de registro é só isso." (Sandra, C.M.OP)

---

[14] A matéria prima injetada no molde passa por canais; depois de cada ciclo sobram resíduos de material nesses canais, formando os "*bicos de injeção*". Alguns equipamentos cortam automaticamente esses canais; outros (mais antigos), requerem que o operador o faça manualmente. Existem operadores que relatam problemas de saúde e desconforto decorrente deste trabalho. O chefe do dia confirma que as lesões por esforço repetitivo (LER) são comuns nos trabalhadores que utilizam alicates para cortar o material duro.

Além da montagem dos registros, esses operadores realizam outras tarefas, como: buscar os componentes junto às máquinas e controlar o estoque. Existem, ainda, atividades realizadas apenas por determinados operadores da montagem. Um deles relata que a sua atividade principal é "*distribuir os* kanbans" de produtos solicitados pela expedição por toda a fábrica. Outro maneja um pequeno torno que faz roscas em um dos componentes dos registros.

Na área de montagem, os operadores também tomam decisões simples, relacionadas com o seu trabalho. Contudo, Sandra (C.M.OP), que já havia trabalhado com as injetoras (mudou de setor por problemas de saúde), avalia que na montagem existem mais decisões a serem tomadas, pois o próprio operador olha o quadro de *kanban* e decide o que é prioritário produzir. O trabalho na montagem é considerado mais tranqüilo e fácil, já que não depende do ritmo imposto da máquina. Apenas alguns operadores da noite observam o ritmo intenso de trabalho.

A montagem é o setor da fábrica no qual trabalham menores e pessoas com problemas de saúde, bem como o que tem maior porcentagem de mulheres, que, segundo um monitor, teriam mais habilidade nesse tipo de trabalho. No local, são realizadas as atividades consideradas as mais fáceis da fábrica.

Ao falarem de sua perspectiva profissional, os operadores dessa fábrica, assim como os das outras unidades, valorizam o estudo como parte importante do projeto profissional. Alguns já retomaram os estudos e outros ainda pretendem retomar, seja cursando o ensino regular de 1º ou 2º graus, um curso técnico ou mesmo a faculdade. O estudo é uma forma de buscar profissionalização, em um mercado considerado, por eles, cada vez mais exigente. Também aqui, na Conexões, surgem dúvidas sobre a viabilidade da retomada dos estudos.

> "É sei lá, as vezes eu penso ...em estudar, quem sabe arrumar uma coisa melhor, depois eu penso já tenho 40 anos, logo posso me aposentar, não adianta ficar lutando muito né, ...eu acho assim que as pessoas novas sim, ...as minha filhas eu incentivo

> bastante, ...agora eu não sei, as vezes eu penso assim né, eu quero fazer o 2° grau, ...sei lá de repente pode surgir uma vaga no mural, eu posso fazer um teste, passar, melhorar, mas por outro lado eu penso assim, pô tem tanta moça bonita, porque que eles vão querer eu lá..." (Irene, C.T.OP)

O projeto de trabalho da maior parte dos operadores prevê a continuidade na Alfa, seja porque gostam da empresa ou porque o mercado de trabalho está difícil, ou seja, apresentam motivações opostas para permanecer. Geralmente quem pretende continuar na empresa tem a expectativa de progredir, assumindo outros cargos, como monitor ou ferramenteiro. Nesse sentido, a Alfa é vista como empresa que poderia possibilitar esse progresso, reconhecendo o esforço dos trabalhadores. Para alguns, se essa expectativa não se realizasse, implicaria a saída para buscar algo melhor em outra empresa.

Apenas um dos entrevistados deixa claro que planeja sair da Alfa: é um operador antigo que não pôde ser monitor e se sente injustiçado; gostaria de ter novas experiências em outra empresa, mas exercendo o mesmo tipo de trabalho que conhece. Outros dois operadores salientam seu desejo de sair, já que aceitaram trabalhar nesse cargo por falta de opções e gostariam de voltar a trabalhar nas profissões especializadas que exerciam antes. Aparece, também, a idéia de que trabalhar na produção não tem futuro.

> "...você vê que hoje eu não sou monitor, eu perdi pra neguinho aí que não sabe nem injetar uma peça, por causa de quê? Porque eles tem o 2° grau, eu não tenho, a empresa então já optou por esses caras, isso aí eu tô sobrando, certo que eu hoje em dia, eu já não me interessa mais fazer um curso de monitor, porque eu pra futuro eu não quero ficar mais aqui dentro... " (Bruno, C.T.OP)

Outro aspecto, apontado por dois entrevistados, foi a preocupação com a diminuição das oportunidades de trabalho, decorrente da modernização e do aumento das exigências quanto ao grau de instrução. Essa situação traz incertezas quanto ao futuro.

> "...eu nem penso muito demais nesse futuro aí, no momento tô fazendo o 2° grau, aí eu quero completar. Só espero que a gente não fique sem emprego mais tarde né, porque o negócio não tá muito bom... hoje as empresas nenhuma quase admite mais pessoas né sem 8ª série, por no mínimo... aí eu não sei." (Silvio, C.N.OP)

Modelo ideal

Os operadores entrevistados na unidade descrevem várias características de um bom trabalhador, compondo o que seria o modelo esperado pela empresa. A característica destacada é a responsabilidade, através do cumprimento das normas e execução correta das tarefas (cuidando da qualidade do produto). Um operador declara que não se deve reclamar, como ele faz, e avalia que "*isso é um ponto negativo*" (Gilmar, C.T.OP). Também foi apontada a importância de se ter estudo, pois as empresas estão mais exigentes quanto ao nível de instrução. Bruno (C.T.OP), operador antigo, critica a Alfa por valorizar apenas o estudo e não a experiência, promovendo para a função de monitor operadores inexperientes, enquanto os antigos, como ele, vão embora ou continuam operando máquinas.

> "*[Como tem que ser uma pessoa para ser considerado um bom trabalhador na Alfa?]* Ah tem que ser uma pessoa que tenha um bom desenvolvimento né. *[Bom desenvolvimento?]* Tem que ter estudo, bastante né, pra ter também capacidade né, de exercer um bom cargo né. *[Tem que ter estudo?]* Isso tem, precisa ter por que senão... *[Que acontece?]* É quer dizer o cara também não tem já grande capacidade..." (Silvio, C.N.OP)

Outras características apontadas de um bom trabalhador são: ser interessado e participante, ter força de vontade, ajudar os outros e ter boas referências profissionais. O mesmo operador que criticara a empresa por não valorizar a experiência de trabalho, considera que a Alfa valoriza quem está "*entregando*" os outros.

A maior parte dos entrevistados acredita que corresponde às expectativas da empresa, seja porque tem responsabilidade, ou tem as qualidades esperadas de um profissional que trabalha na produção, ou porque, se não correspondesse às expectativas teria sido demitido. Um deles avalia que corresponde às expectativas, ainda que nem sempre esteja "*100% pro trabalho*" (Celso, C.M.OP). Alguns operadores consideram que não atendem plenamente ao esperado. Silvio (C.N.OP) reconhece que não estudou o suficiente, apesar do esforço; Gilmar (C.T.OP) diz que trabalha, mas reclama demais, por esse motivo não teria sido aceito como monitor; Bruno (C.T.OP) avalia que ficou até hoje (seu pedido de demissão não foi aceito) porque trabalha bem, mas não corresponde às expectativas da empresa.

Representações sobre a Alfa

Nessa fábrica, os operadores tendem a revelar maior preocupação com o próprio trabalho do que com a empresa como um todo. A grande maioria sente-se responsável pelo que faz e procura solucionar os problemas que surgem na produção. Um dos entrevistados, que é bombeiro voluntário, revela preocupação com a segurança.

> "*[Você se preocupa com problemas que acontecem no seu trabalho?]* Me preocupo, porque em primeiro se alguma não está funcionando bem, teu trabalho não vai bem também, conseqüentemente você não vai bem também, melhor achar uma solução rápida antes que acarrete mais problemas." (Sandra, C.M.OP)

Três entrevistados relatam preocupação com a Alfa como um todo. Um operador vê a empresa como uma garantia de futuro profissional; outro entende que o seu salário depende dela; e, por fim, um terceiro coloca que se preocupa, pois sua participação nos lucros depende do bom desempenho da empresa.

Também aqui os entrevistados descrevem a Alfa com características predominantemente positivas. Essas características estão muitas vezes relacionadas a diversos elementos que compõem um sentimento de satisfação, expresso por um "*gostar*" da empresa.

> "*[Você disse que gosta de trabalhar na Alfa. Por que?]* Sei lá, ...eu gosto de trabalhar aqui mesmo e fico triste quando tem pessoas que falam mal da empresa, porque eu gosto. *[É comum as pessoas falarem mal da empresa?]* Bem comum, bem comum porque o pessoal nunca tá satisfeito né, sempre tão insatisfeitos, e não é nem culpa da empresa, é culpa lá da própria humanidade né." (Irene, C.T.OP)

A satisfação pode ser associada a diversos fatores: "*os colaboradores são bem tratados*" (Silvio, C.N.OP); gostar do tipo de serviço (é limpo); existe estabilidade e oportunidade de crescimento.

Assim como na Fitas, os operadores dessa fábrica destacam a idéia de que a Alfa não pressiona, pelo contrário, dá liberdade, o que aparece tanto no discurso de quem está satisfeito, como no dos que apontam críticas. Os operadores percebem que a empresa valoriza o trabalhador, apoiando, dando oportunidades de estudo, oferecendo benefícios e, que, além disso, os diretores são acessíveis.

A percepção de que a empresa não valoriza o empregado decorre principalmente da avaliação de que o salário é baixo ou inadequado para as responsabilidades do cargo. Alberto (C.T.OP), que trabalha na preparação da matéria-prima, faz diversas reclamações sobre o salário (que teria sido melhor) e sobre não receber insalubridade. Contudo, vários operadores, mesmo insatisfeitos, justificam os baixos salários como decorrentes da política econômica do governo, da crise e outros fatores externos.

O sentimento de desvalorização também aparece no discurso de Bruno (C.T.OP), ao falar que os benefícios pioraram e que a Alfa mudou, não correspondendo mais à "*fama*" que tem. Apesar das críticas, avalia que a empresa está bem porque é administrada com competência. Outra crítica de alguns operadores foi em relação à alimentação oferecida no refeitório; o próprio chefe do dia afirma que havia muita insatisfação com a comida.

Os operadores revelam uma percepção positiva em relação à fábrica de Conexões. É mais moderna que as outras unidades (os equipamentos são mais novos e a alimentação das máquinas com matéria-prima é automática, facilitando e dando maior precisão ao trabalho). O ambiente (iluminação, ruído, sujeira) também é considerado bem melhor do que na Acessórios. Outra característica positiva é que essa fábrica tem um ritmo de trabalho mais tranqüilo. Dois operadores transferidos da Fitas comentam que ali é melhor porque o trabalho é individual, não depende de equipe.

Perfis dos monitores

Trajetória profissional

Quanto à formação, os entrevistados têm diferentes graus de instrução: três já completaram o 2° grau, um está cursando esse nível e outro está concluindo o 1° grau. Eles estão, em geral, conscientes da exigência da empresa de que o monitor deve ter 2° grau completo, e retomaram os estudos para atender a essas exigências.

> "...eu teria que estudar porque senão não teria capacidade de nivelar com outro pessoal né, porque, ...os meus operadores iam ter 2° grau e eu mandar neles, no caso, com 4° ano primário, aí ficava difícil... O João *[chefe]* falou comigo também, ...aí voltei a estudar, aí como eu tinha me classificado né, no teste *[para o curso de monitor]*, ...comecei a estudar, foi onde começou a evoluir mais o meu cargo de monitor..." (Ênio, C.N.MO)

Além da formação escolar, os monitores também referem outros cursos que fizeram dentro ou fora da empresa. Todos fizeram o curso de monitor, mesmo os que já exerciam outros cargos de chefia quando assumiram a função, exceto Cláudio (C.N.MO). Foram citados diversos cursos menores relativos a equipamentos e processos de trabalho e curso de liderança para CCQ, realizados na Alfa ou empresas anteriores. Dois monitores mencionam a realização de cursos fora da empresa: computação, lubrificação, técnico em supervisão no SENAI. Outro ponto levantado foi a experiência de vários anos que lhes permitiu aprenderem o trabalho na prática ou com colegas.

Todos os entrevistados já tiveram experiência anterior em trabalho industrial. Três deles no setor de plásticos, incluindo um monitor que trabalhou durante seis anos na maior concorrente da Alfa. Outros dois entrevistados trabalharam em outras indústrias, e um, além de indústria, trabalhou na "*roça*" e depois no setor de transporte da Prefeitura.

Ao relatarem sua trajetória na Alfa, os monitores relatam que começaram na Acessórios_e depois foram transferidos para essa fábrica; apenas Cláudio (C.N.MO) trabalhou sempre na Conexões. Segundo Nelson (C.M.MO), a Conexões começou com os mais experientes, "*o pessoal mais velho de casa*", que vieram transferidos. A maior parte dos monitores ingressou como operador ou auxiliar. Alguns monitores, incluindo Cláudio (C.N.MO), consideram a promoção para monitor um reconhecimento pelo desempenho e interesse apresentados.

Os três entrevistados mais antigos: Ênio (C.N.MO), Jaime (C.M.MO) e Nelson (C.M.MO); relatam uma trajetória longa, passando por diversas promoções na empresa. Quando a Alfa fez uma reformulação, diminuindo os níveis hierárquicos, seus cargos foram extintos e eles se tornaram monitores. Apesar da experiência, Ênio (C.N.MO) conta, com orgulho, que foi aprovado em 1º lugar na seleção para o curso de monitor.

> "Eu entrei como preparador de máquina, ...aí 9 meses, ou 10 meses depois eu passei pra líder do setor, líder de turno... de preparador de máquina, porque ele foi ampliado de 3 pessoas pra 18 pessoas, e cada turno tinha..., teria que ter um líder, ...e de líder eu fiquei mais 1 ano, ...depois ...eu passei a supervisor desse setor, abrangendo todos os turnos certo..." (Jaime, C.M.MO)

No exercício atual, a principal atividade dos monitores consiste em coordenar um setor (ou célula), supervisionando o trabalho dos operadores. A maioria das células corresponde a um conjunto de injetoras (cerca de oito), com seus operadores (entre três a dez). Existe ainda, em cada turno, um monitor que coordena a montagem e o transporte; outro, a preparação de matéria-prima. Em geral, o monitor que se dedicava a essas outras atividades não era responsável pelo trabalho com as injetoras, com exceção do monitor de preparação da noite.

Nelson (C.M.MO) trabalha como um "*braço direito*" do chefe, exercendo uma espécie de subchefia do seu turno, substituindo-o quando necessário. Cabe observar que a função de "líder de turno" existiu formalmente, mas foi extinta pela empresa.

Além das atividades de coordenação, os monitores fazem a troca de moldes das injetoras, com a ajuda dos operadores. A troca é feita de acordo com as necessidades de produção. Os monitores das células de injeção também fazem a preparação das máquinas, ajustando os painéis eletrônicos; já o monitor da preparação de material programa os painéis de distribuição automática de matéria-prima. No caso das injetoras, é possível observar os operadores freqüentemente fazendo ajustes nos painéis eletrônicos. Já os painéis de distribuição de matéria-prima são uma atribuição exclusiva do monitor da preparação, embora o preparador entrevistado tenha acesso a eles, eventualmente.

Assim como os operadores, os monitores revelam orgulho do seu conhecimento; contudo, devido ao ritmo intenso de trabalho, não têm a mesma disponibilidade para conversar sobre o que fazem. A maior parte do tempo eles estão ocupados, sendo, muitas vezes, chamados a solucionar problemas com os equipamentos, principalmente aqueles em fase de adaptação, como os "robôs". Os monitores verificam as causas da produção de peças com defeito e procuram corrigi-las; caso não encontrem a solução podem buscar ajuda de colegas ou de um técnico em processos.

Um dos monitores considera responsabilidade sua o cuidado com a qualidade, supervisionando o trabalho dos operadores. Outro cita como uma de suas atribuições treinar os operadores, preparando-os para candidatarem-se ao cargo de monitor.

É possível, eventualmente, observar os monitores operando máquinas ou executando outras tarefas de operadores, mas eles não se referem a esse tipo de atividade, com exceção de Cláudio (C.N.MO) que costuma "*ajudar o pessoal*". Ele avalia que seu trabalho é rotineiro e não implica a tomada de decisões, enquanto os outros monitores julgam que têm necessidade de decidir, mas apenas sobre problemas relacionados com o seu próprio trabalho. Jaime (C.M.MO), responsável pela preparação, diz que, muitas vezes, precisa tomar decisões, mas que hoje, como monitor, tem uma responsabilidade bem menor do que quando era supervisor (cargo que já exerceu na empresa).

> "*[Você tem que tomar decisões sozinho?]* Tem muitos momentos, ...que a gente precisa tomar uma atitude, que também não envolve muito pra frente né, sem ser a liderança que a gente exerce, no caso quanto ao funcionário, quanto as próprios peças e pedidos e coisa, uma troca mais rápida, uma coisa que a gente veja tem emergência, a gente pega e procura decidir sozinho né, desde que a gente veja que não vai trazer prejuízo a ninguém, então aí a gente procura fazer né." (Anselmo, C.T.MO)

Outro aspecto da função é que se caracteriza como um trabalho masculino. Apesar de fazer parte dessa fábrica a única mulher da

Alfa com o curso de monitor (mas que na ocasião ainda não havia assumido o cargo). Essa operadora conta, com orgulho, que foi graças a seu empenho que conseguiu ser selecionada para o curso; segundo ela, ser monitor não é considerado pelos outros um trabalho de mulher, pois é "*...um serviço sujo, que tem que se enfiar nas máquinas e mexer nos moldes*".

Ao falar das perspectivas futuras, os monitores valorizam bastante o estudo, que faz parte do projeto profissional da maioria dos entrevistados, apenas Anselmo (C.T.MO) não menciona esse tipo de projeto. Eles pretendem continuar ou retomar os estudos fazendo um curso técnico ou superior relacionado com sua atividade profissional, como forma de fazer frente às exigências do mercado de trabalho. Contudo, o projeto de estudar precisa ser adaptado às possibilidades reais, o que nem sempre é viável para todos.

> "...não sei se vai dar tempo ...mas minha idéia é terminar o 2° grau e... tentar uma faculdade mais baixa,... *[O que é uma faculdade mais baixa?]* ...digo assim, uma faculdade que você possa pagar né. *[Ah, com o custo mais baixo?]* É, ...mas eu digo tipo uma faculdade que você aproveite pra profissão né, e que tu tenha condições de concluir ela também né, não muito longa né, ...e que você tenha condições de passar no vestibular né,... entrou uma nova aqui em *[nome da cidade]* ...química industrial né, então já tem bastante coisa a ver com nosso trabalho..." (Ênio, C.N.MO)

Todos planejam continuar na Alfa, referindo gostar do trabalho ou da empresa, ou mesmo que são gratos pelo que conquistaram através dela. Apenas Ênio (C.N.MO) acredita que terá outras oportunidades de progredir na empresa. Já para outros, a possibilidade que existe é continuar como monitor, mantendo o bom desempenho demonstrado, visto que não têm a escolaridade exigida para o cargo de chefe. Dois deles gostariam de permanecer até a aposentadoria, que estaria próxima. Um monitor diz que gostaria de trabalhar no futuro como técnico em processos. Cláudio (C.N.MO) planeja assumir, efetivamente, como monitor.

> "...não tô assim no momento almejando um cargo de chefe ou alguma coisa, porque até pra isso eu tenho que fazer curso superior né, isso no momento é o curso de digitação que eu tenho que fazer certo, e me agarrar aqui dentro..." (Jaime, C.M.MO)

Modelo ideal

Os monitores entrevistados apontam características variadas de um bom trabalhador. Dois deles estão de acordo ao considerar que a pessoa deve ser interessada e participante, procurando desenvolver-se. Outras características levantadas foram: cumprir as normas, ter disposição para o trabalho, cooperar com os outros, ter bom nível de instrução ou ter um currículo compatível com os requisitos da empresa.

Entre os cinco entrevistados, três avaliam que correspondem às expectativas da Alfa justamente porque têm as características de um bom trabalhador, apontadas por eles mesmos. Os outros dois (Jaime, C.M.MO e Ênio, C.N.MO), consideram que correspondem, em parte, ao esperado pela empresa, porque deveriam ter estudado mais para progredir ou retomado os estudos anteriormente.

Representações sobre a Alfa

Ao falarem da Alfa, os monitores revelam tanto preocupação com seu próprio trabalho, como com o todo da empresa, na medida em que ela representaria uma garantia para o futuro, em termos de emprego, de capacidade para sustentar a família ou mesmo de valorização profissional. Jaime (C.M.MO) avalia que a empresa está tendo um desempenho bastante bom, por isso não há com o que se preocupar.

> "*[E com os problemas da empresa, você se preocupa com isso?]* Sim, porque é pro nosso bem também, porque se eles tão bem a gente pode tá bem também né, assim se tiver ruim,

não vende, essas coisas assim, pode sobrar alguém né, pode ir pra rua, alguma coisa assim, e ninguém quer isso né, sempre quer ver todo mundo junto." (Cláudio, C.N.MO)

Nessa fábrica, os monitores apresentam visão predominantemente positiva sobre a Alfa e revelam satisfação em trabalhar ali. Eles se sentem valorizados pelo que recebem: apoio, reconhecimento dos gerentes, oportunidade de participar e de crescer profissionalmente, incentivo ao estudo, liberdade, bom salário e bom ambiente de trabalho.

> "...eu gosto dessa empresa, ...são poucas as coisas que eu tenho, mas o que eu tenho eu ganhei nessa empresa, comprar a minha casa, o meu carro, algum conforto, a gente levou tudo daqui, quando eu sai da X... *[empresa anterior]* eu já trabalhava em empresa há 7 anos, mas eu tinha nada, uma casinha que tava caindo e gente não comia como a gente come hoje, o que quer e gosta né, essa empresa me deu muito prazer ...então eu devo a ela também o que eu tenho, apesar de eu ter dado todo meu esforço na passagem desses 10 anos, mas eu tive alguma coisa em troca." (Jaime, C.M.MO)

Jaime (C.M.MO) é o único monitor entrevistado que, mesmo mostrando satisfação, aponta algumas críticas. Ele afirma que o salário está "*meio achatado*", principalmente para os que ganham menos, mas também se refere o achatamento do seu próprio salário[15] e aponta alguns erros, como o excesso de aposentados e a seleção inadequada, apesar de considerar que existem mais acertos do que erros na Alfa.

Apenas um entrevistado (Nelson, C.M.MO) destaca as características positivas da fábrica de Conexões, quando comparada às outras unidades. Ele está satisfeito por trabalhar só com injeção, com

[15] Jaime (C.M.MO) teve um cargo de supervisor, por isso recebe mais que os outros monitores e não recebeu aumento ao terminar o curso de monitor.

as mudanças que aconteceram na organização do trabalho (divisão em células) e com a introdução da função de monitor.

Perfis dos chefes de fábrica[16]

Trajetória

Os dois entrevistados indicam, como critério para admissão de um chefe de fábrica na Alfa, ter nível superior e noções de inglês, sendo necessário que quem não tivesse ainda essa formação buscasse atingi-la. O chefe que trabalha durante o dia é formado em engenharia; o da noite estava, na ocasião, cursando faculdade de pedagogia, um curso sem relação com sua atividade atual, mas que se constituía em uma escolha adaptada a suas possibilidades reais. Ele também tinha feito um curso técnico em plásticos.

> "*[Você está estudando, não é?]* É, faculdade... De pedagogia. *[De pedagogia?]* É, ...foi uma opção de fazer pedagogia, primeiro que eu tava na área de treinamento e outra que é uma faculdade muito mais rápida de eu fazer e o ano que vem ...eu posso fazer uma pós-graduação dentro da minha área. *[Você está se formando?]* Formando esse ano, se eu fizesse um outro curso muito mais pesado tá, muito mais coisa, talvez ficaria muito mais atropelado, duraria muito mais tempo, é 5 anos pra você tá com nível "X"..." (João, C.N.CF)

Os dois chefes relatam sua experiência anterior de trabalho em indústrias, nas quais chegaram a exercer cargos de chefia. Contudo, Ferreti (C.D.CF) teve uma experiência bem mais longa, incluindo empresas em São Paulo e em cargos de maior responsabilidade e nível hierárquico que João (C.N.CF).

---

[16] Nessa fábrica foram entrevistados os dois chefes em exercício, um deles do turno da noite e o outro temporiariamente chefiando dois turnos, até a contratação de mais um chefe.

Em termos de trajetória na própria empresa, a experiência de ambos também é diferente. O chefe do dia entrou para trabalhar no seu cargo atual, na mesma unidade; já o da noite exerceu outros cargos na Alfa. Ele ingressou na Acessórios, foi líder na manutenção e trabalhou com treinamento em serviço; depois, foi transferido para Conexões. Lá, no começo, trabalhou simultaneamente em duas atividades, técnico em processos e chefe da noite; posteriormente, com a reestruturação hierárquica na Alfa, ficou somente na chefia de produção. Ambos exercem o cargo na Conexões há, aproximadamente, dois anos e seis meses.

Ao descrever o exercício profissional do chefe na Conexões, cabe lembrar que essa fábrica está organizada para funcionar com um chefe por turno, mas, conforme foi referido, havia uma vaga em aberto e um dos chefes estava cobrindo os turnos da manhã e da tarde. Cada chefe é responsável pela produção e pelo pessoal do seu turno, devendo ter uma visão de todo o funcionamento da fábrica.

> "*[O que é de sua responsabilidade fazer?]* Nós somos responsáveis pela produção da fábrica de Conexões no caso, ...nós temos 57 máquinas injetoras, ...subdivididas em 8 células onde a cada 7 ou 8 máquinas injetoras tem um líder, um monitor de produção, então essa equipe de 10 pessoas ...respondem diretamente pra mim... então a nossa fábrica, no que se diz produção, são 67 pessoas por turno, a gente chefia essas pessoas, a minha responsabilidade abrange todas as necessidades do pessoal, ...somos responsáveis pra que eles cumpram o horário de trabalho e somos responsáveis também por fazer a fábrica produzir conforme as prioridades, ou seja, não pode faltar produto na expedição... " (Ferreti, C.D.CF)

O chefe da noite aponta, como sua atribuição, o controle disciplinar do pessoal, o que inclui a responsabilidade sobre férias, abonos e licenças, mas ressalta que existia um projeto de passar esse tipo de atividade para os monitores. Ele também faz menção à programação da produção como atividade sua, sendo possível observá-lo dando orientações diretas aos operadores sobre o que produzir. Seu objetivo, com isso, seria fazer a produção render o máximo, já que considera "*...um roubo você vim aqui e não fazer, não render...*". João (C.N.CF.) costuma destacar o controle que tem sobre tudo o que acontece na fábrica no seu turno, mesmo quando está ausente. Essa preocupação com o controle não aparece no discurso do Ferreti (C.D.CF), que também não costuma dar ordens diretamente aos operadores , preferindo orientar os monitores.

As atividades do chefe incluem comparecer a diversas reuniões e cuidar de registros relativos à produção. Tarefas como essas são vistas por João (C.N.CF.) como uma sobrecarga, já que implicam seu afastamento da produção, principalmente, as reuniões realizadas durante o dia, o que poderia levá-lo a perder o "*domínio*" sobre o seu turno. O turno da noite, como veremos, tem características específicas: o fato de não haver pessoal técnico de apoio, nem gerentes, implica uma responsabilidade maior do chefe, que, em contrapartida, tem mais autonomia e liberdade de ação.

Os chefes afirmam ter autonomia para tomar decisões relativas a seu trabalho, devendo assumir as responsabilidades delegadas a eles e decidir de forma integrada com os outros turnos. Conforme citado, o chefe do dia aponta como uma de suas tarefas a participação na introdução de inovações, o que não foi referido pelo outro chefe, que, inclusive, reclamou quando foram colocadas sem consultá-lo divisórias novas na sala que utilizava, ou seja, o chefe da noite não tem a mesma participação nas mudanças que o do dia.

Faz parte do projeto profissional dos dois chefes continuar na Alfa. Ferreti (C.D.CF) gostaria de crescer junto com a empresa, que avalia estar "*progredindo a cada dia que passa*". João (C.N.CF.) tem outras expectativas associadas ou não à empresa. Ele planeja sair do turno da noite; pensou em se candidatar para a vaga da tarde, mas desistiu porque, no momento, não poderia perder o adicional noturno. Ele também gostaria de, mesmo trabalhando na Alfa, poder mudar-se para uma cidade menor, mais tranqüila para sua família.

Outro projeto referido por João foi o de montar um negócio com a esposa, que lhe propiciasse garantias (em uma eventual perda do emprego) e lhe permitisse uma vida mais estável financeiramente. Fala, ainda, sobre a possibilidade de continuar estudando, fazendo uma pós-graduação em engenharia de produção, após a conclusão da faculdade.

Modelo ideal

Ao falarem das características esperadas pela Alfa, os dois chefes relatam o que esperam dos seus subordinados. Acreditam que para participar da empresa o trabalhador deve se destacar em suas tarefas cotidianas. Para Ferreti (C.D.CF), o empregado deve se expor, mostrar interesse em aprender e ter vontade de crescer na empresa. João (C.N.CF) entende que, para participar, o trabalhador deve mostrar satisfação, buscando cooperar com os outros. Ambos mostram as dificuldades de se encontrarem pessoas com essas características. Outro aspecto destacado pelo chefe do dia foi a disciplina.

> "...é que só tem uma forma de você crescer quando você é um operador de máquina ou um auxiliar de produção, é se destacando, ...você tem que se mostrar no meio de todo mundo: oh, eu estou aqui! E como as pessoas vão te perceber lá? Tendo boa vontade de procurar aprender o máximo que o trabalho te proporciona,... É fácil de perceber isto porque as pessoas nos procuram, procuram os monitores, mostrando que ele quer aprender,...então estas pessoas começam a se destacar... e você percebendo isso tem que motivá-los a ir por este caminho mesmo, infelizmente nem todo mundo é assim..." (Ferreti, C.D.CF)
>
> "... que a pessoa não tenha que ter a visão só do feijão com arroz, eu vou lá, vou sentar na frente da minha máquina e só fazer o trivial, tá presente, o que que eu posso fazer a mais, o que que eu tenho que fazer, difícil ter essas pessoas realmente." (João, C.N.CF)

Os dois chefes tiveram dificuldade em realizar uma auto-avaliação, provavelmente por apresentarem características esperadas nos seus subordinados e não referentes a eles próprios.

> "*[Você acha que corresponderia a esse perfil?]* Eu sinto que sim, agora essa pergunta é difícil eu responder, ela deve ser feita para as pessoas que convivem comigo, seria mais fácil, mas eu sinto que sim, ...eu não questionei sobre isso, talvez seja até uma falha minha, eu deveria ter feito isso antes." (Ferreti, C.D.CF)

Representações sobre a Alfa

Os chefes de fábrica evidenciam um envolvimento com o todo da empresa. Ferreti (C.D.CF) mostra confiança na Alfa, que soube administrar as crises do mercado com competência, "*mantendo a equipe*"; preocupa-se com os problemas da empresa, já que a percebe como "*uma extensão da família*". João (C.N.CF) valoriza a Alfa pois ela "*dá o sustento*" seu e da sua família, oferecendo-lhe "*estabilidade financeira*". Acrescenta ainda que as dificuldades do mercado de trabalho não permitem que se tenha liberdade de sair quando houver insatisfação.

As características positivas também são destacadas pelos chefes, que consideram a Alfa uma empresa que dá liberdade e oportunidade de ascensão profissional, trata com igualdade ("*ninguém endeusa ninguém*") e permite a participação de todos. Ferreti (C.D.CF) sente-se satisfeito em trabalhar na Alfa, que avalia como a empresa com a qual mais se identificou, por sempre buscar as soluções para os problemas e ser inovadora. No que se refere à inovação, o chefe do dia também aponta que a fábrica de Conexões é a unidade mais inovadora do grupo, onde, geralmente, são implantadas as mudanças.

O chefe da noite (João, C.N.CF) afirma que esse turno tem características diferentes dos outros, destacando a união do grupo e a liberdade dos operadores para "*mexer na máquina*". Outro aspecto considerado relevante por ele é o adicional noturno (30%), que pesa na opção pela noite. Como já foi referido, ele valoriza seu controle sobre tudo, tanto sobre o trabalho (não permite que ninguém fique "*vadiando*"), como sobre as informações ("*segredo não existe*"). João (C.N.CF) não permite que mulheres trabalhem no seu turno[17], o que não acontece durante o dia, Ferreti, inclusive, fala com orgulho sobre ter aumentado o número de mulheres no seu turno e mostra satisfação em apresentar a única mulher que fez o curso de monitor.

Considerações sobre os trabalhadores da Fábrica Moderna

A Conexões, como fábrica mais moderna entre as unidades pesquisadas, desempenha um papel fundamental na construção do perfil do novo trabalhador que a Alfa estaria buscando. Foi possível observar que a integração dos trabalhadores no programa participativo é bem menor que nas outras unidades. Dessa forma, é possível pensar que embora seja importante a participação, ela não é fundamental para compor o novo perfil de trabalhador.

Também é interessante notar que, justamente por ser a Conexões a unidade mais moderna, nela ficam mais claras as modificações implementadas em toda empresa, relativas à estrutura de cargos, organização (células de produção), conteúdo, relações de trabalho etc. Principalmente no que se refere à função de operador, pode-se observar a substituição dos trabalhadores antigos, experientes e qualificados no exercício da função por operadores mais jovens, polivalentes (capazes de fazer todo tipo de atividades simples) e com grau de instrução maior que os antigos, compondo o perfil do novo trabalhador. Entretanto, os trabalhadores antigos ainda seriam necessários, visto que permanecem trabalhando na fábrica, particularmente, nas atividades de coordenação, no caso na função de monitor.

Como vimos, na Conexões, os operadores exercem, basicamente, três tipos de funções (preparação, operação de injetoras e montagem); contudo, não se observa a presença de padrões comuns entre

[17] Na fábrica de Acessórios existem mulheres trabalhando na produção do turno da noite.

as características dos operadores que exercem cada função, tal como acontece na Fitas. A maior mobilidade no exercício dessas funções, bem como o fato de ser essa a unidade mais nova da Alfa, não tendo ainda consolidado modos de funcionamento, poderia explicar a proximidade entre os operadores.

Apesar da heterogeneidade das características apresentadas pelos operadores entrevistados, a partir de suas trajetórias profissionais, foi possível identificar aspectos comuns que apontam para uma polarização entre dois perfis profissionais: os trabalhadores mais antigos e experientes, que têm orgulho do seu "saber/fazer", e os mais jovens, com maior escolarização e habilitados a executarem atividades diversificadas simples.

Os trabalhadores mais antigos e experientes estariam sendo, progressivamente, excluídos da Alfa e do mercado de trabalho em geral. Entre eles ainda existe quem mantenha um padrão de identificação marcado pela "dignidade" no trabalho (Hodson, 1996), semelhante aos operadores de processo da Fitas, como Bruno (C.T.OP), que só poderia manter-se na sua profissão saindo da Alfa, ou mesmo pela ilusão de pensar que, apesar das dificuldades, seu esforço seria reconhecido, chegando, quem sabe, a "*participar da diretoria*" (Alberto, C.T.OP).

Outros operadores antigos, como Silvio (C.N.OP), conscientes das incertezas do futuro, estão querendo apenas garantir o emprego e, por isso mesmo, não se envolvem muito com a empresa, o que sugere que a "dignidade" daria lugar a uma "presença pouco implicada", que se deveria não à valorização de fatores externos ao trabalho, como acontece com os operadores de produção de fitas, mas à necessidade de não se comprometer demais, já que a perspectiva de exclusão é iminente, caracterizando também um modelo de identificação próximo ao de retirada. Há, ainda, quem valorize bastante a empresa, as chefias e os diretores, como Irene (C.T.OP), que não vê nenhuma alternativa profissional fora, desenvolvendo um modelo "fusional" de identificação (Sainsaulieu, 1980, 1988), caracterizado por conformismo, gratidão e dependência.

Os operadores mais novos, em geral, percebem possibilidades concretas de progresso, como Celso (C.M.OP), que aguarda uma vaga de monitor, mesmo tendo apenas dois anos de empresa, apesar de não ter qualquer inserção no programa participativo. Fator esse que reforça a idéia de que a integração na gestão participativa não é prioridade, não sendo considerada critério decisivo para a ascensão profissional. Essa mobilidade rápida é favorecida por uma dedicação ao trabalho e à carreira, aproximando-se de um perfil de liderança típico dos novos monitores (como veremos), em que as relações com os pares subordinam-se aos interesses pelo trabalho e pela carreira.

Entre os operadores novos, destaca-se Sandra (C.M.OP) que, diferentemente de Celso, é a operadora entrevistada nessa fábrica que tem maior participação no programa da Alfa, revelando um perfil cooperativo e integrado. Ela trabalha, atualmente, na montagem (função menos valorizada da unidade), mas já operou injetoras, ou seja, é capaz de executar diferentes atividades, sem ter o conhecimento e nem a experiência dos trabalhadores antigos.

Os dois operadores destacados representam duas perspectivas, aparentemente antagônicas, do novo modelo de trabalhador que está sendo gerado na Alfa. O primeiro encarna o espírito individualista, de quem tem iniciativa e busca sucesso na carreira. A segunda representa o trabalhador cooperativo, mais preocupado com o sucesso da equipe do que com o sucesso individual. Temos assim uma contradição entre individualismo e espírito de grupo, gerada por uma política de gestão que buscaria inspiração tanto no modelo americano ("individualismo") como no modelo japonês ("grupismo"), aproximando-se da empresa com estrutura estratégica, proposta por Enriquez (1997). Isso mostra que a Alfa ainda tem dificuldades em gerar, de forma integrada, o seu novo trabalhador, que deveria conciliar a iniciativa individual com a cooperação, o que, na verdade, são características inconciliáveis e contraditórias.

A maior parte dos monitores entrevistados trabalha há bastante tempo na Alfa, correspondendo ao perfil antigo, exceto aquele que exercia o cargo provisoriamente. Embora existam outros monitores mais novos, essa fábrica precisa dos que têm um saber/fazer conquistado através da experiência profissional, por isso esses trabalhadores vieram transferidos da matriz (Acessórios) quando a Conexões iniciou suas atividades. É interessante observar que, ao relatarem suas perspectivas profissionais, apenas os dois entrevistados da noite consideram que poderão progredir na Alfa, o que, provavelmente, relaciona-se ao fato de seu chefe ser o único na Alfa que progrediu na empresa, quando todos os outros já ingressaram como chefes de fábrica.

Apesar de ainda ser valorizada a experiência do profissional antigo, não existem perspectivas de progresso desses monitores, pois a estrutura da Alfa não abre espaço para eles subirem na carreira, visto que não lhes possibilita o acesso ao cargo de chefe, imediatamente superior na hierarquia. Essa ausência de perspectivas, apesar da valorização e do desejo de permanecer na Alfa, faz com que o processo de identificação desses monitores antigos seja marcado, essencialmente, pela "estagnação". Talvez esse processo possa também vir a ocorrer com os jovens monitores, como Cláudio (C.N.MO) e outros que já se efetivaram no cargo, na medida em que continuem a não lhes sendo apresentadas oportunidades de ascensão profissional. No momento, esses monitores mais jovens, como os que trabalham na Fitas, revelam características mais próximas ao modelo de afinidades, embora não demonstrem de forma tão evidente a perspectiva de carreira e a identificação com o papel de chefe.

Os chefes da fábrica apresentam dois perfis diferentes, que corresponderiam ao modelo antigo e ao novo que a Alfa vem buscando. Ferreti (C.D.CF) mostra características semelhantes às do chefe da Fitas, participa de decisões não rotineiras, é também qualificado (escolaridade e experiência anterior), ativo e sente-se reconhecido por suas competências. Dessa forma, ele se aproxima do perfil do novo chefe, próximo papel gerencial, capaz de assumir funções mais amplas se o crescimento do grupo empresarial vier a demandar.

João (C.N.CF), como foi dito, é o único chefe que exerceu outras funções na empresa. Ele é menos qualificado, tem menor experiência e escolaridade e não alcançou o grau de instrução exigido para o seu cargo; é bastante voltado para a coordenação de atividades rotineiras, e não se envolve com decisões mais amplas. Essas características colocam-no num perfil tradicional, que se aproxima do papel de monitor, alguém que coordena atividades e toma decisões rotineiras, apesar de revelar maior compreensão do todo do que os monitores.

Os entrevistados da Conexões também revelam perfil bastante variado sobre o que seria o trabalhador ideal para Alfa, não sendo possível identificar um padrão comum. Os operadores destacam a responsabilidade, o desempenho correto do trabalho, bem como ter um bom nível de estudo. Os monitores consideram importante ser interessado e participante, trabalhar bem e ter instrução. Os chefes apresentam as características que seus subordinados devem ter para se destacar no trabalho: mostrar interesse em aprender, satisfação e cooperar com os outros.

Tal como na Fitas, a maior parte dos monitores e operadores entrevistados considera que corresponde ao modelo ideal de trabalhador apresentado por eles próprios. Os que avaliam não corresponderem plenamente ao que seria esperado tendem a ter dificuldades em se adaptar ao novo modelo de trabalhador, principalmente, porque apresentam baixo grau de instrução. Os chefes, como visto, não apresentam auto-avaliação.

Na Conexões, os entrevistados também apresentam representações predominantemente positivas sobre a Alfa e sobre a própria fábrica. Eles se sentem satisfeitos e valorizados pela empresa, que oferece uma série de contrapartidas e um bom ambiente de trabalho. O principal ponto negativo apresentado pelos operadores e por um monitor foi relativo ao salário; entretanto existe quem não considere a empresa responsável por isso. Essas representações indicam que os trabalhadores valorizam trabalhar na Alfa e, particularmente, em sua fábrica moderna.

Essa fábrica, como unidade em que o processo de modernização em curso na Alfa apresenta-se de forma mais avançada, pode ser pensada como um modelo que deverá ser seguido em toda a empresa. Entretanto, é interessante notar que também ali o novo se faz na convivência com o antigo, pois, principalmente, os monitores têm um perfil antigo. Tanto para eles,como para os operadores experientes, essa convivência é marcada pela falta de perspectivas de progresso e, em alguns casos, pelo risco de exclusão iminente, devido às dificuldades em se adaptar às novas demandas.

Outro aspecto importante é o fato do engajamento no programa participativo não ser tão valorizado na Conexões. Isso acontece justamente na unidade mais moderna, o que, de certa forma, contradiz o que seria esperado teoricamente, pois a participação dos trabalhadores vem sendo entendida como um dos componentes da modernização das empresas. Assim, participar pode significar, aqui, apenas subordinar-se às necessidades da produção, pois, como coloca Elaine Antunes (1995), a gestão participativa deve ser considerada, principalmente, uma ferramenta para o alcance dos objetivos organizacionais. Cabe lembrar que essa é uma ferramenta nem sempre eficaz.

Trabalhadores da fábrica antiga

Fábrica de acessórios

A Acessórios é a matriz e fábrica mais antiga do Grupo Alfa. Seus equipamentos e processos de trabalho são mais antigos e o ritmo de trabalho mais intenso que na Conexões. A fábrica vinha passando por reformas, na busca por modernizar seus processos produtivos, mas as condições de trabalho ainda eram bem mais precárias que as das outras unidades.

A produção de ampla variedade de produtos é feita através de três tipos de atividades produtivas: sopro, injeção e extrusão. Também existe nesta unidade um setor de preparação de matéria-prima. Esses setores são compostos por células de produção, nas quais os operadores podem desenvolver atividades de operação de equipamentos ou de montagem.

Apesar da existência de setores separados, existe a possibilidade de os operadores mudarem (temporariamente ou não) de atividade ou mesmo de setor, ainda que a mobilidade seja menor do que na Conexões. Assim como nessa unidade, na Acessórios predominam

Quadro 9: Entrevistados na Fábrica de Acessórios

Identificação	Idade	Tempo	Turno	Cargo	Função atual	Setor	Instrução
Alceu (A.N.OP)	31 - 35	5 a 6 m	noite	operador	operador de máquina	injeção	1° grau completo
Carmen (A.N.OP)	41 - 45	6 a 9 m	noite	operadora	operadora montagem	sopro	1° grau incompleto
Eduardo (A.T.OP)	31 - 35	2 a 3 m	tarde	auxiliar de produção	operador de máquina	extrusão	1° grau completo
Everaldo (A.M.OP)	21 - 25	2 a 2 m	manhã	operador	operador de máquina	injeção	2° grau completo
Jorge (A.T.OP)	36 - 40	9 a	tarde	operador	carregador de peça	injeção	1° grau completo
Marcelo (A.N.OP)	21 -25	1 a 1 m	noite	auxiliar de produção	operador de máquina	extrusão	2° grau completo
Márcio (A.T.OP)	21 - 25	2 a	tarde	auxiliar de produção	operador de máquina	injeção	2° grau incompleto
Maristela (A.T.OP)	41 - 45	16 a	tarde	operadora	operadora de máquina	sopro	1° grau incompleto
Nádia (A.M.OP)	41 - 45	7 a 8 m	manhã	operadora	operadora montagem	extrusão	1° grau incompleto
Nelson (A.M.OP)	26 - 30	3 a 9 m	manhã	operador	operador de máquina	injeção	superior incompleto
Ricardo (A.T.OP)	41 - 45	3 a 10 m	tarde	preparador de material	preparador de material	injeção	2° grau incompleto
Rogério (A.N.OP)	31- 35	3 a 8 m	noite	operador	operador de máquina	injeção	2° grau incompleto
Telma (A.T.OP)	25 - 30	8 a	tarde	operadora	operadora montagem	sopro	1° grau completo
Celso (A.M.MO)	21 -25	2 a 8 m	manhã	monitor	monitor	injeção	2° gr. técnico completo
Edson (A.T.MO)	31 - 35	11 a	tarde	monitor	monitor	injeção	2° grau completo
Frederico (A.M.MO)	46 - 50	18 a	manhã	supervisor	monitor	extrusão	1° grau incompleto
Neves (A.M.MO)	41 - 45	15 a	manhã	monitor	monitor	prep. de material	2° grau técnico completo
Vicente (A.N.MO)	21 - 25	4 a	noite	monitor	monitor	injeção	2° grau completo
Vilson (A.T.MO)	36 - 40	8 a 8 m	tarde	monitor	monitor	sopro	1° grau completo
Sousa (A.M.CF)	41 - 40	10 a	manhã	chefe de fábrica	chefe de fábrica		superior incompleto
Valter (A.T.CF)	36 - 40	2 a	tarde	chefe de fábrica	chefe de fábrica		sup. compl. e pós

as mulheres trabalhando na montagem; na preparação trabalham apenas homens.

Existe um contingente grande de operadores em atividades de montagem, cabendo destacar a presença de linhas de montagem bem tradicionais, principalmente no sopro e na extrusão. Os postos de trabalho nessas linhas de montagem são considerados, como veremos, os piores da fábrica.

O grau de engajamento dos operadores da Acessórios no programa participativo é variado, mas todos se consideram informados (total ou parcialmente) sobre o programa. Tal como nas outras unidades, monitores e chefes têm um grau maior de inserção no PAAP. Os monitores da unidade, assim como os da Conexões, também não atribuem o mesmo grau de responsabilidade sobre a participação dos subordinados, tal como acontece na Fitas. Os chefes, aqui também, tendem a se considerar bastante inseridos e informados sobre o programa.

No quadro 9 (p. 245), são apresentadas as principais características dos entrevistados na Acessórios. Assim como nas outras unidades, os perfis dos trabalhadores dizem respeito a informações de entrevistas, observações e depoimentos.

Perfis dos operadores

Trajetória

A formação dos entrevistados é bastante variada no que diz respeito ao grau de instrução e nem todos têm o grau que seria exigido pela empresa. Três operadoras não completaram o 1º grau; destas, duas (antigas na Alfa) pararam de estudar na 4ª série, outra está completando a 8ª série. Três operadores têm 2º grau incompleto, dos quais dois abandonaram os estudos e um está cursando; um operador tinha superior incompleto e havia abandonado a faculdade. Apesar dessas diferenças, um operador diz que precisou completar o 1º grau para poder candidatar-se a uma vaga na empresa. Dois entrevistados retomaram os estudos depois do ingresso na empresa.

Assim como nas outras fábricas, a valorização do estudo aparece no discurso da maioria dos entrevistados, mesmo no discurso daqueles que não puderam ou quiseram continuar estudando, como refere um operador que não gostava de estudar quando jovem: "*então tenho que ficar empurrando carrinho mesmo*" (Ricardo, A.T.OP); já que "*hoje em dia pra ser alguém na vida tem que estudar e estudar bastante.*" (Maristela, A.T.OP)

Os operadores mencionam outros cursos que fizeram ou estão fazendo na empresa ou fora dela. Na Alfa, realizaram treinamentos para bombeiro, curso para solução de problemas (para quem vai participar de GARQ) e alguns fizeram uma espécie de estágio, em que aprenderam a operar diferentes máquinas (na extrusão e na injeção). Dois operadores já concluíram o curso de monitor e estão aguardando uma vaga. Também foram relatados cursos, feitos em empresas anteriores (de injeção e aperfeiçoamento), e por iniciativa própria, de mecânica e informática. Dois operadores estão fazendo cursos técnicos, em plásticos e elétrica.

Também nessa fábrica, vários operadores relatam ter aprendido na prática, em decorrência do esforço pessoal e interesse em aprender, bem como da disponibilidade dos outros (monitores e colegas mais experientes) em ensinar e/ou permitir que cada um busque solução para os problemas. Telma (A.T.OP), que trabalha na montagem, gostaria de voltar a operar máquinas, pois considera que nessa atividade aprende-se mais.

Assim como na Conexões, a grande maioria dos entrevistados (onze e vários outros operadores) dessa fábrica possui experiência anterior em indústrias da região, tanto do setor de plásticos, como de outros setores produtivos; alguns exerceram mais de uma atividade profissional anterior. Em geral, trabalharam como operadores, mas dois entrevistados exerceram funções de maior nível hierárquico, como inspetor de qualidade e líder de seção. Parte deles também trabalhou em diferentes atividades não industriais, como: servir no exército, enfermeiro, auxiliar de farmácia, serviços gerais, "*trabalhar na roça*", serviço doméstico, segurança ou mesmo trabalhar por conta própria em um pequeno comércio, ou com pintura. Um entrevistado, que já havia trabalhado em uma função especializada, relata ter ficado alguns meses desempregado antes de entrar na Alfa. Dois outros operadores aludem a um tipo de experiência semelhante, tendo aceitado uma função menos qualificada depois de um período de desemprego. Dois operadores relatam que a Alfa foi seu primeiro emprego.

Ao descreverem sua trajetória na Alfa, alguns destacam o momento do ingresso, passando pela saída da empresa anterior e pelo processo seletivo, que implicou esforço e concorrência com outros candidatos. A maioria dos entrevistados sempre trabalhou nesta fábrica; parte deles trabalharam desde o início no mesmo setor e/ou turno. Cinco entrevistados, os mais antigos, relatam ter exercido diversas atividades na produção, em diferentes setores ou no mesmo, estando há algum tempo na posição atual.

Ao falarem da função que exerciam quando entraram na empresa, alguns informam que entraram já como operadores; outros, como auxiliares de produção, passando a operadores. Uma operadora do sopro relata que trabalhou em outra função (no setor de limpeza) antes de passar para a produção. Alguns operadores contam que se aposentaram e continuaram trabalhando na Alfa.

Alguns entrevistados participaram de seleções para outros cargos: um estava tentando a vaga de operador de empilhadeira (na expedição), referindo uma experiência positiva nesse processo; dois falam da seleção para o curso de monitor, em que ambos se sentiram prejudicados, um por não poder se inscrever porque não tinha 2º grau e o outro porque foi reprovado em duas tentativas. Este último afirma estar se sentindo "*estacionado*" na empresa, depois de quatro anos.

Telma (A.T.OP), que trabalha há oito anos na Alfa e está na linha de montagem da caixa, fala da sua frustração por ter saído da máquina e do seu desejo de retornar para esse trabalho. Um operador da extrusão conta que fez o curso e vai atuar como monitor na nova fábrica, que deveria entrar em operação em breve. Como foi mencionado, dois operadores que fizeram o curso aguardam a vaga para monitor; contudo, esse tema aparece bem menos no discurso dos operadores dessa fábrica do que nos que trabalham na Conexões.

Os operadores da Acessórios exercem um número grande de funções, o que dificulta dar uma descrição única sobre seu o exercício profissional. Basicamente, os entrevistados atuam em funções auxiliares à produção (preparador de matéria-prima e carregador de peças), de operação de máquinas ou montagem de produtos em cada um dos três setores produtivos (injeção, extrusão e sopro). A seguir, serão apresentadas as principais características das funções exercidas pelos operadores entrevistados na Acessórios.

Os preparadores de matéria-prima executam atividades variadas. O setor de preparação funciona integrado, sob a coordenação de um monitor por turno, contudo, o espaço físico e os funcionários encarregados da preparação no sopro (quatro por turno) e da injeção (dois por turno) são diferentes. Não havia preparação de material da extrusão. Segundo Ricardo (A.T.OP), que trabalha na injeção, sua atividade consiste em circular pelas áreas de injeção para recolher as sobras de material e levar para o setor de preparação. Ali, deve separar o material recolhido, conforme o tipo, e colocar nos diferentes moinhos; depois de moído, ele ensaca, costura e identifica os sacos de material para ser reutilizado. Outra atividade é misturar matéria-prima virgem com material reaproveitado. O preparador também organiza o setor de preparação.

O setor de preparação é bastante barulhento, demandando um trabalho sujo e árduo, particularmente, na alimentação das máquinas, que não é automática, cabendo ao preparador carregar sacos de 25 kg para fazer a atividade. Apesar disso, o entrevistado prefere trabalhar na preparação por ser uma atividade mais livre (não precisa ficar preso à máquina), que possibilita a circulação por toda a fábrica. As atividades do setor envolvem apenas a tomada de decisões simples sobre o próprio trabalho.

Jorge (A.T.OP) exerce a função de carregador de peças da injeção, atividade que requer um operador por turno. Ele trabalha abastecendo as injetoras com peças, que os operadores de cada máquina utilizam para montar o produto final. Também deve recolher as peças junto às injetoras e encaminhar para o local onde elas serão utilizadas: sopro, extrusão, ou para a expedição, quando é um produto acabado.

Outra atividade do carregador é ferver as braçadeiras, colocando-as em caldeirões com água fervente, localizados no meio da fábrica, para que fiquem mais flexíveis. Ele deve controlar o tempo adequado e retirar as peças dos caldeirões. Deve, também, realizar outras atividades, como: revezar com os colegas durante o jantar, limpar o estoque de peças e trocar informações com os colegas dos outros turnos. Jorge (A.T.OP) destaca o ritmo intenso do seu trabalho, relatando que os colegas dos outros turnos não conseguem dar conta de tudo, como ele faz. Considera que deve tomar decisões sobre o seu próprio trabalho, estabelecendo prioridades em relação a suas tarefas e revela orgulho de seus conhecimentos e do desempenho no trabalho.

> "...na continuidade do serviço que eu faço, eu já olho pro um lado e pro outro, já vejo certinho o que precisa e o que não precisa, inclusive até no meu caso, do serviço que eu faço, não precisa ninguém mandar, eu já sei certinho o que tem que fazer." (Jorge, A.T.OP)

Os operadores de máquina executam atividades diferentes conforme o setor. Nas áreas de injeção dessa fábrica, eles realizam um trabalho bastante semelhante ao da Conexões: sua principal atividade é operar injetoras. Também aqui os operadores podem manejar uma ou mais máquinas (o que ocorre com a maioria); alguns trabalham sempre com as mesmas máquinas, outros trocam ou fazem rodízio dentro da célula. O operador cuida de apenas uma máquina quando precisa executar outras atividades complementares à operação do equipamento.

São complementares à operação das máquinas atividades como: montar, embalar, recolher da calha da máquina e contar peças, cortar e/ou moer os "*bicos de injeção*" ou colocar peças em gabaritos para que não deformem, quando necessário, além de registrar e identificar a produção. Outra atividade que eles podem realizar é a troca de moldes – uma tarefa dos monitores, mas assim como na Conexões, os operadores devem auxiliá-los e alguns fazem a troca sozinhos.

Trabalhar com injetoras é uma função valorizada pelos operadores, que revelam orgulho pelo que sabem, tanto de sua capacidade de conhecer e saber lidar com os diferentes equipamentos, como dos conhecimentos sobre as peças; como diz um operador, "*cada peça tem um segredo*".

> "...Faço tudo, troco molde, eu regulo a máquina pros colegas, ...aquela nova do canto ali, que eu não me dou bem, o resto... tanto faz trocar molde, iniciar, regular, eu faço tudo, desde o primeiro ano que eu... trabalhava com máquina mais simples depois... são todas iguais, elas fazem tudo a mesma coisa só que... os painel são diferente, mas aquelas máquina ali se a gente souber de uma, sabe de todas..." (Nelson, A.M.OP)

Os dois operadores de_máquina da extrusão entrevistados têm como principal atividade a conformação de peças, que consiste em aquecer tubos prontos e colocá-los em um molde para que fiquem curvos (por exemplo, uma haste de chuveiro). Essa atividade inclui a realização de tarefas complementares, como resfriar e dar acabamento na peça.

Nesse setor, os operadores manejam as extrusoras, máquinas que produzem tubos flexíveis (mangueiras) ou rígidos e, quando necessário, fazem acabamento nas peças (lixar as pontas e montar). Esses operadores também executam outras atividades simples, como enrolar mangueiras ou ensacar tubos rígidos e costurar os sacos. Os operadores da extrusão fazem rodízio entre diferentes atividades no setor, dependendo das necessidades da produção. Os operadores de injetoras e extrusoras são, na maioria, homens.

A operação de máquinas no sopro é uma função exercida tanto por homens quanto por mulheres. Maristela (A.T.OP), a entrevistada, é uma funcionária antiga e trabalha fixa na mesma máquina há cinco anos. Nesse setor, existem várias pessoas fixas como ela e outras que revezam, operando máquinas diferentes. Um operador que trabalha em diferentes máquinas observa que existem algumas mais fáceis e outras mais difíceis de se operar.

Os operadores do sopro trabalham com uma máquina apenas, sozinhos ou junto com um colega, já que várias máquinas produzem peças que exigem dois operadores para serem finalizadas. Eles realizam atividades complementares, das quais a principal é dar acabamento nas peças. Dependendo do tipo de peça, os operadores também realizam montagens e embalam o produto junto às máquinas.

No sopro, existem vários tipos de máquinas, produzindo peças variadas. A tendência é que o operador, que geralmente fica fixo em uma máquina, acabe aprendendo os "macetes" de operação do equipamento. Saber resolver os problemas das máquinas, algumas bastante antigas, faz com esses operadores mostrem também orgulho do que sabem. Um operador do setor comenta que sabe trocar o molde; contudo, essa é uma atividade à qual os operadores do sopro em geral não se referem, pois raramente são feitas trocas de moldes nas sopradoras.

Maristela (A.T.OP) considera que o sopro tem um ritmo mais intenso que outros setores - "*ali não tem moleza*" -, entretanto, não vê problemas em dar conta do trabalho; já outros operadores, com pouco tempo de empresa, dizem ter dificuldades em agüentar o ritmo. O ritmo de trabalho varia em cada posto, dependendo dos equipamentos e das atividades complementares executadas. Há quem aponte a intensificação do trabalho em determinado posto (mais tarefas e menos operadores), ou operadores que executam a mesma atividade, em turnos diferentes e não têm a mesma avaliação sobre a intensidade do ritmo.

As atividades dos operadores de máquinas de todos os setores incluem cuidar da limpeza e organização do seu posto de trabalho, revezar com colegas na hora da refeição e trabalhar em outras funções do setor ou de outros setores, dependendo das necessidades da produção.

O cuidado em produzir peças com qualidade, evitando o refugo, também foi destacado como uma parte importante da atividade do operador de máquinas, que deve verificar se as peças produzidas estão adequadas aos parâmetros. A identificação das peças é uma forma de responsabilizá-los pela qualidade do que é produzido.

Os operadores devem também saber lidar com os equipamentos, mantendo-os em funcionamento e resolvendo os problemas que surgem, chamando o monitor quando necessário. Em geral, os equipamentos dessa fábrica são mais antigos que os da Conexões, precisando regular alguns manualmente; outros podem ser programados através de painéis. As extrusoras são particularmente antigas e exigem constante atenção dos operadores, pois passam por panes freqüentes. Os operadores de máquinas tomam apenas decisões simples, relativas a seu trabalho, geralmente envolvendo a solução rápida dos problemas com os equipamentos.

Os operadores da montagem comumente trabalham em grupo, em linhas de montagem bem tradicionais, com um ritmo de trabalho bastante intenso. A maior parte dos que exercem essa atividade são mulheres.

O sopro é o setor da fábrica que mais possui atividades de montagens de diferentes tipos de produtos, com processos de trabalho bastante variados. Algumas montagens são executadas por apenas um operador, outras por dois ou três. Nesse setor está localizada a maior linha de montagem da empresa, com dez operadores, que é a da caixa de descarga, considerada por todos o pior posto de trabalho, com o ritmo de trabalho mais intenso. Ali, os operadores trabalham em pé e são, geralmente, jovens (de ambos os sexos), com pouco tempo de trabalho na empresa, pois costumam solicitar transferência para outros postos. Telma (A.T.OP) é uma exceção nesse posto, pois é antiga e trabalha ali, embora já tenha, como foi apontado, solicitado à chefia seu retorno para operação de máquinas.

Nas outras linhas de montagem do sopro e da extrusão, o ritmo também é intenso, mas os operadores podem trabalhar sentados e a linha é desligada durante o horário da refeição, enquanto na montagem da caixa o trabalho nunca é interrompido. Nádia (A.M.OP), que trabalha na montagem da extrusão, diz que a quantidade de peças a serem produzidas por turno aumentou, por outro lado, a melhor organização e o rodízio das tarefas facilitaram o trabalho, que, apesar de cansativo "*dá da gente fazer tranqüilo*". Ela, assim como outras operadoras antigas, não percebe dificuldades quanto ao ritmo; contudo, outras operadoras mais novas da montagem reclamam do "*serviço apurado*". Uma operadora antiga diz preferir trabalhar na montagem porque "*na máquina é muito parado*".

Uma das entrevistadas, Carmen (A.N.OP), trabalha sozinha na montagem de um mecanismo que depois é colocado na caixa de descarga. Ela também enfatiza a importância de sua atividade, da qual dependeria toda a linha de montagem da caixa, requerendo pessoas responsáveis, com experiência e rápidas. Essa operadora valoriza o cuidado com a qualidade.

> "...todas as áreas exigem bastante qualidade, só que na montagem... ali a responsabilidade é dobrada, porque uma vez que é montada, é embalada e vai direto a mão do cliente, então é uma responsabilidade a mais do que a do operador, porque uma falha minha... pode colocar um trabalho de anos a perder né, uma freguesia...." (Carmen, A.N.OP)

Nádia (A.M.OP) considera que na sua linha é necessário dar atenção aos detalhes, pois ali são montados em torno de oito tipos de produtos, com pequenas variações nos componentes. Quem encaixota os produtos identifica-os, ficando toda a equipe responsável pela produção de peças com qualidade.

No que se refere à tomada de decisões, duas entrevistadas da montagem lembram de situações em que tomaram decisões quando operavam máquinas, mas o trabalho da montagem é considerado rotineiro por todas as três entrevistadas que desempenham essa função, não requerendo qualquer tipo de decisão.

Dois operadores da Acessórios referem-se a outras atividades que exercem fora da empresa. Rogério (A.N.OP), que trabalha como operador de máquina da injeção, trabalha como pedreiro para complementar a renda. Uma operadora que trabalha na montagem da bóia, no sopro, à noite, conta que é professora em um jardim de infância.

Ao falarem de suas perspectivas profissionais, os operadores dessa fábrica destacam que estudar (sete entrevistados e outros operadores) é uma parte importante do seu projeto, continuando ou retomando o estudo para concluírem o 2º grau e fazerem faculdade ou curso técnico. Alguns ainda não têm claro o que gostariam de estudar, outros têm projetos de fazer cursos, em geral, relacionados com o trabalho na fábrica, como informática ou mecânica. Existem ainda os que gostariam de fazer outro tipo de curso. Quatro operadores entrevistados, embora valorizem, consideram difícil estudar no futuro, pois as condições de vida, que já não lhes permitiram fazê-lo no passado, tornam este um projeto, mais difícil ainda no presente, visto se considerarem muito velhos, sem "*cabeça pra estudar*", ou mesmo possibilidade de pagar os estudos.

A busca da profissionalização pelo estudo está articulada com a idéia de preparar-se para um mercado que exige maior qualificação. Dessa forma, a escolha da profissão é mais condicionada pelas perspectivas de ocupação futura (na Alfa ou em outras empresas), do que pelos interesses dos trabalhadores. Contudo, há os que buscam articular interesses e perspectivas futuras; os cursos de informática são vistos pelos trabalhadores como reunindo esses dois aspectos. Para alguns operadores, o estudo aparece também como uma maneira de sair da produção, permitindo que se realize um trabalho que traga maior satisfação e remuneração.

> "*[Em termos de trabalho, quais são seus planos para o futuro?]* Bom eu... meus planos, o meu sonho é trabalhar com computador. *[Trabalhar com o quê?]* Computador, porque eu adoro, espero começar ano que vem fazer curso..." (Telma, A.T.OP)

Todos os operadores entrevistados nessa fábrica, exceto um, pretendem continuar na Alfa. Vários dizem gostar da empresa[18]; outros, que pretendem continuar enquanto a empresa quiser, ou mesmo até se aposentarem. Ricardo (A.T.OP) chega a afirmar que não tem projetos de trabalho, mas pretende continuar trabalhando ali, pois não tem perspectivas melhores no mercado, devido à idade e ao baixo nível de instrução. Esse projeto de continuar passa, na maioria das vezes, pela possibilidade de progredir na empresa, o que, como foi mencionado, está, em geral, relacionado com profissionalização. O crescimento na empresa pode se dar através de um cargo administrativo ou assumindo cargos como operador de nível dois ou monitor de produção. A operadora entrevistada, que trabalha na linha de montagem de caixa, enfatiza o quanto gostaria de voltar a trabalhar em uma máquina.

Ao falarem de seu futuro profissional, alguns operadores lembram de outros projetos, como se aposentar; nesse caso, há quem pretenda continuar trabalhando, pois não se imagina parado, enquanto outros planejam aproveitar a aposentadoria para descansar. Alceu (A.N.OP) planeja montar um negócio. Nelson (A.M.OP) está repensando seus projetos ("*tô fazendo análise agora*") e não sabe, ao certo, se continuará na empresa, já que não quer continuar a "*bater ponto*".

Modelo ideal

Nessa fábrica, a principal característica de um bom trabalhador, apontada pela maioria dos entrevistados, foi ser responsável, pois a Alfa espera que o trabalhador cumpra normas (não faltar, chegar no horário) e trabalhe corretamente, atingindo a produção esperada, que é "*sempre possível*", não fazendo "*corpo mole*".

Outras duas características destacadas foram ser interessado e participante, e uma forma de mostrar isso é dando idéias, como de-

[18] Maristela (A.T.OP), que refere gostar muito da Alfa, chega a dizer que imagina, no futuro, os seus netos trabalhando ali, assim como a mãe deles (sua filha) faz, que estudou e trabalha em "*uma coisa melhor*".

clarou uma operadora. Também na fábrica de Acessórios, alguns entrevistados percebem que a empresa valoriza quem tem estudo, sendo que, um deles, considera isso a única coisa importante para a Alfa, que não valoriza a experiência.

> "…..a empresa já perdeu muitas pessoas boas por falta de estudos né, elas não tinham tanto estudo, mas é uma pessoa que trabalhava com a máquina e sabia tudo de máquina, e é uma pessoa compreensível, foi pegado esse pessoal que tem só 2º grau a maioria, você manda ele fazer um serviço pra você ver, pede... eles não vão... " (Rogério, A.N.OP)

Entre os entrevistados, dois apontam como uma característica importante ter bom relacionamento com colegas e superiores, mantendo respeito e amizade. Uma operadora considera que o trabalhador deve ser honesto. Dois entrevistados pensam que a empresa, ao selecionar trabalhadores, faz exigências inadequadas, considerando o trabalho que eles executam; essas exigências seriam: o grau de estudo muito alto ("*não adianta pegar pessoas com 2º grau, se você vai dar para ele um trabalho primitivo*" - Nelson, A.M.OP) e que fossem solteiros e jovens (que "*não tem responsabilidade*" - Telma, A.T.OP).

Um operador entrevistado, com um discurso mais crítico que os outros, faz uma interessante "classificação" das pessoas que trabalham na empresa:

> "...Não existe um perfil aqui dentro... *[Quer dizer que as pessoas são diferentes?]* Digamos que existe 2 ou 3... *[2 ou 3 o quê?]* 2, 3 filão, 2, 3 fios. *[Quais seriam?]* Um seria o pessoal da panela, o pessoal que anda rigorosamente dentro do… da ideologia da empresa, os puxa-saco, cá entre nós, e existe as pessoas totalmente anti-sistema, pessoa que nada presta e existe as pessoas do ver pra crer, se acontecer eu faço, senão não. *[Você seria qual dos 3?]* Ver pra crer, eu

> sei que você vai me pegar aqui, eu sei que não bateu com que eu falei antes...” (Nelson, A.M.OP)

Ao se auto-avaliarem, todos os entrevistados consideraram que correspondem às expectativas da empresa, sendo que, a grande maioria, justifica esta avaliação dizendo que trabalha bem, de forma correta e faz tudo que é solicitado. Uma operadora avalia que tem bom relacionamento com os outros; outra pensa que corresponde às expectativas da empresa, senão não permaneceria tanto tempo na Alfa.

> “*[Você corresponde ao que a Alfa espera de um trabalhador?]* Correspondo sobre a minha tarefa do dia-a-dia, eu faço de acordo como ela é, como eles esperam eu trabalho, ... todo dia eu entrego o meu serviço em dia, não sou uma pessoa de tá fazendo corpo mole no serviço... até hoje ninguém nunca me chamou a atenção por andar né de valde aí dentro... nunca..., eu hoje sobre o meu serviço ali onde eu trabalho ninguém reclamou até hoje, 5 anos aí dentro aí, o pessoal gosta de mim aí.” (Alceu, A.N.OP)

Três entrevistados avaliaram que, mesmo correspondendo às expectativas da empresa, possuem características que não estão adequadas ao esperado. Um deles percebe que poderia ter progredido mais, porém não aproveitou a oportunidade de ser monitor que lhe foi oferecida. Outro lamenta não ter tido condições de estudar mais e há, ainda, uma operadora que acredita que deveria dar mais idéias.

Representações sobre a Alfa

Os operadores dessa unidade também estão bastante envolvidos com suas tarefas cotidianas, revelando, assim, maior preocupação com o seu trabalho, do que com a Alfa como um todo. A maior parte sente-se responsável pela solução dos problemas de produção, zelando pelo bom funcionamento dos equipamentos e pela produção com qualidade. Um operador fala de sua preocupação com a segurança e outro considera que se deve cuidar da empresa como da própria casa. Vários operadores (seis entrevistados e outros) revelam também uma preocupação com o todo da empresa, na medida em que ela representa uma garantia de emprego, ou porque trabalham ali e dela dependem.

Nessa fábrica, do mesmo modo que nas outras, os trabalhadores têm representações positivas e negativas sobre a Alfa. As características positivas predominam e entre essas se destaca a percepção de que a empresa valoriza o empregado, oferecendo contrapartidas, como segurança, apoio (em especial das chefias) e benefícios (o plano de saúde é bastante valorizado); possibilita e recompensa a participação e dá oportunidade de crescimento. Todos os entrevistados, além de outros operadores, destacam uma ou mais dessas contrapartidas, mesmo os que apontam críticas, fazendo com que eles valorizem a empresa ao mesmo tempo em que se sentem valorizados por ela. Seis entrevistados e outros operadores demonstram, claramente, satisfação em trabalhar na empresa.

> "*[O que você acha de trabalhar aqui na Alfa?]* Pra mim olha, é a melhor empresa até hoje... A melhor empresa, sem dúvida, e também eu não tenho como dizer assim pra você e depois assim fazer de conta que eu tô mentindo, isso aí é uma coisa que vem de mim mesmo, de dentro de mim, que eu sinto sabe, realmente..." (Jorge, A.T.OP)

Outra representação positiva que vários operadores apresentam é que a Alfa está progredindo, modernizando-se. Essa concepção faz com que parte deles refira que não há por que se preocupar com a empresa. Alguns operadores mais antigos percebem que esse progresso tornou o serviço melhor, mais fácil de ser realizado. Um operador relata que as mudanças na empresa devem-se às sugestões dos trabalhadores. Muitos operadores destacam que se sentem bem na Alfa, gostam de trabalhar ali. Esse gostar é reforçado por aqueles que têm familiares trabalhando na empresa, o que é uma situação comum, particularmente nessa fábrica.

Também na Acessórios, os operadores valorizam a empresa por dar liberdade e não pressionar, já que ali ninguém fica "*pegando no pé*". Nessa unidade, foi possível observar a facilidade de circulação, as brincadeiras e conversas entre eles. Tudo isso compõe um bom ambiente de trabalho, como apontam vários operadores. Contudo, é importante destacar que existem ritmos e tarefas bastante variados, criando condições de trabalho diferentes, conforme o setor ou o posto.

Foi ainda apontada como uma característica positiva da Alfa o fato de ela passar informações aos trabalhadores, através de reuniões, murais e do painel eletrônico, instalado recentemente na fábrica. Outra característica levantada por um entrevistado e outros operadores é que o serviço é limpo, se comparado com outras empresas da região[19].

Alguns operadores referem-se também às características negativas da empresa, paralelamente, aos aspectos positivos. Entre essas características, destaca-se a idéia de que a Alfa não valoriza seus empregados, principalmente, porque paga um salário baixo ou inadequado ao trabalho desenvolvido, como lembram cinco entrevistados e outros operadores. Telma (A.T.OP), que é membro da diretoria do sindicato, refere que a empresa não paga insalubridade e que estão lutando por isto; cabe lembrar que a fábrica tem um ambiente de trabalho bem mais insalubre que as outras. Nelson (A.M.OP), que é bastante crítico, pensa que para a Alfa só importa a produção, valorizando os operadores apenas pelo que produzem.

Alguns operadores consideram que a empresa pressiona (os três entrevistados mais críticos e outros operadores), exigindo produção e fazendo solicitações diferentes a toda hora. Conforme foi mencionado, há variações no ritmo de trabalho, mas várias vezes foi possível observar operadores trabalhando apressados e dizendo que tinham que "*dar um pau*" para dar conta do trabalho.

Dois entrevistados expressam representações ambivalentes sobre a Alfa, apontando aspectos negativos e positivos. Nelson (A.M.OP)

---

[19] Alguns operadores fazem referência ao trabalho em uma fundição. Ao falar da diferença entre a Alfa e a fundição, que tinha sido uma importante indústria da região, um operador coloca que "*é como do céu para a Terra*".

diz que gosta de trabalhar ali, mesmo apontando várias críticas. Telma (A.T.OP) fala que às vezes gosta, mas já pediu para ser dispensada do trabalho e depois se arrependeu (cabe observar que ela está bastante insatisfeita com seu posto de trabalho). Três operadores aproveitam a situação de entrevista para sugerir melhorias na alimentação e no transporte, ou ampliação de benefícios, como auxílio-alimentação e convênio odontológico; isso pode indicar dificuldades em encontrar na empresa canais para encaminhamento de sugestões de interesse dos trabalhadores.

Essa fábrica, como foi visto, apresenta uma série de dificuldades em termos de ambiente, de processo de trabalho e de equipamentos. Os operadores enfatizam o fato de o sopro e a linha de montagem da caixa serem considerados, respectivamente, o pior setor e posto de trabalho da unidade.

Os entrevistados que trabalham à noite dizem gostar do turno, seja porque se adaptaram, apesar de dificuldades iniciais, ou porque gostam do grupo de trabalho. Segundo Rogério (A.N.OP) é o turno que trabalha melhor. Um operador da noite aponta o adicional de 30% como a vantagem de trabalhar nesse turno; já uma operadora do dia afirma que mesmo com o adicional não valeria a pena.

Perfis dos monitores

Trajetória profissional

No que se refere à formação escolar, a maioria dos entrevistados tem o nível de instrução exigido para a função – 2º grau completo –, mas um deles tinha apenas completado 1º grau e outro não tinha esse nível. Esses dois monitores relatam que não puderam estudar na juventude, embora um tenha retomado os estudos depois do ingresso na Alfa, mas parado de estudar porque estava ficando "*pesado*" para ele.

Todos os entrevistados fizeram curso de monitor na Alfa. Dois cursaram escolas técnicas, um fez curso de plásticos e o outro de metalurgia. Um deles fez outros cursos como eletricista, mecânica, e um outro fez curso de digitação. Além da aprendizagem formal, vários monitores também se referem a sua experiência, que possibilitou com que aprendessem, na prática, o trabalho, como decorrência de seu esforço pessoal. Entre esses, destaca-se Neves (A.M.MO), monitor da preparação, que valoriza bastante os conhecimentos que adquiriu sobre os processos químicos dos plásticos ao longo de sua trajetória profissional.

Ao falarem de sua experiência anterior, todos os entrevistados relatam terem trabalhado em indústrias, sendo que dois trabalharam no setor de plásticos, com o mesmo tipo de processo produtivo (extrusão e sopro) com o qual trabalhavam na Alfa. Os demais trabalharam em outras indústrias da região (compressores, fundição etc.), sempre na produção, com exceção de um, que exerceu uma função técnica especializada. Dois monitores exerceram outro tipo de atividades (garçom e caminhoneiro). Um entrevistado ficou desempregado por alguns meses e se manteve "*fazendo uns bicos*" (Celso, A.M.MO).

Na fábrica, existem vários monitores que são funcionários antigos da Alfa, como, por exemplo, Frederico (A.M.MO), que trabalha ali praticamente desde quando a empresa foi criada. Ao relatarem sua trajetória na Alfa, a maioria dos entrevistados conta que ingressou como operador ou auxiliar de produção, com exceção de Frederico (A.M.MO), que foi admitido como_supervisor, cargo que continua registrado na sua carteira. Ele sempre exerceu o mesmo tipo de atividade, aposentou-se e continuou trabalhando na Acessórios. Para Celso (A.M.MO), que exercia uma função especializada e ficou desempregado, foi difícil o ingresso em uma função mais simples e com o salário menor, o que foi superado quando surgiu a vaga de monitor.

A maior parte dos entrevistados sempre trabalhou no mesmo setor na fábrica, exceto Neves (A.M.MO), que passou por vários setores na produção. Apenas Edson (A.T.MO) menciona ter trabalhado em um turno diferente do atual e nenhum relata experiência em outras unidades da Alfa. Três passaram por promoções na empresa, sempre exercendo atividades na produção, como: apontador, preparador de máquina, líder etc.

Os monitores entrevistados mais antigos na empresa, Edson (A.T.MO), Frederico (A.M.MO), Neves (A.M.MO) e Vilson (A.T.MO), referem-se a mudanças que aconteceram, gerando a extinção de cargos e a criação do cargo de monitor. Na ocasião, segundo Vilson (A.T.MO), muitos foram demitidos, já que a empresa fez "*uma limpa*", mandando os "*mais acomodados embora*". Foi nesse momento que os mais antigos assumiram a função de monitor, tendo feito o curso, embora já viessem trabalhando na prática. Os outros monitores mais novos vêem a passagem para esse cargo como uma promoção, resultado do seu empenho no trabalho. Celso (A.M.MO) relata que a seleção para o curso de monitor foi bastante disputada.

O exercício profissional atual dos monitores da Acessórios varia conforme o setor onde trabalham. Eles trabalham fixos em um dos setores que fazem o produto final (sopro, extrusão e injeção) ou na preparação de material. Geralmente estão bastante atarefados, fazendo atividades diversas, além de orientar operadores e receber orientações da chefia,apresentando um ritmo intenso de trabalho.

Em cada setor existem geralmente dois ou três monitores por turno, encarregados de atividades e pessoal diferentes. A principal atividade do monitor é coordenar um setor ou célula de produção. Essa coordenação inclui a responsabilidade pelo pessoal e pelas máquinas, devendo atender às necessidades de produção, ou seja, verificar e atender os *kanbans*. Contudo, dois entrevistados consideram que os operadores sabem de suas atividades rotineiras, devendo orientá-los somente quando há modificações.

Os monitores devem lidar com os equipamentos, fazendo a regulagem e a preparação das máquinas, o que inclui a troca de moldes; devem também ajudar os operadores a resolver os problemas freqüentes com os equipamentos antigos, encaminhando-os para manutenção quando necessário. Eles devem, igualmente, trocar informações com os colegas dos outros turnos e cuidar da qualidade, evitando o refugo ou desperdício. Vilson (A.T.MO) considera que treinar os operadores é uma tarefa importante.

Há ainda a possibilidade de exercer outras atividades complementares, como: providenciar o abastecimento do seu setor, substituir colegas em férias, ajudar os operadores, executando com eles suas tarefas ou revezando na hora da refeição. Edson, (A.T.MO), que trabalha na injeção, descreve atividades específicas executadas somente por ele: distribuir por toda a fábrica *kanbans* com solicitações de produtos e verificar a produção de peças prioritárias, solicitando aos colegas que agilizem a produção de peças que estão "*trancando pedidos na expedição*".

O trabalho de preparação de matéria prima na Acessórios é mais complexo do que na Conexões, devido à maior variação de tipos e cores de matérias-primas utilizadas. O monitor entrevistado desta área, Neves (A.M.MO), como foi visto, demonstra com orgulho os seus conhecimentos a respeito.

No que se refere à tomada de decisões, os monitores geralmente decidem sobre questões diretamente relacionadas com o seu trabalho, como, por exemplo, qual peça é mais urgente de ser produzida ou liberar um operador. As decisões sobre peças podem ser tomadas pelos monitores sozinhos ou conversando com colegas; no caso de dúvida recorrem ao chefe. Um dos chefes (Valter, A.T.CF) confirma que ele e os outros chefes procuram "*envolver os monitores a tomar essas decisões*" sobre troca de moldes e cores. O monitor da preparação de material conta que segue orientações do setor de processo na escolha do tipo de material a ser utilizado em cada peça. Edson (A.T.MO), que executa algumas atividades específicas, menciona a tomada de decisões não rotineiras.

> "Eu tenho que tomar decisões, por exemplo ontem eu tinha que mandar tubetes pra Fitas, eles tavam sem peça lá, aí o Valter *[chefe de fábrica]* disse pra mim: ...você tem que mandar tubete às 8 e meia pra Fitas, ...eu fui procurar o transporte né, liguei pra guarda, olha não tem, mas o caminhão tá aí..., vai lá conversa com ele pra vê se ele tem condições de sair da rota, conversei com o rapaz, não tinha condições,

...aí liguei novamente pra guarda eu digo, ...você vai ter que chamar um táxi, ninguém me autorizou isso, eles chamaram um táxi, eu fui até lá embaixo assinei o vale pra descontar, quer dizer, tomei uma decisão minha, ...ninguém mandou nada... " (Edson, A.T.MO)

Entre os entrevistados, apenas Neves (A.M.MO) relata que exerce outras atividades fora da empresa, trabalhando com instalações elétricas. Ele conta que está aperfeiçoando uma extrusora para uma pessoa que trabalha com esse tipo de equipamento.

Ao falarem dos seus projetos futuros, quatro monitores entrevistados também salientam o desejo de estudar, continuando ou retomando a atividade. Celso (A.M.MO) pretende fazer um curso técnico em plásticos, sendo que ele e outros três entrevistados gostariam de fazer faculdade em cursos não relacionados com o trabalho, como pedagogia, psicologia e matemática, pois, segundo Vicente (A.N.MO), "*se eu ficar só fazendo coisa aqui de plástico né, eu vou ficar bitolado nisso*". Outro monitor tem interesse em cursar administração de empresas.

Os planos de cursar uma faculdade articulam sonho e realidade. Edson (A.T.MO) avalia que será difícil concretizar seu projeto, mas considera que a "*esperança é a última que morre*". Celso (A.M.MO) imagina-se fazendo uma pós-graduação, o que julga estar "*meio distante, mas impossível não é, basta querer*". Para ele, o estudo é uma forma de se preparar para o futuro, caso saia da empresa algum dia. Neves (A.M.MO) planeja apenas fazer outros cursos, como inglês e computação, acompanhando, dessa forma, o aperfeiçoamento da empresa.

A maior parte dos entrevistados planeja continuar na Alfa. Entre os que desejam continuar, os dois monitores mais novos gostariam de progredir na empresa, alcançando um cargo melhor, como uma chefia. Frederico (A.M.MO), já aposentado, pensa em montar um pequeno negócio com a esposa. Edson (A.T.MO) pretende aposentar-se, mas gostaria de continuar trabalhando na empresa. Apenas

Neves (A.M.MO) não vê perspectivas de progresso na Alfa, tendo, inclusive, feito contato e enviado currículos para outras empresas. Ele gostaria de continuar trabalhando com plásticos.

> "...a Alfa ela em si ela tem um futuro muito grande entende, mas... pra mim eu vejo na minha posição aqui dentro, não vai passar disso, desse patamar que eu estou né. *[Você acha que aqui dentro não tem condições de crescer?]* Não, a não ser que eu fizesse uma faculdade né, mas eu com 41 anos, não sei se vai resolver fazer a faculdade..." (Neves, A.M.MO)

Modelo ideal

Os monitores entrevistados descrevem várias características de um bom trabalhador, compondo um modelo ideal que corresponderia às expectativas da Alfa. Entre as características levantadas aparece, em primeiro lugar, a idéia de que o trabalhador deve ser dinâmico, ativo, alguém que busca mudar para melhor sendo para isso preciso que seja uma pessoa "*mente aberta*". Outra característica apresentada é trabalhar corretamente, ser responsável, confiável e cumpridor de normas. Neves (A.M.MO) fala que é preciso estar sempre "*mostrando serviço*", caso contrário existe o risco de ser mandado embora.

Dois monitores também consideram que a empresa valoriza quem tem estudo, sendo que Frederico (A.M.MO) afirma que a Alfa incentiva, mas não exige estudo (como no seu próprio caso); enquanto Neves (A.M.MO) pensa que a empresa não deveria exigir estudo, como faz, mas sim valorizar a capacidade de trabalho da pessoa. Ainda foi mencionado pelos monitores que a Alfa espera que o trabalhador seja participante, dando opiniões e buscando melhorias e que passe informações para os outros.

Alguns monitores referem-se ao processo seletivo da empresa, dois consideram a seleção inadequada, pois são admitidas pessoas sem capacidade de trabalho. Edson (A.T.MO) afirma que "*tem pessoas aí que já teve passagem pela polícia*". Frederico (A.M.MO), entretanto, avalia o processo seletivo como muito bom. Esse mesmo monitor relata que, recentemente, várias pessoas saíram por não corresponderem às expectativas da empresa e faz uma avaliação positiva deste processo, dizendo que "*melhorou 100%*".

A maioria avalia que corresponde às expectativas, apresentando várias justificativas para a auto-avaliação positiva: atende às solicitações, negocia a realização das tarefas, é elogiado e sempre foi dedicado. Apenas Neves (A.M.MO) acredita que corresponde, apenas em parte, às expectativas da empresa, pois mesmo tendo uma avaliação positiva da sua chefia, pensa que poderia fazer mais.

Representações sobre a Alfa

Todos os entrevistados revelam preocupação com a empresa, porque consideram que dependem dela, que representa uma garantia de emprego. Frederico (A.M.MO) preocupa-se com o funcionamento geral, desde a compra de material de construção até a solução dos problemas da produção. Preocupam-se, também, com o seu trabalho, sentindo-se responsáveis, principalmente, pela solução dos problemas da produção, assim como pelas pessoas sob sua supervisão, em relação a conforto, saúde e segurança. Vicente (A.N.MO) diz estar mais voltado para as pessoas, mas também considera as máquinas importantes, na medida em o SARV depende da produção.

Todos os entrevistados nessa fábrica revelam, praticamente, apenas representações positivas sobre a Alfa. Dentro dessas representações, destaca-se a concepção de que a empresa não pressiona e dá liberdade. Tanto por essa liberdade, como por outras razões, os monitores, em geral, dizem gostar e sentir-se bem na empresa.

Os monitores têm, também, a percepção de que a Alfa valoriza os empregados: recompensa o esforço, possibilitando o crescimento, oferece benefícios, treinamento e bolsas de estudo, tem diretores e gerentes acessíveis, não esconde informações e, segundo um monitor, paga um salário adequado ao mercado, ou, como diz Vilson (A.T.MO), "*aquele pouco sempre ajuda a gente*". Alguns monitores dizem que a empresa está progredindo, possibilitando que o trabalho e a comunicação tornem-se mais fáceis.

O único entrevistado que expõe representações negativas sobre a Alfa é Neves (A.M.MO). Ele mostra uma percepção de que a empresa não valoriza os empregados, já que não recompensa o esforço de quem tem experiência ou já completou o 2º grau, como ele. Também não existe a possibilidade de promoção além do nível de monitor.

Os monitores, como os operadores, não costumam fazer comparações entre a fábrica de Acessórios e as outras unidades. Em relação aos setores, Vilson (A.T.MO), que trabalha no sopro, concorda que é o pior setor, com ritmo bem mais intenso, embora goste de trabalhar ali. Pensa também que a linha de montagem da caixa é o serviço mais pesado, mas acha que dá para dar conta. Vicente (A.N.MO) acredita que o pessoal da noite se vira e acaba encontrando a solução para os problemas, apenas com o apoio do chefe, mesmo sem os setores de apoio.

Perfis dos chefes de fábrica

Na fábrica de Acessórios trabalham três chefes[20], um por turno. Assim como os monitores, os chefes trabalham em um ritmo intenso. Eles têm uma pequena sala de trabalho junto da produção, mas circulam com freqüência pela fábrica.

Trajetória

Segundo os entrevistados, no que se refere à formação, a Alfa exige que os chefes tenham curso superior e noções de inglês. Valter (A.T.CF) tem o grau de instrução exigido, é formado em administração de empresas, com pós-graduação em engenharia de produção. Sousa (A.M.CF) não completou o curso superior, tendo abandonado a faculdade há bastante tempo. Questionado sobre se existiria pressão da empresa para que estudasse, diz saber que para progredir precisaria do curso superior, mas optou por se dedicar a outras

[20] Conforme foi referido, o chefe do turno da noite não pôde ser entrevistado.

atividades. Ele fez um curso técnico e vários outros cursos relacionados ao trabalho. O chefe da tarde está fazendo curso de inglês. Apesar de não ter feito faculdade, Sousa (A.M.CF) valoriza o estudo, incentivando os monitores para que estudem.

Os dois chefes tiveram experiências anteriores em trabalho industrial. Valter (A.T.CF) trabalhou vários anos no setor de treinamento de uma indústria de plásticos (a principal concorrente da Alfa), tendo saído porque tinha interesse em trabalhar na produção e não teve essa chance lá. Sousa (A.M.CF) trabalhou em várias indústrias da região, na última por 12 anos, chegando ao posto de supervisor de produção. Ele relata ter trabalhado, quando jovem, em outro tipo de atividade, em uma farmácia.

Quanto à trajetória na Alfa, os entrevistados sempre exerceram a chefia na empresa. Sousa (A.M.CF) ingressou em uma época em que a estrutura hierárquica era diferente e tinha, então, o cargo de supervisor técnico da produção, fazendo as mesmas atividades, embora com menor autonomia. Ele é o chefe mais antigo e, depois que entrou, muitos chefes mudaram, incluindo o próprio gerente de produção. Sousa (A.M.CF) se aposentou_e continuou trabalhando na Alfa. Valter (A.T.CF) lembra ter trabalhado em outro turno (noite) por um ano.

O exercício da função de chefe implica responsabilidade sobre todas as atividades de produção da fábrica durante seu turno de trabalho, coordenando as atividades de forma a atingir as metas estabelecidas pela empresa. Os chefes procuram desenvolver um trabalho integrado nos três turnos. Essa integração é alcançada através de contato pessoal e de troca de informações diárias pelo computador.

O chefe é também responsável pelo pessoal do seu turno, devendo coordenar as atividades e cuidar de aspectos administrativos, "*procurando resolver os problemas*" e "*administrando conflitos*", como coloca Valter (A.T.CF). Os dois chefes destacam, como parte importante do trabalho com o pessoal, o desenvolvimento do treinamento, que pode ser executado diretamente por eles com os funcionários. Sousa (A.M.CF) costuma projetar filmes e dar livros para os subordinados, principalmente os monitores. Essa iniciativa tem recebido apoio do gerente de produção e do coordenador de treinamento.

Os entrevistados executam outras atividades, como a substituição de colegas – isso pode ocorrer nas férias ou no caso de licença, como aconteceu com o chefe da noite, que foi substituído pelo seu colega da tarde. O chefe também deve implementar mudanças, como introdução de máquinas e moldes novos ou modificações no *lay-out* da fábrica. Segundo Valter (A.T.CF), o chefe deve ser o canal de ligação entre toda a empresa e a fábrica, mantendo as pessoas informadas sobre o desempenho dela. Eles fazem reuniões mensais com os funcionários para passar informações sobre a produção, da mesma forma que nas outras unidades.

No que diz respeito à tomada de decisões, os entrevistados percebem os papéis que desempenham na empresa de forma diferente. Valter (A.T.CF) considera que tem pouca autonomia, tomando apenas decisões ligadas a seu trabalho, enquanto Sousa (A.M.CF) acredita que possui ampla autonomia para decidir sobre seu trabalho. Foi possível observar que Sousa (A.M.CF) tem bastante prestígio na empresa, sendo convidado para atividades[21], para as quais outros chefes não são.

Ao falar sobre suas perspectivas profissionais, os dois chefes dizem que planejam continuar na Alfa. Sousa (A.M.CF) diz que, mesmo aposentado, gostaria de continuar trabalhando, pensa que pode se aprimorar, exercendo a função de chefe, uma vez que não pode ser gerente, por não ter nível superior: "*prefiro ser um bom chefe do que um mau gerente*". Ele não pretende retomar os estudos, pois não gostaria de abandonar as atividades comunitárias que exerce fora da empresa para fazer faculdade.

Modelo ideal

Os chefes da Acessórios consideram, como características importantes de um bom trabalhador na empresa, ser responsável, maduro

---

[21] Essas atividades foram referidas no item sobre a participação dos chefes na Acessórios na parte I.

e comprometido com o trabalho. Para Sousa (A.M.CF), a pessoa que trabalha na Alfa precisa ser dinâmica, "*pró-ativa*". Valter (A.T.CF) acredita que o trabalhador deve ser competente e ter o nível de estudo exigido; no caso dos operadores, que deveriam ter a 8ª série, quem não tem esse nível está sendo desligado da empresa. Ele relata que ainda existem distorções, como a presença de pessoas antigas com salário maior e menos capacidade, mas que estão procurando corrigir aos poucos, tendo sido dada oportunidade para que todos estudassem.

Os entrevistados avaliam que correspondem às expectativas da empresa. Valter (A.T.CF) justifica a avaliação dizendo "*visto mesmo a camisa da empresa*" e afirma que gosta de estar cercado por pessoas que têm comprometimento como ele. Sousa (A.M.CF) procura dar o exemplo, sendo dinâmico e responsável. Conta que foi valorizado por suas características, pois quando o diretor industrial adjunto ingressou na Alfa avaliou todos os chefes e considerou Sousa (A.M.CF) o único com condições de continuar e se adaptar às mudanças da empresa. De fato, os outros foram saindo e apenas ele ficou.

Representações sobre a Alfa

Os chefes mostram preocupação com a empresa como um todo. Sousa (A.M.CF) fala de seu grande envolvimento e Valter (A.T.CF) preocupa-se com o futuro da empresa, especialmente com os investimentos em novas fábricas. Os dois também são bastante envolvidos com suas atividades rotineiras.

Eles descrevem a Alfa com características positivas. Sousa (A.M.CF) considera que a empresa desenvolve e possibilita a participação e está progredindo, tendo mudado bastante desde que ingressou. Hoje, existe preocupação com a solução imediata dos problemas. Valter (A.T.CF) está satisfeito em trabalhar na Alfa, gosta do que faz (trabalhar na produção) e se sente bem na empresa, considera a melhor empresa em que já trabalhou, "*embora tenha algumas coisas que eu não concorde a nível de administração*".

Valter (A.T.CF) faz também algumas considerações sobre características da fábrica de Acessórios. Considera o ritmo de trabalho mais intenso que na fábrica de Conexões e conta que quando "*emprestam pessoal*" para lá ninguém quer voltar. Ele concorda que o trabalho no sopro é mais pesado e que ninguém gosta de trabalhar ali. Comparando sua experiência atual, no turno da tarde, com a anterior à noite, ele avalia que no turno da noite é mais difícil resolver as pendências, pois não é possível a comunicação direta com as pessoas.

Considerações sobre os trabalhadores da fábrica antiga

A fábrica passava por reformas sem parar a produção, buscando adaptar seu espaço físico às necessidades de modernização da Alfa. Esse espaço físico, em reforma, revela ao olhar a tentativa de se fazer o novo a partir do velho; o progresso é introduzido (por exemplo, os painéis eletrônicos) na convivência com o antigo (máquinas velhas). Com isso, temos uma idéia de modernização progressiva, sem rompimento com o passado, calcada na concepção de que é possível um convívio harmonioso entre o velho e o novo. Esse convívio sugere que as transformações, ainda incipientes, vêm ocorrendo, até o momento, sem a mesma polarização e ameaça de exclusão iminente apresentadas na Conexões.

Os operadores daqui, como vimos, exercem uma gama bastante variada de funções, sendo que as tarefas mais simples, repetitivas e que não necessitam de qualificação - como o trabalho nas linhas de montagem do sopro e da extrusão - ainda requerem um contingente grande de trabalhadores. Dessa forma, a presença de operadores de perfil tradicional é bastante necessária, tal como acontece na Fitas.

Correspondem a esse perfil tradicional operadoras antigas, como Carmen (A.N.OP) e Nádia (A.M.OP), que trabalham na montagem, e mesmo Maristela (A.T.OP), que opera máquinas no sopro. Elas têm baixo grau de instrução e mostram grande satisfação e identificação com a Alfa, sendo que Maristela não só associa o seu futuro pessoal à empresa, como o de toda a sua família. Esse intenso processo de identificação reproduz o modelo fusional proposto por Sainsaulieu, (1980, 1988). As operadoras também não têm perspectivas de progresso profissional e buscam compensar isso e a falta de significado do trabalho através de sua dedicação e da valorização da empresa.

Essa falta de perspectivas de progresso emerge no discurso de operadores como Jorge (A.T.OP) e Ricardo (A.T.OP), que exercem funções não qualificadas. Jorge (A.T.OP) gostaria de continuar trabalhando; apesar de prever aposentaria para breve, sua dedicação e valorização do próprio trabalho[22], bem como o forte envolvimento com o programa participativo, podem ser formas de compensar a falta de perspectivas. Já Ricardo (A.T.OP), apesar de mostrar insatisfação com o trabalho, não consegue visualizar alternativas, o que sugere uma perspectiva de "estagnação" no trabalho.

Telma (A.T.OP) é outra operadora antiga da montagem que diz gostar da empresa, apesar de estar insatisfeita com sua função, já tendo inclusive chegado a pedir demissão. Entretanto, ela tem expectativas de progresso profissional através do estudo e voltando a atuar em uma função mais valorizada (operador de máquina). Apesar de ser antiga, ela vem buscando adequar-se ao novo perfil, mas não tem sido bem sucedida e trabalha, justamente, no pior posto de trabalho da fábrica (montagem da caixa de descarga)[23].

Entre os entrevistados, encontramos operadores de máquinas novos com um perfil que se aproxima do novo modelo de trabalhador que está sendo gerado na Alfa e que apareceu de forma mais clara na Conexões. Eduardo (A.T.OP), Everaldo (A.M.OP) e Marcelo (A.N.OP) mostram-se satisfeitos com a empresa (embora dois apontem algumas críticas) e pretendem alcançar progresso profissional pelo estudo. Eles planejam fazer cursos que lhes permitam assumir uma função técnica especializada na própria Alfa (controle de qualidade, mecânica etc.), ou seja, mostram iniciativa individual na busca de ascensão na carreira. Apesar dessa perspectiva de profissionalização, esses operadores não valorizam seu trabalho da mesma

[22] Jorge (A.T.OP) é carregador de peças e, embora execute um trabalho simples, gosta de destacar a importância do que faz. Ele é bastante ativo dentro do programa participativo.

[23] Telma (A.T.OP) é a única operadora antiga que trabalha neste posto e também a única entrevistada que participa da diretoria do sindicato.

forma que os operadores de processo da Fitas e, portanto, não recuperam a "dignidade" no trabalho.

Nessa fábrica foram entrevistados três operadores de máquina da injeção, Márcio (A.T.OP), Nelson (A.M.OP) e Rogério (A.N.OP), com menos de quatro anos na Alfa, que fazem uma série de críticas à empresa e ao seu programa participativo, sem, contudo, sentirem-se excluídos. Dois deles, inclusive, participam das atividades propostas no PAAP. Eles planejam (de forma mais ou menos definida) o progresso profissional através do estudo, assumindo outro tipo de atividade, pois gostariam de "*mudar de vida*".

Os seis operadores apontados são todos homens, jovens e com pouco tempo de trabalho na empresa (menos de quatro anos). Três têm 2º grau completo, um está completando e outro tentou retomar os estudos, mas teve que interrompê-los por problemas financeiros, sendo que apenas um só tem o 1º grau, mas planeja fazer o 2º. Dessa forma, eles já apresentam – ou vêm buscando atingir – um nível de escolaridade compatível com as novas exigências. Eles operam máquinas na injeção ou extrusão, ou seja, funções mais valorizadas na fábrica, embora não tenham a experiência e os conhecimentos dos operadores de máquinas antigos. Essa função requer alguma qualificação, mas não exige a mesma autonomia e responsabilidade que os operadores de produção de fitas. A maior parte é capaz de apontar algum questionamento sobre a empresa, sendo que os três últimos são bastante críticos.

As características dos operadores da Acessórios são bastante heterogêneas, revelando um processo de mudança em curso, tornando mais difícil apontar tendências no que se refere aos padrões de identificação. Como vimos, operadores antigos são necessários ao tipo de processo produtivo da fábrica e, portanto, não se sentem ameaçados de exclusão, mas não têm qualquer perspectiva de progresso profissional, tal como os operadores de produção de fitas. A empresa precisa deles e os mantém, embora representem um perfil de trabalhador não compatível com a modernização prevista no discurso dos seus gestores. Temos, aqui, uma contradição entre o discurso e a realidade. Essa contradição possibilita a permanência de trabalhadores antigos, que, de outro modo, teriam sido excluídos.

Em relação aos monitores, também foram encontrados jovens e antigos entre os entrevistados na Acessórios. Os jovens, Celso (A.M.MO) e Vicente (A.N.MO), têm menos de 25 anos, 2º grau completo, menos tempo de Alfa que os colegas e passaram pela experiência recente de progresso profissional, percebendo que a empresa reconheceu sua dedicação e iniciativa. Essa trajetória profissional faz com que ambos acreditem que terão possibilidades de carreira. Os dois representariam o novo modelo de trabalhador, que articula iniciativa individual com busca de cooperação, através da integração no programa participativo, muito embora o engajamento de Vicente seja menor e ele questione a distribuição dos lucros. Tal como ocorre na Fitas, pode-se pensar que o processo de identificação destes monitores é compatível com o modelo de afinidades.

Os outros quatro monitores entrevistados são antigos, têm pelo menos oito anos de trabalho na empresa. Entre eles, destaca-se Frederico (A.M.MO), que é funcionário praticamente desde o começo da Alfa. Eles têm características bastante semelhantes aos colegas da Conexões, experiência e conhecimentos que lhes permitiram a construção de um saber/fazer necessário ao funcionamento da fábrica. São mais velhos e nem todos possuem o grau instrução que vem sendo exigido para o cargo (2º grau).

Apesar da valorização e do reconhecimento por seu saber/fazer, esses monitores também não têm perspectivas de progresso profissional. É interessante notar que justamente aquele que revela maior orgulho dos seus conhecimentos, Neves (A.M.MO), é também quem percebe de maneira mais aguda a impossibilidade de progredir e, por isso mesmo, planeja sair da empresa. Assim como na Conexões, o processo de identificação dos monitores antigos é marcado basicamente por uma perspectiva de "estagnação" no trabalho.

A análise das trajetórias profissionais dos chefes da Acessórios, bem como do seu modo de atuação na Alfa, também é semelhante ao que acontece na Conexões. Valter (A.T.CF) desempenha sua função de forma mais limitada, bastante preso às atividades e decisões rotineiras, sendo, entretanto, o único chefe que questiona essas limitações, inclusive no que diz respeito ao papel do chefe na gestão participativa.

Valter (A.T.CF) tem grau de instrução compatível com as novas exigências da empresa e, tal como os outros chefes, que têm uma atuação mais ampla (Júlio – Fitas e Ferreti – Conexões), trabalha há pouco tempo na Alfa. Entretanto, ele havia ingressado na empresa para trabalhar à noite, turno no qual os chefes, embora tenham relativa autonomia (em função da ausência de setores de apoio), ficam mais isolados dos processos decisórios, que sempre ocorrem durante o dia. O ingresso à noite pode ser o fator explicativo da maior proximidade de Valter (A.T.CF) com o papel desempenhado por João (C.N.CF), semelhante ao de um monitor, mas com maior compreensão do todo. Cabe destacar que, embora exercendo esse papel, Valter (A.T.CF) gostaria de ampliar suas responsabilidades.

Já Sousa (A.M.CF) é uma pessoa bastante valorizada na empresa, sendo convidado para atividades diversas (comitê de novos produtos e avaliação de programas de treinamento). É o único chefe antigo que se adaptou às mudanças e permaneceu na Alfa, mesmo aposentado e sem curso superior. Essa capacidade de adaptação o aproxima do novo perfil buscado pela empresa, o que lhe possibilita atuar de forma bem mais ampla que o seu colega de fábrica. Entretanto, suas características antigas, particularmente o grau de instrução, impedem o progresso profissional.

Os dois chefes da Acessórios apresentam perfis contraditórios. O mais novo na empresa e com maior escolaridade é quem tem atuação mais limitada, compatível com um perfil de "chefe-monitor". Essa situação pode vir a se modificar, se a empresa vier a lhe demandar que assuma maiores responsabilidades. O mais antigo e com menor grau de instrução foi capaz de se adaptar às mudanças, atuando de forma mais ampla, aproximando-se de um perfil gerencial, apesar de não ter tido acesso, concretamente, a esse cargo. Dessa forma, vemos que, na Acessórios, o perfil de chefe não apresenta a mesma polaridade entre o velho e o novo que aparece na Conexões, reafirmando a idéia de transformações graduais, sem ameaça de exclusão iminente.

Os entrevistados também descrevem perfil bastante variado sobre o que seria o trabalhador ideal para Alfa. Os operadores consideram importante ser responsável, trabalhando corretamente, bem como ser interessado e participar. Os monitores destacam que deve ser dinâmico e ativo, mas também consideram importante trabalhar corretamente. Já os chefes valorizam a responsabilidade e o comprometimento com o trabalho, assim como ser dinâmico e competente. Essas características apontam para um modelo de trabalhador capaz de produzir com competência, de acordo com as metas da empresa, mas também alguém que vai além disto, mostrando interesse dinamismo e participação.

Também nessa fábrica, a grande maioria acredita corresponder ao que a Alfa espera deles. Três operadores, mesmo apresentando esta auto-avaliação positiva, consideram que têm algumas características não adequadas ao esperado. Apenas um monitor, Neves (A.M.MO), que percebe com mais clareza a falta de perspectivas profissionais, auto-avalia-se como correspondendo em parte ao esperado. Pode-se pensar que o projeto de sair da Alfa tenha contribuído para ser o único a considerar que não corresponde plenamente ao modelo ideal. Os chefes, como vimos, apresentam auto-avaliação bastante positiva.

Assim como nas outras fábricas as representações sobre a Alfa são predominantemente positivas na Acessórios, mostrando a satisfação dos seus integrantes em trabalhar na empresa. Parte dos entrevistados aponta características negativas da Alfa; nisso destaca-se, novamente, a questão do salário, considerado baixo ou inadequado. O único monitor a apresentar representações negativas é Neves (A.M.MO), justamente pela impossibilidade em ser promovido. Os chefes mostram-se satisfeitos em trabalhar na Alfa e a descrevem apenas com características positivas.

As mudanças que estão acontecendo na Acessórios ainda não foram suficientes para que ela deixasse de ser uma fábrica antiga, onde predominam os processos produtivos tradicionais, com linhas de montagem em que as tarefas são fragmentadas, repetitivas e o ritmo é acelerado. Esse é um tipo de trabalho desgastante e pouco qualificado, desempenhado por trabalhadores antigos, com baixo grau de instrução e pouca qualificação, ou por jovens inexperientes e escolarizados. Estes últimos são os que vêm ocupando mais espaço na Alfa, o que leva à percepção de que a escolaridade é mais valorizada do que a experiência e a dedicação ao trabalho.

O predomínio do trabalho tradicional na maior fábrica do grupo mostra que a modernização pretendida pela administração é ainda,muito mais discurso do que realidade. As exigências de escolaridade colocam jovens operadores exercendo tarefas simples e repetitivas, gerando, assim, um foco de insatisfação, como foi apontado pela psicóloga da empresa. Por outro lado, a grande variedade de processos produtivos, os equipamentos antigos e as condições precárias de trabalho requerem o conhecimento e a experiência de operadores e monitores antigos, capazes de prevenir e resolver problemas.

Não foi possível estabelecer uma relação entre o engajamento no PAAP e o tipo de trabalhador, novo e antigo, já que existem entrevistados participativos nos dois perfis. Com isso, é reforçada a idéia que participar não é uma condição necessária para adaptação ao novo perfil.

Considerações finais

Na introdução deste livro foi apresentada a concepção de participação no trabalho como uma forma de distribuição do poder entre os diversos atores inseridos em uma determinada relação de trabalho. Assim, uma organização produtiva será mais participativa quanto mais igualitária for a distribuição do poder entre seus membros.

Cada vez mais os integrantes das organizações modernas têm sido chamados a colaborar, exercendo o papel de parceiros do processo produtivo. Entretanto, uma efetiva parceria requer a existência de relações igualitárias e, portanto, incompatíveis com relações entre empregados e empregadores, por mais participativas que sejam as organizações.

As propostas participativas vêm sendo introduzidas nas empresas por iniciativa da administração e, portanto, visam a atender a seus interesses, ou, como coloca Pateman (1992), "...trata-se apenas de uma técnica a mais entre outras, que pode auxiliar no objetivo geral da empresa – a eficiência da organização..." (p. 95). A mesma autora alerta, ainda, para o fato de que, muitas vezes, são empregadas técnicas supostamente participativas, mas que visam apenas transmitir a todos um "sentimento de participar", visto que as decisões são tomadas somente pela cúpula.

Considerando as vantagens para a administração em introduzir a gestão participativa, foi importante, então, refletir a respeito das vantagens para os trabalhadores. Seria essa proposta capaz de contemplar os interesses dos trabalhadores, ampliando a distribuição do poder, ou trata-se apenas de uma estratégia para manipulá-los?

A leitura de diversos estudos empíricos[1] revela o quanto as experiências participativas desenvolvidas em organizações têm sido limitadas, no que se refere à ampliação da distribuição do poder entre seus integrantes. Entretanto, as conclusões desses estudos, certamente, não são homogêneas, sendo possível observar peculiaridades em cada estudo e em cada empresa analisada. Dessa forma, é possível reiterar a importância do desenvolvimento de estudos empíricos, buscando investigar como trabalhadores inseridos em empresas participativas vivenciam as propostas participativas implementadas pela administração.

Outro questionamento importante, também apontado na introdução, foi relativo ao perfil dos trabalhadores inseridos em empresas participativas. Existiria uma demanda por um novo tipo de trabalhador, capaz de participar, comprometido com os processos produtivos. As empresas modernas pressionariam seus integrantes a se identificarem com seus objetivos e valores. Os processos de identificação individuais e coletivos são complexos e desenvolvem-se ao longo de toda a vida, dentro e fora das relações de trabalho.

O estabelecimento de perfis profissionais homogêneos, em cada empresa ou categoria profissional seria decorrência das pressões organizacionais por identificação. Entretanto, é possível pensar, como fazem Ciampa (1998) e Sainsaulieu (1988), no trabalhador como um sujeito ativo, que não só submete-se às pressões organizacionais, mas é também capaz de resistir e, quem sabe, transformar.

Ainda que se considere a gestão participativa uma estratégia implantada pela administração com vistas à maior eficiência empresarial, cabe lembrar a complexidade da realidade, como faz Zuboff (1988), o que dificulta a total instrumentalização desse tipo de proposta. A introdução de técnicas participativas consiste em uma mudança que só pode se efetivar através de relações sociais concretas, nas quais interferem todos os atores sociais envolvidos.

---

[1] Heller (1998), Gautrat (1990), Hirata (1990), Melo (1985), Lima (1994), Elaine Antunes (1985), Gonçalves (1998), Piccinini e Jotz (1998) e Tolfo et al. (1999).

Partindo desse ponto de vista, foi desenvolvido um estudo empírico, apresentado nos capítulos anteriores, sobre as possibilidades de participação e os perfis profissionais de trabalhadores de três categorias profissionais (operador, monitor e chefe de fábrica), em três unidades produtivas de um grupo empresarial catarinense (a Alfa), que desenvolvia uma estratégia de gestão de recursos humanos voltada para a participação dos seus integrantes.

A escolha do grupo Alfa, como campo dessa investigação, deve-se, principalmente, ao fato de esse grupo industrial ser reconhecido por empregar a gestão participativa e por vir introduzindo mudanças no seu modelo de participação, articuladas a uma política de modernização empresarial. A possibilidade de investigar três fábricas do mesmo grupo, com níveis diferenciados de modernização dos processos produtivos, permitiu comparar como o modelo proposto pela administração se efetiva em diferentes situações de trabalho e quais as repercussões sobre os trabalhadores de cada unidade.

A Alfa é uma organização que vem crescendo e fazendo frente às pressões por competitividade por meio da utilização de diferentes ferramentas, com vistas à modernização. Para tanto, utiliza-se de uma estratégia sistêmica, que articula a introdução de novos equipamentos ("robôs", painéis eletrônicos, embaladeiras automáticas, alimentação automática de matéria-prima, informatização) com técnicas de gestão da produção (*kanbans*, células de produção) e de seus recursos humanos (gestão participativa, investimento em treinamento e formação, aumento das exigências de escolaridade) inspiradas no modelo japonês.

A observação das relações de trabalho que se desenvolvem em cada fábrica revela que a busca por modernização não é uniforme. O processo de trabalho tradicional, com linhas de montagem e fragmentação de tarefas características do modelo taylorista-fordista, ainda tem forte presença nas fábricas de Fitas e Acessórios e mesmo na Conexões. A primeira é a menor unidade do grupo, com poucos trabalhadores, processos de trabalho e equipamentos bastante simples e tradicionais. A Acessórios passa, como foi apontado, por um momento de transição, buscando modernizar-se, mas ainda utiliza equipamentos e processos produtivos antigos. Já a Conexões é, entre as unidades pesquisadas, a que possui processos e equipamentos mais modernos.

O grupo Alfa passa por um momento de transição, convivendo com o velho e o novo. Esse convívio aparece de forma diferente em cada fábrica, mas, mesmo a unidade mais moderna não pode prescindir de trabalhadores experientes. O novo está cada vez mais presente, através de novos equipamentos, novas formas de organização do trabalho e de gestão dos recursos humanos e, principalmente, pela nova estrutura hierárquica da produção (com enxugamento de níveis) e pela ampla renovação do seu quadro funcional (40% com menos de dois anos, em uma empresa que vem mantendo o número de trabalhadores estável nos últimos anos).

Como decorrência da transição e do convívio entre o velho e novo, a Alfa não apresenta um modelo de gestão consolidado que possa ser referência para a identificação de seus funcionários. Nesse sentido, ela se distingue de empresas como a "hipermoderna" (Pagès *et al*, 1987) ou como a "estratégica" (Enriquez, 1997), embora apresente traços comuns com esses modelos. Mesmo oferecendo uma série de contrapartidas (benefícios, bolsas de estudo, participação nos lucros) que favorecem o engajamento e, conseqüentemente, o comprometimento de seus integrantes, a Alfa não vem concedendo remuneração acima da média do mercado, garantias de estabilidade e progresso profissional, fatores que caracterizariam as empresas com estratégias modernas de gestão.

Tal como era esperado, as características da Alfa, de transição entre o velho e o novo, refletem o contexto das empresas nacionais que buscam se modernizar em um mercado instável e competitivo. Um aspecto importante desse contexto diz respeito à elevação dos índices de desemprego durante os anos 90, pois é justamente nesse período que a empresa passa a renovar amplamente seu quadro funcional, ao mesmo tempo em que amplia seus índices de produtividade, mantendo estável o número de funcionários.

Essa renovação de pessoal, segundo os administradores, teria se desenvolvido dentro de "*processo normal*", sem rupturas, através de uma "*seleção natural*"; entretanto, o alto índice de funcionários com menos de dois anos indica que o processo implicou alterações significativas. Dessa forma, o medo pela perda do emprego não decorre, apenas, do contexto de desemprego crescente, mas também das vivências concretas dentro da própria empresa, sendo esse um tema recorrente no discurso dos trabalhadores entrevistados. Nesse contexto, grande parte dos trabalhadores percebe que a Alfa representa uma garantia de emprego, ou seja, os que permanecem valorizam o lugar que a empresa lhes oferece.

Se, por um lado, o medo do desemprego pressionaria os trabalhadores que permaneceram a valorizar a organização (com representações, predominantemente, positivas sobre ela) e a se submeterem à intensificação do trabalho (aumento da produtividade, sem ampliação do quadro funcional), por outro, os entrevistados, particularmente, os operadores (nível hierárquico mais baixo), preocupam-se muito mais em fazer um trabalho bem feito, do que com a organização como um todo. Fazer a sua parte, trabalhando e participando, contribuindo, assim, para o crescimento da empresa, é uma forma de procurar garantir o emprego, o que os trabalhadores, principalmente os antigos, percebem como uma tarefa difícil.

O foco principal deste estudo foi a análise de como os trabalhadores vivenciam a gestão participativa desenvolvida na Alfa. Como vimos, esse grupo industrial tem uma política de participação dos trabalhadores implantada desde o início dos anos 80, com a introdução dos CCQs, podendo ser considerada, assim, uma das empresas pioneiras na utilização dessa ferramenta no Brasil. As mudanças introduzidas no seu programa participativo deveram-se a problemas apontados, tanto pelos trabalhadores, como pela administração.

Os trabalhadores apontam a inserção obrigatória nos grupos, a ausência de remuneração para as sugestões, as reuniões fora do horário de trabalho e pouco produtivas, como aspectos negativos dos CCQs. A administração reconhece esses problemas, mas questiona, principalmente, a falta de qualidade das sugestões, que não geravam economia para empresa e, o que seria pior, desde a sua perspectiva, os CCQs davam abertura para o surgimento de reivindicações de caráter financeiro.

A mudança, passando dos CCQs a uma estratégia mais ampla, o Programa Alfa de Administração Participativa (PAAP), pretendia superar o esgotamento dos primeiros, pois, como declara o chefe da fábrica de Fitas, existe um "*desgaste*" e o programa precisa ser reciclado, bem como corrigir as falhas percebidas pela administração.

A análise do PAAP aponta claramente o interesse da administração em alcançar maior direcionamento da participação dos trabalhadores, de forma a aumentar a eficiência da organização. Assim, pode-se notar, por trás de um discurso de valorização e motivação dos seus integrantes, o objetivo de "eliminar desperdícios", favorecendo "os ganhos globais da empresa". Esse tipo de contradição entre discurso e prática foi também apontado por Lima (1994).

O novo programa, como vimos, estrutura-se em dois eixos básicos: um programa de sugestões (PAS) e um sistema de participação financeira (SARV). O PAS direciona as sugestões, feitas por meio de um formulário, requerendo capacidade de expressão escrita dos trabalhadores.

O PAS valoriza, principalmente, as idéias que atendem aos interesses da empresa (geram economia) e evita aquelas voltadas aos interesses financeiros dos próprios trabalhadores (reivindicações salariais). Colbari e Bianco (1994) também observaram que empresas que articulam programas de sugestões, como os CCQs, com programas mais amplos, como os de qualidade total, canalizam a criatividade dos trabalhadores apenas para o atendimento das prioridades empresariais. As autoras constataram que, usados isoladamente, os CCQs ainda permitiriam que os interesses dos trabalhadores sejam, em alguma medida, também contemplados.

> Contrariando a uma linha de argumentação, de orientação mais sociológica, que imputou aos CCQs apenas mais uma manifestação de maquiavelismo gerencial, hoje já se percebe

> algumas evidências de outras dimensões nele inseridas. O caráter espontâneo do programa, a liberdade na definição dos temas a serem discutidos, na prática, delimitam um espaço de autonomia para estes grupos o que, em algumas ocasiões, pode não ser conveniente às gerência (p. 23).

Hirata (1990) observou a existência de "temas proibidos" nos CCQs, dentre os quais as reivindicações salariais. No caso da presente pesquisa, observou-se que a Alfa passou por um processo semelhante ao descrito por Colbari e Bianco (1994), no qual a articulação dos grupos de trabalhadores para discussão de sugestões (anteriormente CCQs e agora GARQs), com um programa mais amplo (PAAP), propiciou o maior direcionamento, por parte da administração, dos temas discutidos pelos trabalhadores, evitando as reivindicações financeiras, o que aparece no discurso dos gestores:

> "...a primeira coisa que nós fizemos tá, foi uma pesquisa em cima do histórico do CCQ, ...o que que a gente percebeu? ...nós constatamos que quase 80% eram reivindicatória, ela não provocava... não gerava ganho e nem eliminação do desperdício, então nós olhando assim pra trás nós vimos que o número era... chegamos com o CCQ a quase 7.000 sugestões só que em termos de qualidade... era muito pouco, era muita quantidade, aí isso começou atrapalhar, aí nós começamos a questionar todo o modelo..." (gerente de RH)

Os GARQs são grupos semelhantes aos CCQs, com caráter efetivamente, voluntário o que permitiu que 3/4 dos empregados optassem por não se inserir neles. O fato de esses grupos só serem chamados a discutir sugestões já analisadas pelas chefias e de seguirem um roteiro para análise destas sugestões, previamente estabelecido pela administração, evidencia, mais ainda, sua falta de autonomia.

Apesar de existir toda uma estrutura de funcionamento do programa, com diversas instâncias além dos GARQs, como os grupos de acompanhamento do SARV e os conselhos de líderes, foi possível observar que, além de a maioria não participar formalmente dessas instâncias (com exceção dos trabalhadores da fábrica de Fitas), havia uma série de dificuldades de funcionamento, menos de dois anos após a implantação do PAAP. Durante a pesquisa de campo, nas três fábricas, foi possível observar que poucas sugestões vinham sendo dadas e, conseqüentemente, sem ter o que discutir, os GARQs dificilmente se reuniam. Existe uma cultura e um discurso sobre participação que não se efetiva concretamente, propiciando apenas um "sentimento de participar" (Pateman, 1992).

Mesmo as sugestões feitas, formalmente, por meio dos formulários do PAS, aproximadamente 850, em um período de um ano e oito meses, desde a implantação do PAAP, não vêm obtendo resultados práticos na Alfa. Conforme apresentado no capítulo 2, um quarto das propostas foi descartado, sem uma análise mais aprofundada, pois não foram consideradas viáveis ou porque não atendiam aos interesses da administração. Entre as sugestões aprovadas para estudo, apenas 23% já haviam sido implantadas. As restantes, ou estavam sendo analisadas (44%) ou haviam sido aprovadas (31%), mas não implantadas. Observa-se, dessa forma, que o programa é lento. Existem diversas críticas nesse sentido e alguns trabalhadores percebem que a Alfa só dá andamento para as propostas na medida em que atendam aos seus interesses.

> "...a empresa se favorece bastante com a idéia, porque quem tá ali trabalhando com a máquina... é o empregado e quando o empregado dá uma idéia, ele pensa primeiramente nele né, pra ele não ter tanto serviço ou... pra melhorar... e, em segundo lugar a fábrica e o bolso dele também... mas sempre quem se favorece mais é a fábrica... Por que é aprovada? Porque a fábrica já concorda... se não favorecesse ela, só o empregado, não iria ser implantada... " (Luís, F.M.OP)

A dificuldade dos trabalhadores em sugerir e a baixa aprovação de suas idéias pela empresa revelam o claro descompasso entre os interesses de ambos. Como já foi apontado, existe um limite para a criatividade dos trabalhadores, pois, de acordo com Gautrat (1992), ela dependeria das possibilidades que eles têm para influenciar em situações que vão além de suas competências. A percepção desses limites, bem como a do baixo índice de acolhida pela empresa às propostas feitas (23 % de sugestões implantadas), contribui para que os trabalhadores exercitem cada vez menos sua criatividade.

Enquanto o PAS atinge a um número limitado de trabalhadores, o SARV, programa de participação financeira da Alfa, atinge o total de funcionários da empresa. Trata-se de um programa misto, que estabelece indicadores proporcionais aos lucros e relacionados com os resultados da empresa. Esses resultados, definidos a partir de metas, estabelecem índices crescentes de produtividade, a cada semestre, e também estão relacionados com indicadores do PAS (número de sugestões aprovadas para estudo e de trabalhos de GARQs aprovados para implantação).

Ao fixar índices de produtividade, a Alfa acompanha a tendência de empresas brasileiras em implantar programas de participação financeira vinculados a resultados. O estabelecimento de metas evidencia que o SARV é, antes de tudo, uma estratégia para tornar a empresa mais eficiente. Essa questão torna-se mais crítica na medida em que os trabalhadores não têm tido a possibilidade de influenciar sobre os critérios estabelecidos pela empresa.

No caso da Alfa, o principal problema apontado pela grande maioria dos trabalhadores e mesmo por algumas chefias, é a distribuição proporcional ao salário. Como foi mencionado, as tentativas de mudança nessa forma de distribuição não vinham sendo aceitas pela administração. Nem mesmo uma proposta conciliatória, de distribuir parte do montante (25%) em um valor igual para todos, e o restante proporcional ao salário, foi aceita. Tendo em vista que a questão salarial é uma crítica recorrente dos trabalhadores e que a distribuição proporcional ao salário, como alertam Martins e Barbosa (1999), tende a potencializar as distorções salariais que existam no plano de cargos e salários, pode-se pensar que, da forma como é distribuído, o SARV corrobora as distorções salariais percebidas pelos trabalhadores.

A análise da participação dos trabalhadores das três categorias profissionais (operadores, monitores e chefe de fábrica), investigadas em cada fábrica, revelou os limites encontrados pelos trabalhadores para influenciar na Alfa. Teoricamente, foi estabelecido um quadro sobre as dimensões da participação (quadro 10): grau de controle, tipo de questões e nível organizacional. Tendo como referência esse quadro, foi feita uma análise comparativa sobre as possibilidades de participação e as concepções dos integrantes de cada categoria profissional em cada fábrica.

A participação dos trabalhadores, em relação a cada dimensão, poderia, em tese, ser classificada como limitada, parcial e ampla, embora não fosse esperado encontrar esta última forma de participação, particularmente nos níveis hierárquicos mais baixos. Na dimensão nível organizacional foi considerada a participação tanto na empresa como no sindicato.

No que se refere às concepções sobre participação, foi apontada a presença de concepções genéricas ou relacionadas ao trabalho, em geral, ou à Alfa, ou, mais especificamente, em relação a seu programa participativo (PAAP). Também foram sintetizadas as auto-avaliações dos trabalhadores, dentro e fora da empresa. Ao analisar a auto-avaliação do trabalhador fora da empresa, é importante considerar se essa avaliação significa que ele tem um conceito de participação que remete a esferas limitadas da vida social (familiar, doméstica ou de vizinhança) ou se remete a esferas sociais mais amplas, como comunidade, bairro, município.

Nos quadros a seguir são apresentados aspectos que resumem a participação dos integrantes de cada categoria profissional (operador, monitor e chefe de fábrica), nas três fábricas pesquisadas. Optou-se por montar um quadro de análise sobre as possibilidades de participação dos chefes de fábrica em torno dos dois perfis profissionais encontrados ("chefe-monitor" e "chefe-gerente"), em vez de separar por fábrica, já que foram entrevistados apenas um ou dois chefes em cada unidade.

Quadro 10: Participação dos Operadores

		Fitas	Conexões	Acessórios
Grau de controle		**limitado** - consulta * sugestões individuais * todos participam total ou parcialmente * operadores de processo estão mais informados e sugerem mais do que os outros * discussão em grupo, sem poder de decisão	**limitado** - consulta * sugestões individuais * apenas uma participa ativamente e mais da metade não participa * 3 não estão informados e apenas 2 o estão bem * discussão em grupo, sem poder de decisão	**limitado** - consulta * sugestões individuais * apenas 4 participam e 3 em parte (entre os 13) * todos estão informados em parte ou muito * discussão em grupo, sem poder de decisão
Tipo de questões		**limitado** * apenas relativas ao seu próprio trabalho	**limitado** * apenas relativas ao seu próprio trabalho	**limitado** * apenas relativas ao seu próprio trabalho
Nível organizacional	empresa	**parcial** * grupos de pares (todos fazem parte de GARQs) * não têm poder de decisão em grupos com níveis hierárquicos mais altos	**parcial** * grupos de pares (apenas 2 dos 8 fazem parte de GARQs) * apenas 1 participa de grupos com outros níveis hierárquicos	**limitado a parcial** * próprio trabalho * grupos de pares (5 dos 13 participam de GARQs) * apenas 1 participa de grupos com outros níveis
	sindicato	* 3 sindicalizados e 1 não * nenhum participa * não gostam do sindicato * concepção assistencial	* 3 sindicalizados e 5 não * nenhum participa * não gostam do sindicato * concepção assistencial	* 11 sindicalizados e 2 não * 2 participam * não gostam do sindicato * concepção assistencial
Concepções		* todas relacionadas ao PAAP * auto-avaliação: 3 participam dentro e fora da empresa (esfera individual ou familiar) e uma não participa (esfera doméstica não é participar)	* 1 entrevistado com concepção genérica * outras relacionadas ao trabalho, à Alfa e ao PAAP * auto-avaliação: na empresa 4 participam e 4 em parte; fora, 5 (família ou vizinhos) e 3 em parte (em esferas limitadas)	* todas relacionadas à Alfa e principalmente ao PAAP * auto-avaliação: 11 participam na empresa e fora (esfera individual, familiar ou vizinhança); 2 participam pouco (concepção mais ampla)

Os quadros apresentados evidenciam os limites para a participação dos trabalhadores na Alfa, mesmo para aqueles engajados no PAAP, sendo que estas limitações são maiores quanto menor o nível hierárquico. Os operadores têm um grau de controle bastante restrito nas três fábricas. Eles podem fazer sugestões por escrito e, caso participem dos GARQs, discuti-las em grupo, mas não têm poder de decisão. Na prática, o que vem acontecendo é que esses mecanismos participativos são pouco usados.

O tipo de questões sobre as quais os operadores podem exercer influência também é limitado e se referem, apenas, àquelas relativas a seu próprio trabalho. Como foi apontado, a tentativa de influenciar

Quadro 11: Participação dos Monitores

		Fitas	Conexões	Acessórios
Grau de controle		**parcial** - gerenciamento conjunto * sugestões individuais * discussão em grupo * incentivam a participação dos subordinados e influenciam sobre as sugestões deles	**limitado** - consulta * sugestões individuais * discussão em grupo * apenas 2 (entre 5) incentivam a participação dos subordinados, sem influenciar	**limitado** - consulta * sugestões individuais (alguns não têm tempo para sugerir) * discussão em grupo * alguns incentivam a participação dos subordinados, sem influenciar
Tipo de questões		**limitado** * relativas ao seu próprio trabalho e de subordinados (costumam dar idéias)	**limitado** * relativas ao seu próprio trabalho e de subordinados (maioria dá idéias)	**limitado** * relativas ao seu próprio trabalho e de subordinados (maioria dá idéias)
Nível organizacional	empresa	**parcial** * grupos de pares (todos estão em GARQs) * não têm poder de decisão em grupos com níveis hierárquicos mais altos	**parcial** * grupos de pares (os do dia estão em GARQs) * não têm poder de decisão em grupos com níveis hierárquicos mais altos	**parcial** * 2 entrevistados no próprio trabalho * grupos de pares (metade em GARQs) * poucos participam de grupos com outros níveis
	sindicato	* 1 sindicalizado, 1 não * nenhum participa * não gostam do sindicato	* 3 sindicalizados, 2 não * 1 participa * percepção negativa, preferem a empresa	* 5 sindicalizados, 1 não * nenhum participa * não gostam, desconfiam da direção
Concepções		* relacionadas ao PAAP * auto-avaliação: participam dentro e fora da empresa (esfera doméstica e familiar)	* relacionadas ao trabalho, à Alfa e ao PAAP * auto-avaliação: todos participam na empresa e fora (1 esfera comunitária e outros em esferas limitadas)	* relacionadas ao trabalho e ao PAAP * 1 concepção mais ampla: esfera social * auto-avaliação: 4 participam da empresa e 2 em parte; 5 fora (4 esferas limitadas e 1 na comunidade) 1 participa pouco

sobre uma questão mais ampla (critérios para distribuição do SARV) não foi aceita pela administração da Alfa.

A única dimensão na qual os operadores apresentam uma forma parcial de participação na empresa é o nível organizacional. Entretanto, alguns operadores da Acessórios consideram a execução do próprio trabalho (individual) uma forma de participar, o que corresponderia a uma forma mais limitada. A análise dessa dimensão revela que os operadores têm alguma influência em níveis mais coletivos, não apenas no âmbito individual. A gestão participativa estimula o trabalho coletivo, facilitado pela melhoria do relacionamento entre os trabalhadores e com as chefias. Essa melhoria de relaciona-

Quadro 12: Participação dos Chefes de Fábrica

	"chefes-monitores"	"chefes-gerentes"
Grau de controle	**parcial** - gerenciamento conjunto * incentiva e decide sobre sugestões dos subordinados * toma decisões em sua unidade ou turno de trabalho, de acordo com objetivos definidos pela administração.	**parcial** - gerenciamento conjunto * incentiva e decide sobre a participação dos subordinados * toma decisões em sua unidade ou turno de trabalho, de acordo com objetivos definidos pela administração.
Tipo de questões	**limitado a parcial** * relativas aos recursos de sua própria unidade ou turno de trabalho	**parcial a ampla** * relativas à unidade ou turno * algumas questões relativas aos recursos de toda a Alfa, embora não sobre objetivos
Nível organizacional empresa	**parcial** * grupos de pares e subordinados * representa unidade/grupos junto a níveis hierárquicos mais altos	**parcial** * grupos de pares e subordinados * representa unidade/grupos junto a níveis hierárquicos mais altos * participa de comissões (auditoria de qualidade, comitê de novos produtos)
Concepções	* Conexões: relacionada ao trabalho, auto-avaliação positiva dentro da empresa e fora (esfera individual e familiar) * Acessórios: relacionada ao trabalho, auto-avaliação: participa em parte na empresa (existem limitações) e fora (gostaria de participar da comunidade)	* Fitas: genérica, auto-avaliação positiva dentro e fora da empresa (esfera doméstica) * Conexões: relacionada ao trabalho, auto-avaliação positiva dentro da empresa e fora (esfera individual e familiar) * Acessórios: relacionada ao trabalho, auto-avaliação positiva dentro e fora (esfera comunitária)

mentos foi observada em todas as fábricas da Alfa, o que confirma observações de outros pesquisadores (Piccinini e Jotz, 1998).

Em relação ao sindicato, observa-se que a maioria dos operadores não participa e tem uma concepção assistencial da entidade. Na fábrica de Acessórios, a maior parte dos entrevistados é sindicalizada e é a única na qual dois deles participam do sindicato. Como foi apontado, por ser a fábrica mais antiga do grupo, os trabalhadores dessa unidade ainda mantêm algum engajamento sindical, diferentemente dos integrantes das outras. Na Fitas, a maior parte dos entrevistados é sindicalizada, mas nenhum participa. É justamente na Conexões, unidade mais moderna, que se observa o maior afastamento do sindicato, acompanhando, com sucesso, a tendência das empresas brasileiras modernas, que introduzem a gestão participativa como forma de desmobilizar a participação sindical, como apontado por Humphrey (1994) e Lobo (1993).

As observações anteriores corroboram o que foi apontado no capítulo 1, de que existe uma tendência de que a modernização nas organizações articule dois tipos de mudanças nas relações de trabalho: diminuição da vinculação sindical dos trabalhadores e fortalecimento das relações com a empresa. Dessa forma, estaria acontecendo uma inversão na trajetória rumo à modernização, observada por Lopes (1967), no final dos anos 60, quando o fortalecimento da participação sindical era acompanhado pelo enfraquecimento das relações tradicionais entre operários e patrões.

As concepções sobre participação apresentadas pelos operadores estão, geralmente, relacionadas ao programa participativo da Alfa, ou, pelo menos, ao trabalho exercido pela empresa. Somente um trabalhador apresentou uma concepção genérica. Participar, para eles, é atuar na empresa. A participação fora dela, muitas vezes, resume-se a esferas bastante limitadas, como família ou vizinhos. Apenas uma quarta parte dos vinte e cinco operadores entrevistados aponta a possibilidade de participação em um ambiente coletivo mais amplo, como a comunidade, mesmo avaliando que se inserem, efetivamente, em âmbitos limitados da vida social fora do trabalho.

A análise das concepções dos operadores revela que eles transferem as limitações de sua experiência participativa na Alfa para fora da empresa. Essas observações contradizem a hipótese de que práticas participativas, ainda que limitadas e voltadas para a maior eficiência organizacional, poderiam ser ampliadas, constituindo-se em "bases potenciais da transformação social", tal como afirma Elaine Antunes (1995). Ao contrário, a vivência limitada no trabalho dificulta a capacidade dos trabalhadores de se perceberem como capazes de influenciar na sociedade.

A participação dos monitores da Alfa é bastante semelhante à dos operadores, revelando, praticamente, as mesmas limitações, apesar de eles exercerem uma função de maior responsabilidade. O grau de controle dos monitores é também limitado, exceto para aqueles que trabalham na Fitas, que apresentam uma forma parcial de participar. Isso acontece por ser essa uma fábrica pequena e "esquecida" pela administração, cujo único representante mais próximo é o chefe (com pouco tempo na empresa), o que faz com que os monitores assumam um papel bem mais próximo da chefia, desenvolvendo uma espécie de gerenciamento conjunto, na medida em que têm maior autonomia e capacidade de influenciar do que seus colegas das outras fábricas.

Os monitores podem influenciar apenas sobre questões relativas ao seu trabalho ou ao de subordinados, ou seja, sua participação, em relação a essa dimensão, é também restrita. No que diz respeito ao nível organizacional, os monitores, como os operadores, têm participação parcial na empresa, e alguns deles revelam que suas atribuições no desempenho da função dificultam a integração mais efetiva no programa participativo. A participação dos monitores no sindicato é também baixa: apenas um entrevistado participa, embora a maioria seja sindicalizada. Eles também apresentam uma percepção negativa da entidade e da sua diretoria.

As concepções sobre participação dos monitores são também muitas vezes relacionadas com a empresa e com o PAAP, exceto um dos entrevistados, que amplia sua concepção para o âmbito social. Assim como os operadores, os monitores entendem que participar é integrar-se em atividades propostas pela Alfa e são poucos os que percebem a possibilidade de participar fora da empresa, em esferas mais amplas. Reforça-se, assim, a compreensão de que limitações na empresa comprometem a participação para além desse âmbito.

A análise da participação dos chefes de fábrica revela que, embora pertençam à categoria profissional de maior nível hierárquico entre as pesquisadas, não apresentam plenas possibilidades de influenciar na empresa. Dois entrevistados se encaixam dentro do perfil chamado, aqui, de "chefe-monitor": João (C.N.CF) e Valter (A.T.CF), em função de suas perspectivas mais restritas de participação. Três entrevistados foram considerados "chefes-gerentes", por exercerem uma influência um pouco maior que a dos colegas. São eles: Júlio (F.D.CF), Ferreti (C.D.CF) e Sousa (A.M.CF).

O grau de controle dos dois tipos de chefes foi considerado parcial. Eles exercem um gerenciamento conjunto (com colegas e gerências) de suas unidades ou dos turnos de produção, em sintonia com os objetivos da Alfa, definidos pela administração. Cabe aos chefes incentivar e decidir sobre a participação de seus subordinados. Entre os entrevistados, Valter (A.T.CF) é o único chefe que demonstra clara percepção dos limites de sua participação.

> "*[Como você avalia o sistema participativo da Alfa?]* É uma tentativa, tá muito a nível de informação, ...nós não temos assim... muitas oportunidades de dar assim opiniões... eu não sei se porque é alguma coisa ainda muito nova, ...administração participativa a nível de informação, oh nós tamos dizendo pra vocês o que vai acontecer na empresa, ...quais são as nossas metas, qual que vai ser o nosso crescimento, quais as empresas que nós vamos abrir, ...que as decisões mais importantes são tomadas por eles, pela diretoria mesmo né, se vai ser aberto uma fábrica de tubos ou se é viável ou não, tudo isso eles decidem no caso, eles tem realmente mais bagagem pra decidir sobre isso porque é o dinheiro deles..." (Valter, A.T.CF)

Em relação à dimensão tipo de questões, foi possível notar pequenas diferenças entre os dois tipos de chefes. Ambos tomam decisões relativas aos recursos disponíveis em suas unidades ou nos turnos de produção, o que corresponde a uma participação um pouco menos limitada que a dos operadores e monitores. Os "chefes-gerentes", entretanto, também são chamados a participar de algumas decisões que dizem respeito aos recursos de toda a Alfa, como a introdução de novos equipamentos ou produtos, o que se caracteriza como uma forma parcial de participação.

A participação dos chefes na empresa é feita com grupos de pares e subordinados e também representando sua unidade em grupos integrados por níveis hierárquicos mais altos (gerentes e diretores). Dessa forma, entende-se esse tipo de inserção como correspondendo à participação parcial, quanto ao nível organizacional. A possibilidade que os "chefes-gerentes" têm para participar, eventualmente, de algumas comissões com maior poder na empresa (auditoria de qualidade, por exemplo), amplia a participação deles nessa dimensão, mas não pode ser considerada uma forma plena de participação, já que não significa a inserção desses chefes em grupos da alta administração.

Os chefes de fábrica tendem a apresentar concepções sobre participação bastante limitadas, e apenas um, entre os cinco entrevistados, mostrou uma concepção genérica. As restantes foram todas relacionadas ao trabalho. Todos se consideram participantes dentro e fora da empresa, exceto Valter (A.T.CF), que considera que participa apenas em parte. Fora da empresa, a participação dos chefes também é feita através de esferas limitadas, como a família. Os chefes da Acessórios são os únicos a ampliar suas participações para outras esferas fora da empresa, na comunidade, sendo que Sousa (A.M.CF) já participa e Valter (A.T.CF) gostaria de poder participar mais nesse tipo de atividade .

A análise das possibilidades de participação dos trabalhadores das três categorias profissionais investigadas apontou para as limitações existentes na Alfa. Trata-se muito mais de discurso e de "sentimento de participar", do que de efetiva distribuição do poder entre todos que fazem parte da organização. Também foi visto que o grupo empresarial passa por um momento de transição, isto é, de convívio entre o velho e o novo, não apresentando, assim, um padrão de referência já consolidado para identificação de seus integrantes.

Na introdução deste livro, havia sido apontado que as empresas participativas estariam em busca de um novo perfil de trabalhador: qualificado, autônomo, criativo, polivalente. A transição da Alfa também se reflete nos perfis de seus integrantes, pois apesar da ampla renovação do seu quadro funcional e de um discurso dos gestores que valoriza os novos processo e trabalhadores, a empresa não só mantém processos produtivos tradicionais, como também não pode prescindir de trabalhadores antigos e experientes.

Observa-se que coexistem, na Alfa, dois tipos de trabalhadores, antigos e novos, em particular, quando se consideram os perfis dos operadores e monitores. Os antigos correspondem àqueles que permaneceram, apesar das mudanças, seja porque a empresa não pode prescindir do seu saber/fazer e de sua experiência adquirida (aqui se destacam os monitores e alguns operadores), ou porque ainda existe grande número de postos de trabalho com tarefas bastante simples, repetitivas e desqualificadas. Contudo, esses trabalhadores antigos não têm qualquer perspectiva de progresso profissional e correm o risco de ser excluídos, como já aconteceu com muitos. Apesar de dedicados à Alfa, essa é uma "casa" que não oferece a mesma segurança de outrora.

A fábrica de Fitas, como vimos, apresenta características particulares, por ser a unidade "esquecida", isolada fisicamente das outras unidades e da administração da Alfa. A maior parte dos operadores, os que trabalham na produção de fitas, exerce um trabalho rotineiro e desqualificado, desenvolvendo uma presença pouco implicada ao trabalho, construindo um modelo de identificação marcado pela repetição, já que as suas relações de trabalho dificultam as perspectivas de mudanças. Contudo, os operadores de processo (apenas dois ou três por turno) desenvolvem um trabalho mais qualificado, que lhes permite o resgate da dignidade profissional, conquistada através do desenvolvimento de processos de identificação coletivos mais autônomos.

Na fábrica de Acessórios, foi possível observar um convívio mais harmonioso entre o velho e o novo, justamente por ser a unidade mais antiga, o que, certamente, diminui o risco de exclusão. Isso pode explicar a maior presença de trabalhadores antigos que não se encaixam no novo perfil, sendo que até mesmo um dos chefes é o único antigo que se adaptou às mudanças e permaneceu na empresa, mesmo sem possuir o grau de instrução que vem sendo exigido para os novos. Nessa unidade, também foi possível encontrar alguns operadores bastante críticos em relação à Alfa e outros com participação sindical.

O novo perfil de trabalhador que estaria sendo gerado apareceu com mais clareza na fábrica de Conexões, a mais moderna entre as investigadas. Trata-se de jovens, com maior nível de instrução formal, que têm iniciativa, habilidade para o desenvolvimento de tarefas variadas e expectativas de progresso profissional rápido. Vemos, aqui, a valorização de uma perspectiva individualista, característica do modelo de afinidades, no qual é mais importante a carreira do que as relações sociais no grupo.

Também foi possível encontrar, na mesma fábrica, alguns jovens que valorizam a participação e o espírito de grupo, que é um tema recorrente no discurso dos gestores da empresa. Com isso, temos a presença de valores opostos (como aponta Enriquez, 1997): "individualismo" e "grupismo"; contudo, a Alfa ainda não foi capaz de promover a integração. Se tal integração viesse a acontecer, significaria uma aproximação da empresa com o modelo da empresa estratégica, trazendo, assim, repercussões negativas para a vida psíquica de seus integrantes, como afirmam Enriquez (1997) e Lima (1994).

O cargo de monitor é representativo de mudanças pelas quais a Alfa vem passando na busca de modernização. Ele é o novo líder e deve ter maior grau de instrução e conhecimentos que lhe permitam coordenar as células de produção. Ao criar essa função, a empresa desenvolveu um treinamento capaz de habilitar os mais jovens a exercê-la, mas não pôde prescindir da experiência e do saber acumulado pelos antigos, permanecendo aqueles que se adaptaram à nova função. Embora precise desses monitores antigos, a Alfa não lhes oferece uma perspectiva de carreira, o que faz com que eles construam um processo de identificação coletiva marcado pela estagnação, ou seja, pela ausência de perspectivas de crescimento profissional.

Os chefes de fábrica, como foi visto, não têm plenas possibilidades de participação, embora existam diferenças entre os dois tipos observados, "chefe-monitor" e "chefe-gerente", caracterizando, assim, dois modelos de identificação. Nesse caso, ser novo ou antigo não é o que estabelece a diferença, mas sim, o papel que desempenham na Alfa.

O "chefe-monitor" toma apenas decisões rotineiras relacionadas a seu próprio trabalho, aproximando-se do perfil dos monitores novos. O "chefe-gerente" participa de decisões não rotineiras, desenvolvendo papel próximo ao de gerente. Nos dois casos, são poucas as perspectivas concretas de progresso profissional, embora exista a possibilidade de, futuramente, os jovens monitores, assumirem a função de "chefes-monitores" e de que alguns "chefes-gerentes" possam chegar a gerentes, com a expansão da Alfa. Dessa forma, seriam ampliadas as possibilidades de carreira, ainda bastante limitadas na empresa.

A representação predominantemente positiva que os trabalhadores têm da Alfa, caracterizada como uma empresa que dá liberdade e valoriza os seus integrantes, revela que a empresa foi bem sucedida ao optar pela substituição do tradicional controle coercitivo das relações de trabalho por estratégias de motivação, particularmente, a gestão participativa, em sintonia com as novas políticas de recursos humanos, que visam a favorecer a identificação com os valores empresariais.

Também em relação às políticas de gestão de recursos humanos, vemos o convívio entre o velho (falta de garantias de estabilidade e de perspectivas de carreira) e o novo (motivação via programa participativo). É interessante observar que a administração da empresa destaca o abandono de uma política de gestão classificada como "paternalista", na busca de maior "profissionalismo", através de maiores exigências de qualificação e de uma política de remuneração que valoriza essa qualificação (principalmente a escolaridade formal), ao invés da remuneração por mérito. Dessa forma, a passagem de uma política antiga ("paternalista") para uma nova política ("profissional") de gestão, aproximaria a Alfa de um modelo de organização burocrática, no qual a autoridade é exercida de forma impessoal e baseada em normas gerais, o que constituiria uma trajetória de modernização bastante antiga, já apontada por Lopes (1967) no final dos anos 60.

Apesar do discurso moderno dos gestores, enfatizando a participação dos trabalhadores, estes percebem que a Alfa espera que trabalhem, executando corretamente as tarefas que lhe são atribuídas. A responsabilidade e a competência na execução do trabalho são características de um bom trabalhador relatadas de forma recorrente pelos entrevistados, particularmente os operadores, ou seja, eles percebem que o interesse da empresa por seus recursos humanos decorre da produtividade esperada, conseqüência do bom desempenho no trabalho.

A Alfa é uma empresa que articula pólos, aparentemente antagônicos, mas que revelam um convívio harmonioso entre o velho e o novo, propiciando o aumento da eficiência organizacional e, conseqüentemente, atendendo aos interesses de ampliação da lucratividade. Esse convívio pode ser observado de diversas formas, entre as quais destacam-se:

- contradição entre o discurso participativo e uma prática que permite, apenas, uma distribuição bastante limitada do poder entre seus integrantes.

- ampla difusão de processos produtivos tradicionais (linhas de montagem) e equipamentos antigos, ao lado de práticas de gestão da produção (como *just-in-time* e *kanban*) e equipamentos modernos.

- uso de práticas tradicionais de gestão de recursos humanos (salários de mercado e centralização de decisões), com práticas consideradas mais modernas (gestão participativa e incentivo à formação).

- permanência de grande número de trabalhadores antigos, apesar de a administração apresentar um discurso de ampla valorização do novo perfil de trabalhador.

A introdução da gestão participativa na Alfa e as modificações no modelo original (dos CCQs para o PAAP) acompanham o movimento de outras empresas brasileiras que buscam competitividade e eficiência, através de estratégias de controle mais sutis, que favorecem o comprometimento dos trabalhadores. O programa participativo constitui-se em uma estratégia de motivação para o trabalho e, ainda que nem sempre se revele como uma estratégia eficaz, visto as dificuldades de funcionamento apresentadas, a empresa vem alcançando seus objetivos de elevação da produtividade.

A busca por um novo perfil de trabalhador, presente no discurso dos administradores da Alfa, pode ser discutida. De fato, o que vem acontecendo é uma ampla substituição dos trabalhadores, ao mesmo tempo em que a gestão participativa e o medo do desemprego os aproximam da empresa e os afastam do sindicato. Entretanto, o tipo de trabalho desenvolvido na empresa, organizado de forma tradicional, ainda faz necessária a presença de grande contingente de trabalhadores antigos. Mesmo os novos trabalhadores, com maior escolaridade, executam, muitas vezes, tarefas simples e variadas, que não requerem o uso da criatividade, qualidade que, como foi apontado, também vem sendo pouco solicitada pelo modelo participativo implantado na Alfa.

As considerações feitas até aqui apontam para o seguinte questionamento: as empresas com estratégias participativas estão, efetivamente, buscando um novo perfil de trabalhador?

No caso da Alfa, mudaram os trabalhadores, as práticas, a estrutura hierárquica, mas não é possível descrever o perfil de seus integrantes como muito diferente do perfil de empresas tradicionais. Dessa forma, a gestão participativa da empresa não se apresenta como um efetivo catalisador de mudanças, capaz de aumentar a distribuição do poder e, com isso, requerer um trabalhador mais capacitado para o exercício autônomo e criativo.

Autores como Melo (1985) e Storch (1985) consideram que a participação nas empresas poderia favorecer também os interesses dos trabalhadores, evitando, assim, a sua utilização apenas como estratégia de manipulação, desde que esse tipo de estratégia fosse implementado em um contexto marcado por uma presença sindical forte e representativa. Entretanto, é possível observar justamente o oposto: vive-se hoje, no Brasil, um contexto de enfraquecimento do poder sindical.

A luta por participação é, como foi apontado, uma reivindicação antiga dos cidadãos, na busca pela gestão coletiva de diferentes espaços sociais. Mesmo um autor como Motta (1982), bastante crítico a qualquer possibilidade de harmonização de interesses entre capital e trabalho, considera que a participação pode ser também "...uma conquista e uma arma dos trabalhadores." (p. 15). Para que os trabalhadores façam da participação efetivamente uma arma seria necessário que fossem capazes de influenciarem na implementação das estratégias participativas, de forma a direcioná-las de acordo com seus interesses. Entretanto, os resultados desta pesquisa confirmam estudos anteriores[2] que apontam a gestão participativa como uma estratégia implementada pela administração, visando a maior eficiência produtiva, sem contudo ampliar a distribuição do poder.

Apesar das limitações para efetiva distribuição do poder, tendo em vista ser a gestão participativa uma iniciativa patronal, foi também possível observar, neste estudo, que a mesma política proposta pela administração apresenta formas concretas diferentes em cada fábrica. E, justamente, a unidade mais moderna é a que revela níveis mais baixos de participação.

Ao analisar empresas que se modernizaram (através da informatização), Zuboff (1988) observou a necessidade de que formas organizacionais menos hierárquicas rompam com relações de poder tradicionais, o que sugere um movimento na direção de formas mais participativas. Entretanto, na Alfa, foi possível observar um movimento no sentido oposto, sendo a unidade com processos mais simples e atrasados (Fitas) a que apresentou maior integração no programa da empresa. Nesse caso, participação aparece como decorrência da necessidade de os trabalhadores desenvolverem um exercício criativo, pouco solicitado na realização de suas atividades rotineiras.

Zuboff (1988) alerta para as pressões excessivas decorrentes de exigências de participação da "pessoa total", nas organizações participativas. Também Dejours (1993) observa que a excessiva transparência desse tipo de organização poderia transformar-se em uma forma de coerção. Essas pressões trariam repercussões psicológicas para os trabalhadores, resultando em "...uma forte identificação dos empregados com a empresa e com seu projeto de dominação..." (Lima, 1994, p. 120).

Os resultados desta pesquisa não apontaram a presença de perfis profissionais homogêneos, o que poderia indicar a existência de modelos de identificação fortemente consolidados em cada categoria profissional. A realidade é complexa e, como vimos, a articulação entre o velho e o novo está presente de forma diferente em cada tipo de trabalhador, em cada fábrica. Essa heterogeneidade reitera a concepção de um sujeito ativo, capaz de resistir às pressões organizacionais. A capacidade de resistir, inventar novas formas de sobrevivência seria, talvez, o traço fundamental de um povo que, como diria o poeta, cotidianamente enfrenta uma vida "severina".

"E não há melhor resposta
que o espetáculo da vida:
vê-la desfiar seu fio,
que também se chama vida,
ver a fábrica que ela mesma,
teimosamente, se fabrica,
vê-la brotar como há pouco
em nova vida explodida;
mesmo quando é uma explosão
como a de há pouco, franzina;
mesmo quando é a explosão
de uma vida severina."

João Cabral de Melo Neto, *Morte e Vida Severina*

---

[2] Melo (1985), Elaine Antunes (1995), Cattani (1997).

Referências

ÁLVARES, Antonio C. T. Participação nos lucros definida pelos resultados. *Revista de Administração de Empresas,* São Paulo, v.39, n. 4, p. 70-77, out/dez. 1999.

ANTUNES, Elaine. D. D. Atitudes gerenciais quanto à participação dos trabalhadores na gestão da qualidade. *Cadernos de gestão tecnológica*, n. 25, São Paulo: CYTED - NPGCT/USP, 1995.

ANTUNES, Elaine. D. D; PINHEIRO, Ivan A. Um novo referencial para potencializar o capital intelectual: dos paradoxos à mudança de paradigma. In: *Encontro Anual da ANPAD*, 23, 1999, Foz do Iguaçu (PR). *Anais...* São Paulo: Portifólio, 1999.1CD.

ANTUNES, Ricardo *Os sentidos do trabalho: ensaio sobre a afirmação e a negação do trabalho.* São Paulo: Boitempo, 2000.

ARANHA, Antônia V. S. ; CUNHA, Daisy M. Modernidade e qualidade na CEMIG sob a lógica dos trabalhadores. In: LIMA, Francisco ; NORMAND, Jucy E. (ed.) *Qualidade de produção, qualidade dos homens: aspectos sociais, culturais e subjetivos da qualidade e da subjetividade.* Belo Horizonte: UFMG, 1996, p. 88-128.

BARDIN, Laurence. *Análise de conteúdo.* Lisboa: Edições 70, 1994.

BASTOS, Antonio V. B. Comprometimento no trabalho: os caminhos da pesquisa e seus desafios teórico-metodológicos. In: TAMAYO, Álvaro et al. *Trabalho, organizações e cultura.* São Paulo: Cooperativa de Autores Associados, 1996, p. 105-127.

BERGER, Peter ; LUCKMANN, Thomas. *A construção social da realidade*. Petrópolis: Vozes, 1999.

BERNSTEIN, Paul. *Workplace democratization: its internal dynamics*. New Jersey: Transaction Books, 1983.

CASTRO, Nádia. A. Modernização e trabalho no complexo automotivo brasileiro: reestruturação industrial ou japanização de ocasião? *Novos Estudos CEBRAP*, São Paulo, n. 37, p. 155-173, nov. 1993.

CASTRO, Nádia. Trabalho e organização industrial num contexto de crise e reorganização produtiva. *São Paulo em Perspectiva*, v.8, n.1, p.116-132, jan/mar. 1994.

CATTANI, Antônio. Gestão participativa. In: *Trabalho e tecnologia: dicionário crítico*. Petrópolis: Vozes; Porto Alegre: Ed. da UFRGS, 1997, p. 107-114.

CIAMPA, Antônio C. *A estória do Severino e a história da Severina*. São Paulo: Brasiliense, 1987.

CIAMPA, Antônio C. Identidade. In: LANE, Silvia ; CODO, Wanderley. *Psicologia Social: o homem em movimento*. São Paulo: Brasiliense: 1985, p. 58-75.

CIAMPA, Antônio C. Identidade humana como metamorfose: a questão da família e do trabalho e a crise de sentido do mundo moderno. *Interações: estudo e pesquisa em Psicologia*, São Paulo v. 3, n. 6, p. 87-101, jul/dez. 1998.

CLÔT, Yves. Le travail dans l'automobile: du cognitif au subjetif. *L'orientation scolaire et professionnelle*, Paris, n.4, a. 19, p. 311-319, oct-déc. 1990.

COIMBRA, Cecília; LEITÃO, Maria Beatriz. Das essências às multiplicidades: especialismos psi e produções de subjetividade. *Psicologia & Sociedade*. Porto Alegre, v.15, n.2, p. 6-17, jul/dez, 2003.

COLBARI, Antonia L. ; BIANCO, Mônica F. *O tema da adesão ao trabalho no contexto dos programas de qualidade total*. Trabalho apresentado no Encontro Anual da ANPOCS, Caxambu (MG), 1994.

CORIAT, Benjamin. *Pensar pelo avesso: o modelo japonês de gestão*. Rio de Janeiro: Revan; Rio de Janeiro: Ed. da UFRJ, 1994.

CORRÊA, Maria L.; PIMENTA, Solange M. Formação profissional e participação: estratégias de controle político no contexto da reestruturação produtiva. In: *ENCONTRO NACIONAL DE ESTUDOS DO TRABALHO*, 1999, Belo Horizonte (MG). *Anais*... São Paulo: ABET, 1999, p. 1359-1377.

COSTA, Jurandir F. *Psicanálise e contexto cultural: imaginário psicanalítico, grupos e psicoterapia*. Rio de Janeiro: Campus, 1989.

DEJOURS, Christophe; ABDOUCHELI, Elisabeth. Itinerário teórico em psicopatologia do trabalho. In: BETIOL, Maria Irene (coord.). *Psicodinâmica do trabalho*. São Paulo: ONTROCAtlas, 1994, p.119-145.

DEJOURS, Christophe. Inteligência e organização no trabalho: a propósito do modelo japonês de produção. In: HIRATA, Helena (org.) *Sobre o "modelo" japonês*. São Paulo: EDUSP, 1993, p.281- 309.

DONADONE, Júlio. *Reestruturação produtiva e mudanças organizacionais: a difusão dos sistemas participativos na década de 1980*. Dissertação (engenharia de produção) – Universidade Federal de Santa Catarina, São Carlos, 1996.

DWYER, Tom. *A Sociologia do Trabalho: por uma redefinição através do acionalismo histórico e do acionalimo fenomenológico*. Campinas: UNICAMP, Cadernos do IFCH, 1993.

DWYER, Tom. *Abordagens participativas nos estudos do trabalho: notas sobre uma hipótese a respeito da interdisciplinaridade*. Trabalho apresentado no Congresso da Sociedade Brasileira de Sociologia, Brasília, 1997.

DWYER, Tom. *On the promotion of research on participatory management of the quality of work*. trabalho apresentado no "Understanding the work environment", Estocolmo (Suécia), 1995.

ENRIQUEZ, Eugène. O indivíduo preso na armadilha da estrutura estratégica. *Revista de Administração de Empresas*, São Paulo, v. 37, n. 1, p. 18-29, jan/mar. 1997.

ERIKSON, Erik. *Identidade, juventude e crise*. Rio de Janeiro: Zahar, 1976.

FERREIRA, Aurélio B. H. *Dicionário básico da língua portuguesa*. São Paulo: Folha de São Paulo ; Rio de Janeiro: Nova Fronteira, 1994.

FLEURY, Afonso C. Análise a nível da empresa dos impactos da microeletrônica sobre a organização da produção e do trabalho. *Relatório de pesquisa*. São Paulo: USP/DEP, 1988.

FLEURY, Afonso C.; HUMPHREY, John. Recursos Humanos e a difusão e adaptação de novos métodos para a qualidade no Brasil. *Relatório de Pesquisa*. Rio de Janeiro: IPEA, 1993.

FLEURY, Maria Tereza L. e FISCHER, Rosa M. (coord.) *Processo e relações de trabalho no Brasil*. São Paulo, Atlas, 1985.

FLEURY, Maria Tereza L. ; FISCHER, Rosa M. Relações de trabalho e políticas de gestão: uma história das questões atuais. *Revista de Administração*, São Paulo, v. 27, n. 4, p.5-15, out./dez. 1992.

FLEURY, Maria Tereza L. Mudanças e persistências no modelo de gestão de pessoal em setores de tecnologia de ponta: o caso brasileiro em contraponto com o japonês. In: HIRATA, Helena S. (org.).*Sobre o modelo japonês*. São Paulo: EDUSP, 1993, p.123-138.

GAUTRAT, Jacques. Sociologia da participação na empresa. In: SOARES, Rosa M. (org.). *Gestão da qualidade: tecnologia e participação*. Brasília: CODEPLAN, 1992. p.126-155.

GAUTRAT, Jacques. Participação direta: modernização ou democratização da empresa. In: SOARES, Rosa M. (org.). *Gestão da Empresa, Automação e Competitividade: novos padrões de organização e de relações do trabalho*. Brasília: IPEA/IPLAN, 1990, p.149-181.

GONÇALVES, Alícia F. *Cultura de participação no setor da telemática*. Campinas: Ed. da UNICAMP/ Centro de Memória - UNICAMP, 1998.

GUILHERM, Alain ; BOURDET, Yvon. *Autogestão: uma mudança radical*. Rio de Janeiro: Zahar, 1976.

HELLER, Frank. Influence at work: a 25-year program of research. *Human Relation*, v. 51, n. 12, p. 1425-1456, dec. 1998.

HIRATA, Helena S. (org.).*Sobre o modelo japonês*. São Paulo: EDUSP, 1993.

HIRATA, Helena S. Transferência de tecnologias de gestão: o caso dos sistemas participativos. In: SOARES, Rosa M. (org.). *Gestão da Empresa,*

Automação e Competitividade: novos padrões de organização e de relações do trabalho. Brasília: IPEA/IPLAN, 1990, p.135-148.

HODSON, Randy. Dignity in the workplace under participative management: alienation and freedom revisited. *American Sociological Review*, Washington, v. 61, n. 5, p. 719-738, oct. 1996.

HUMPHREY, John. O impacto das técnicas "japonesas" de administração na indústria brasileira. *Novos estudos CEBRAP*, São Paulo, n.8, p. 148-167, mar. 1994.

JACQUES, Maria da Graça C. Doença dos nervos: o ser trabalhador como definidor da identidade psicológica. In: JACQUES, Maria da Graça C. et al. (org.). *Relações sociais e ética*. Porto Alegre: ABRAPSO-Sul, 1995, p. 62-70.

JACQUES, Maria da Graça C. Identidade e trabalho: uma articulação indispensável. In: TAMAYO, Álvaro et al. *Trabalho, organizações e cultura*. São Paulo: Cooperativa de Autores Associados, 1996, p. 41-47.

JACQUES, Maria da Graça C. *Trabalho, educação e construção da identidade*. Tese (Educação) - Pontifícia Universidade Católica do Rio Grande do Sul, Porto Alegre. 1993.

KURZ, Robert. Desfecho do masoquismo histórico. *Folha de S. Paulo*, 20 jul. 1997. Caderno Mais, p.3.

LABOUNOUX, Gérard. Socialité organisationelle. In: JUAN, Salvador (coord.). *Organisation et manegement en question(s)*. Paris: L'Harmattan, 1987, p. 64-79.

LAPLANCHE, J. e PONTALIS, J. -B. *Vocabulário de Psicanálise*. São Paulo: Martins Fontes, 1971.

LEITE, Márcia. *O futuro do trabalho: novas tecnologias e subjetividade operária*. São Paulo: Scritta/FAPESP, 1994.

LEITE, Márcia. Qualificação, emprego e empregabilidade. *São Paulo em Perspectiva*, v.11, n.1, p. 64-69, jan/mar. 1997.

LIMA, Maria Elizabeth A. Novas políticas de recursos humanos: seus impactos na subjetividade e nas relações de trabalho. *Revista de Administração de Empresas*, São Paulo, v. 34, n.3, p. 115-124, mai/jun. 1994.

LIMA, Maria Elizabeth A. *Os equívocos da excelência: novas formas de sedução na empresa*. Petrópolis: Vozes, 1996a.

LIMA, Maria Elizabeth A. Os programas de qualidade total e seus impactos na subjetividade. In: LIMA, Francisco; NORMAND, Jucy E. (ed.) *Qualidade de produção, qualidade dos homens: aspectos sociais, culturais e subjetivos da qualidade e da subjetividade*. Belo Horizonte, UFMG, 1996b, p.184-197.

LOBO, Elisabeth M. Modelo japonês e práticas brasileiras. In: HIRATA, Helena S. (org.).*Sobre o modelo japonês*. São Paulo: EDUSP, 1993, p. 273-278.

LOJKINE, Jean. Novas políticas de integração patronal ou premissas autogestionárias? In: SOARES, Rosa M. (org.). *Gestão da Empresa, Automação e Competitividade: novos padrões de organização e de relações do trabalho*. Brasília: IPEA/IPLAN, 1990, p. 113-134.

LOPES, Juarez Rubens Brandão. *Crise no Brasil arcaico*. São Paulo: Difusão Européia do Livro, 1967.

MARINAKIS, Adrés E. A participação dos trabalhadores nos lucros e nos resultados da empresas no Brasil: um instrumento para acelerar a reestruturação necessária. *Revista de Administração de Empresas*, São Paulo v. 37, n. 4, p. 56-64, out/dez. 1997.

MARTIN-BARÓ, Ignácio. *Acción e ideologia: psicología social desde Centroamérica*. San Salvador, Ed. da UCA, 1988.

MARTINS, José Francisco G. Vivências e experiências dos trabalhadores nos processos participativos: a busca do sentido da vida. In: *ENCONTRO NACIONAL DE ESTUDOS DO TRABALHO*, 1999, Belo Horizonte (MG). *Anais*... São Paulo: ABET, 1999, p. 343-375.

MARTINS, Sérgio S. ; BARBOSA, Allan C. Q. A participação nos lucros e/ou resultados e a modernidade organizacional: uma análise em empresas de Minas Gerais. In: *ENCONTRO NACIONAL DE ESTUDOS DO TRABALHO*, 1999, Belo Horizonte (MG). *Anais*... São Paulo: ABET, 1999, p. 1321-1333.

MARTINS, Sérgio S. ; BARBOSA, Allan C. Q. Participação nos lucros ou resultados: oportunidade ou desafio para o movimento sindical? In: *ENCONTRO ANUAL DA ANPAD*, 22, 1998, Foz do Iguaçu (PR). *Anais*... Porto

Alegre: Microservice Microfilmagens e Reproduções Técnicas, 1998, (CD-ROM).

MATTOSO, Jorge. *O Brasil desempregado*. São Paulo: Fundação Perseu Abramo, 1999.

MELLO, Sylvia L. Pensando o cotidiano das relações sociais. *Cadernos CERU*, São Paulo, n. 5, s.2, p. 23-31, 1994.

MELO, Marlene C. Participação como meio não institucionalizado de regulação de conflitos. In: FLEURY, M. Maria Tereza L.; FISCHER, Rosa M. (coord.) *Processo e relações de trabalho no Brasil*. São Paulo: Atlas, 1985, p. 161-178.

MOTTA, Fernando P. Alguns precursores do participacionismo. In: VENOSA, Roberto. (org.) *Participação e participações: ensaio sobre autogestão*. São Paulo: Babel Cultural, 1987, p. 11-19.

MOTTA, Fernando P. *Participação e co-gestão: novas formas de administração*. São Paulo: Brasiliense, (1ºs vôos), 1982.

NEDER, Ricardo T. et al. *Automação e movimento sindical no Brasil*. São Paulo: Hucitec, 1988.

PAGÈS, Max. et al. *O poder das organizações: a dominação das multinacionais sobre os indivíduos*. São Paulo: Atlas, 1987.

PATEMAN, Carole. *Participação e teoria democrática*. Rio de Janeiro: Paz e Terra, 1992.

PICCININI, Valmiria C.; JOTZ, Cláudia. Satisfação no trabalho e programas participativos. In: *ENCONTRO ANUAL DA ANPAD*, 22, 1998, Foz do Iguaçu (PR). *Anais*... Porto Alegre: Microservice Microfilmagens e Reproduções Técnicas, 1998, (CD-ROM).

POCHMANN, Márcio. Reconversão econômica e tendências recentes das ocupações profissionais no Brasil. Campinas: *Relatório de pesquisa*, CESIT/UNICAMP, 1998.

REVUZ, Christine. Ouvir os desempregados para compreender a relação de trabalho. *Rua*, Campinas, n. 3, p. 9-35, mar. 1997.

RUAS, Roberto et alii. Avanços e impasses do modelo japonês no Brasil. In: HIRATA, Helena S. (org.).*Sobre o modelo japonês*. São Paulo: EDUSP, 1993, p. 103-122.

SADER, Eder. *Quando novos personagens entraram em cena: experiências, fatos e lutas dos trabalhadores na grande São Paulo em 1970-80*. Rio de Janeiro: Paz e Terra, 1988.

SAINSAULIEU, Renaud. *L'Identité au Travail*. Paris: Presses de la Fundation Nationale des Sciences Politiques, 1988.

SAINSAULIEU, Renaud. L'Identité et les relations de travail. In: TAP, Pierre. (org.) *Identités collectives et changements sociaux*. Toulouse: Privat, 1980, p.275-286.

SALERNO, Mário. Modelo japonês, trabalho brasileiro. In: HIRATA, Helena S. (org.).Sobre o modelo *japonês*. São Paulo: EDUSP, 1993, p.139-152.

SILVA, Elizabeth B. Refazendo a fábrica fordista? Tecnologia relações industriais no Brasil no final da década de 1980. In: HIRATA, Helena S. (org.).*Sobre o modelo japonês*. São Paulo: EDUSP, 1993, p. 217-236.

STEIL, Andrea V. ; SANCHES, Elizabeth N. Comprometimento organizacional como uma estratégia de controle. In: *ENCONTRO ANUAL DA ANPAD*, 22, 1998, Foz do Iguaçu (PR). *Anais*... São Paulo: Portifólio, 1998. 1CD.

STORCH, Sérgio. Discussão da participação dos trabalhadores na empresa. IN: FLEURY, Maria Tereza L.; FISCHER, Rosa M. (coord.) *Processo e relações de trabalho no Brasil* .São Paulo: Atlas, 1985.

TOLFO, Suzana et al. Trabalho, inovação e participação: um estudo multicase em empresas do setor metal-mecânico do Rio Grande do Sul. In: *ENCONTRO ANUAL DA ANPAD*, 23, 1999, Foz do Iguaçu (PR). *Anais*... São Paulo: Portifólio, 1999. 1CD.

TOURAINE, Alain. As possibilidades democráticas na América Latina. *Revista Brasileira de Ciências Sociais*, [São Paulo], v.1, n. 1, jul, 1986, p. 6-15.

TRATEMBERG, Maurício. Uma prática de participação: as coletivizações na Espanha. In: VENOSA, Roberto (org.). *Participação e participações: um ensaio sobre autogestão*. São Paulo: Babel Cultural, 1987, p. 21-60.

ZUBOFF, Shoshana. *In the age of the smart machine: the future of work and power*. New York: Basic Books, 1988.